跨文化沟通

Cross-cultural
Communication

彭凯平 著

清华大学出版社

北京

图书在版编目（CIP）数据

吾心可鉴：跨文化沟通 / 彭凯平著 . —— 北京：清华大学出版社，2020.3（2022.1 重印）
ISBN 978-7-302-49389-1

Ⅰ . ①吾… Ⅱ . ①彭… Ⅲ . ①文化交流 – 研究 Ⅳ . ① G115

中国版本图书馆 CIP 数据核字 (2018) 第 014912 号

责任编辑：张立红
装帧设计：梁　洁
责任校对：赵伟玉
责任印制：杨　艳

出版发行：清华大学出版社
　　　　　网　　　址：http://www.tup.com.cn，http://www.wqbook.com
　　　　　地　　　址：北京清华大学学研大厦 A 座　　　　邮　　编：100084
　　　　　社 总 机：010-62770175　　　　　　　　　　邮　　购：010-62786544
　　　　　投稿与读者服务：010-62776969，c-service@tup.tsinghua.edu.cn
　　　　　质 量 反 馈：010-62772015，zhiliang@tup.tsinghua.edu.cn
印 装 者：涿州汇美亿浓印刷有限公司
经　　销：全国新华书店
开　　本：170mm×240mm　　印　　张：20.25　　字　　数：329 千字
版　　次：2020 年 5 月第 1 版　　印　　次：2022 年 1 月第 7 次印刷
定　　价：138.00 元

产品编号：077133-01

定风波

又听穿林打叶声，只恐风雨乱人心，何妨携手再前行，莫怕！从来旅途多艰辛。

凌云仙步群峰顶，微冷，却见斜阳染山林。泼墨神笔迷魂景，唯美，人间极致自然成。

（根据苏东坡原词改编）

The Road Not Taken

Two roads diverged in a yellow wood，

I took the one less traveled by，

And all the difference hence made，

Oh，I kept the first for another day！

（根据福斯特同名诗改编）

愿这本书能帮助每一位读者在进行跨文化沟通时，平息风波，消解冲突。

沟通无界，仁者无疆：文化沟通护航基业永续

经济要参 2020 年第 32 期（总第 2442 期）刊登

文化与跨文化沟通崛起的"新轴心时代"

这是一本以心理学视角来看待文化与跨文化沟通的书。

通常来说，文明、文化、跨文化沟通等话题在人们的习惯意识中多被哲学家、政治家、社会学家、人类学家、文化学者，甚至包括经济学家、文学家、艺术家、外交与商贸人士、民间文化传播人士等提及。你几乎很少听到有心理学家对跨文化沟通"指指点点"。

其实，作为研究人类心理和行为的科学领域，心理学也关心文化及其影响。1879年，德国学者威廉·冯特受自然科学的影响，在莱比锡大学建立了世界上第一个心理实验室，标志着科学心理学的诞生。他研究两大领域，其一是人类的感知觉，其二是人类的文化心理。后来，经过维果茨基、迈克尔·科尔、吉尔特·霍夫斯泰德、理查德·施韦德，特别是 20 世纪 90 年代美国社会心理学家哈利·特里安迪斯、黑泽尔·马库斯和我的博士导师理查德·尼斯贝特等著名心理学家的多年耕耘，文化心理学逐渐发展成一个独立的研究领域。如果你承认"人类的文化现象与文化现实也由人类的心理与行为所产生，并对人类的心理和行为产生影响"这个结论，那么，心理学家当然有资格，更有责任对文化与跨文化沟通"指指点点"。

在科学心理学诞生后的一百多年里，人类社会经历了无数的灾难与挑战，其中包括两次重大的全球性战争、多次全球性的瘟疫、无数的地区冲突与宗教冲突、民族主义与霸权主义的大肆抬头。与此同时，西方传统的宗法社会向现代契约社会快速跃迁，东方的农耕文明也步履蹒跚地走向现代科技文明；资本与金融的触手以不可阻挡的力量全面渗入人类生活的细节；信仰、伦理、道德、法制都经受着前所未

有的混沌。人类社会面临着全面启蒙与进步，也伴随着惨烈的进步之殇。

因此，人类与人类社会中出现的任何事情，都值得心理学投入关切的目光。现代社会正处于一个"农耕时代的暮年、工商社会的壮年、信息社会的青年、智能社会的幼年"的历史时期。传统的社会结构、政治结构、地缘结构、全球文化价值结构与人类生活结构都在发生着剧烈而持久的嬗变。

这个时代，更需要文化与跨文化沟通的学习，因为它承载了未来人类社会几乎全部的生活内容，充满了浓重的人间烟火，也影响着一代又一代人如何开启未来的世界秩序与交往方式。

我们应该意识到，这是一个文化与跨文化沟通崛起的"新轴心时代"。

整个人类都需要回过头来，补上跨文化沟通这堂课

1994年，我和密歇根大学心理学系的博士师兄迈克尔·莫里斯在《人格与社会心理学杂志》（*The Journal of Personality and Social Psychology*，是公认的国际人格与社会心理学领域最权威的顶级期刊）上发表了"文化与归因"一文，这使我有幸成为全球文化与跨文化沟通心理学的早期研究者之一。更为幸运的是，这篇论文在接下来的二十多年里，一直被学术同行与社会上对跨文化心理研究感兴趣的朋友们持续关注。在那篇文章和后续的很多跨文化心理学研究中，我与迈克尔（后任教于美国斯坦福大学和哥伦比亚大学），后来又与我的导师尼斯贝特教授对大量来自全球各地的不同肤色、不同民族、不同生活背景的人开展了多项实验。"分类

配对""鱼群实验""反应时测量""核磁检测"等研究范式在那时应运而生。在一个大的范畴内，我们通过实验发现：东方文化更加擅长在事物间寻找关系，而西方文化更加倾向于探寻事物的类别与属性；东方文化更加注重生活中"烟火气"与"超道德"的协调，西方文化更加在乎生活中的"公平、正义与自由"；东方文化更喜欢关联想象与辩证思维，西方文化更致力于诉诸理性与问题解决。可能有人会对我们的研究结论不屑一顾："这样的结论我早就知道了！"是的，如果仅仅从结论上来说，我们的"文化与认知"研究可能与你的直觉相似，但这也正是心理学这门学科的内在精神与科研伦理的价值所在，似乎只有心理学才为那些人们耳熟能详的结论第一次提供了来自具体科学实验的、明明白白的证据。从这个意义上说，心理学所追求的不在于结论有多么新颖，它所追求的是为人类的种种生活现实背后的原因提供科学、严谨、务实的科学实验证明（或者证伪），这也是很多人不理解心理学家也可以对文化"说三道四"的原因。这些善良的人不了解心理学，也不了解心理学所代表的"用科学实证解释一切人类生活的伟大理想"的科学精神与人文情怀。

事实上，**整个人类都需要回过头来，补上跨文化沟通这堂课**。

在过去的几百年里，人类社会最关注的领域是科学技术、国家制度、政治、经济与国际关系。人类社会从来没有像这段时期这样对重视物质创造与信息创造如此狂热。相比较而言，文化与跨文化沟通成为人类生活的点缀。在国家的政府建构里，文化部门一

般会排在那些类似于国防、外交、经济建设、科技发展、法规制度等部门之后。人们在街头巷尾谈论的话题中，也少有人专门就文化与跨文化沟通进行严肃而认真的交流。甚至很多人都对文化这个词的定义持不确定的观念。文化到底是什么？文化沟通到底沟通什么？"凭什么说我是一个文化人或者不是一个文化人？""你有文化，请证明给我！"……

这很让人头痛，不是吗？这些问题很普遍，但也很重要。它们引起了我的困惑与兴趣，使得我的学术兴趣从早期的实验心理学、人格心理学转向对跨文化心理学和跨文化沟通。

在二十几年的研究中，我发现无论是国家之间、民族之间，还是人与人之间，很多问题与机会几乎都是在文化心理的作用下发生、发展起来的。

首先，文化就是人化。

人从茹毛饮血、茫然莽撞的直立之兽演化而成雄霸地球的万物之首。语言的沟通和文化的创造是生物进化选择出来的人类有别于其他物种的独一无二的竞争优势。野兽没有文化沟通，只有追逐、厮杀、强暴、群体攻击。不同野兽群体之间接触越多，冲突就会越多，难以消解的仇恨也会越多，最后优胜劣汰，物竞天择。但是，人可以沟通；人有文化，有感情，有同理心，有道德，有智慧。人可以通过非暴力的、非肢体本能的沟通建构起人与人之间和谐、合作的关系，促成一件事情或者达成一个目标。人从来不像野兽那样粗放，人的沟通本质就是文化的沟通，是精致的生物进化的选择。

其次，沟通通向丰盛。

古往今来，许多人的许多成功，包括爱情、婚姻、家庭、事业、成就、健康、幸福、高尚等，都是在良性的沟通中实现与弘扬的。许多人的诸多不快，如痛苦、失意、悲伤、无助、焦虑、苦闷、压抑、难堪、挫折、失败、不幸等，也都与不懂得沟通、不擅长沟通、不值得沟通或者不愿意沟通直接相关。而这些沟通之所以失效或者失败，在很大程度上又是由个体与个体之间的文化心理差异造成的。通俗地说，就是"我希望你帮我拆快递是爱的体现，而你却认为不帮我拆快递是尊重的表现"。在不同的文化背景下发展起来的文化心理，成为人与人之间、民族与民族之间、国家与国家之间"潜伏的雷管"。

再次，文化沟通达成进步。

2014 年，美国著名心理学家约翰·戈特曼和他的夫人朱莉对"夫妻、情侣关系"40 年的科学研究经历进行了回顾。他们认为综合各种夫妻关系的要素，"沟通的艺术"是夫妻之间维持长期关系和保持幸福的最重要因素。他们的研究发现：夫妻之间伤害感情的消极谈话有四种突出表现，按照顺序分别是批评、鄙视、辩护和冷战，即"引发婚姻末日的四个杀手"，它们的频繁出现将导致婚姻走向破裂。

"抱怨＋打击人格"的批评，使夫妻之间产生心理裂痕；"轻视＋冷战"的鄙视，使夫妻之间产生心理鸿沟；"争吵＋指责"的辩护，使夫妻之间产生生活战斗；"冷漠＋无视"的冷战，使夫妻之间彻底陷入心灵隔绝。一旦"末日四杀手"在夫妻之间频繁出现，若不及时警醒、刹车，进行感情修复的尝试，将导致婚姻走向最终的破裂。

戈特曼可以在 5 分钟内判断一对夫妻未来

类似的实验，结论无一不是证明了戈特曼黄金沟通比例的卓越。如此看来，在人们的生活中，少量的、善意的消极反馈、批评和建议是必要的。同时要注意配合那些可以增强人们自信心、主动性的积极反馈与鼓励，这样才能最大程度地激励人们发挥自身优势，并在工作中投入更多的精力、决心和创造力。

当然，心理学不是数学，不能用所谓的数学的无限趋近准确看待心理学中的比例。心理学是建立在大规模的观察基础上的，每个人在不同的时间、不同的任务、不同的对象的情况下，赞扬和批评的黄金沟通比例不会是绝对的 5:1 或者 6:1。这些研究只是告诉我们，维持任何形式的关系，以及在人与人之间的交流中，体贴、宽容、同情、支持、感恩、尊重和欣赏都是非常重要的要素。那些总是轻视或挑剔自己的伙伴、忽视他们的优点和情感需求的人，往往是在为自己埋下失败的种子。

所以，了解文化心理对于个体的幸福与发展具有积极而重要的意义。

一年内的婚姻状况，准确率高达 91%！他还发现，夫妻之间沟通的最优比例应该是 5 个积极沟通对 1 个消极沟通。在 5:1 的黄金沟通比例中的夫妻是最幸福、关系最稳固的伴侣。调查发现，在离婚夫妇中，该比例是 0.77:1，即 3 个积极沟通对 4 个消极沟通。夫妻之间能否维持友好幸福的婚姻关系，在很大程度上是由他们之间互动、沟通和交流的方式决定的。而产生这些沟通障碍的深层原因，正是前面我们提到的那些互不理解的、对待小事情的态度与行为背景后面的文化心理差异！

其实，不光是夫妻之间，工作团队之间的沟通比例也符合黄金沟通比例的效应。心理学家艾米莉·希菲和马尔西亚·洛萨达监测了一家大型信息处理企业中 60 个战略业务单元的团队领导力效率，主要考察的是财务业绩、客户满意度，以及对团队成员的 360 度反馈评价。她们发现：业绩最佳的团队的平均比例是 5.6:1，居于中间的团队比例为 1.9:1，而表现最差的团队的平均比例是 0.36:1，也就是说，最差的团体中几乎每出现 1 条积极沟通都会伴随着 3 条消极沟通。

不少科学家在不同的生活情景中重复过

文化沟通护航可持续发展

不止个体之间，国家与国家之间也存在着文化沟通的问题，而且更迫切。

首先，**国家与人类社会的可持续发展需要文化沟通。** 清华大学心理学系从 2012 年到 2016 年进行了一项为期 4 年的大数据分析。我们对从公元 0 年到公元 2000 年存储在谷歌云端的人类 9 种语言的所有出版物进行了大数据词频分析。我们发现：人类社会大发展、大进步的时代，例如地理大发现、文艺复兴、工业革命、信息革命等阶段，无一不是人类社会生活大规模交往、大范围活动、高频率沟通的合作结果。善意与合作是推动人类现代化取得无比迅速的进步的根本"文化基因"。

是的，不是战争、掠夺、争端或敌意，而是善意、合作与沟通。这是推动人类整体取得进步的原动力，也是医治人类社会创伤的良药。从18世纪由西方开始的"启蒙时代"发展到今天，已经经由人类社会的现实证明了康德所说的"人类从自己加于自己的不成熟状态中解脱出来"的预言。同样的思想在中国传统文化里也比比皆是。《易·贲卦·彖传》中有："刚柔交错，天文也。文明以止，人文也。观乎天文，以察时变。观乎人文，以化成天下。"这是中国古人对文化一词的明确定义，也寄托了中华民族崇尚"天人合一""忠恕之道""内圣外王""天下大同"的超然的人类命运共同体的理想。所以，无论是东方还是西方，文化始终是人之为人、人之为社会之人、人之为宇宙之人的超然智慧的载体。

本书再版之际，新冠疫情仍在全球肆虐。很长一段时间里，我们看到东方与西方对于疫情的看法和处理疫情的手段都大相径庭。排除一些极端政客的政治利己主义思想与做法，就算是正常的民众，我们也看到了人们对疫情与抗疫方式在认知与行为上的巨大差异。比如，很多西方人坚决不戴口罩，也不接受隔离，认为这是妨碍自由；但在很多东方国家，人们却认为戴口罩和隔离是防疫"第一原理"，虽然这样会影响人们的生活。再如，西方文化类似于佐罗、蝙蝠侠等"蒙面大侠"大多蒙的是眼睛，而中国文化故事中的侠客、刺客、隐匿者等"蒙面大侠"蒙的却是嘴巴；网络中出现的打马赛克的图片，在中国文化背景下都打在眼睛上，而西方文化背景下很多是在嘴巴上打个醒目的"×"！

这就是文化差异！

西方的文化心理普遍认为嘴巴是自由的标志，以嘴唇大而厚为美；而中国的文化心理则认为，眼睛是心灵的窗口，以眼睛大为美，以嘴唇大而厚为丑。了解了这些，我们就能够理解为什么那么多西方人宁愿冒着被病毒感染的风险也不愿意戴口罩了。

文化差异几乎是不可能消失的。因为任何文化传统与文化价值观所决定的文化态度与文化行动都是历史与风土民俗的产物。对待文化沟通，我们不能以"文化优势"的强迫者的姿态去试图改变对方的文化属性，而应在互相理解又尊重不同文化传统的前提下展开积极的对话、沟通与合作。"求同存异""和而不同"向来是中国人所主张的。

为什么总有些人感觉其他文化对自己有敌意和误解？为什么总有些人喜欢扎堆儿干事？为什么会形成不同的宗教派系？为什么同样的宗教文化之下会有不同的信仰？这些都是文化心理矛盾与文化心理差异讨论的范围，也是本书通过理论和案例希望读者能有所了解的内容。从根本上来说，不同的文化价值冲突引发的根深蒂固的心理反应可能是跨文化沟通和宣传过程中一个绕不开的关键症结。不同文化的人对待同一个议题或事件可能会有完全不同的反应，而这些就是跨文化沟通必须跨越的文化心理鸿沟。在本书中，我多次用到"西方""东方"这个表述，其实主要指的是以欧美文化为代表的"契约社会"下的价值体系和心理特性和以中国、日本为代表的"伦理社会"下的价值体系和心理特征，而不是简单的东西方地域差异的概念。

当然，存在文化差异，并不意味着他人和我们完全不同，就算是在一个以西方文化心理为主流的价值体系里依然有 30% 左右的西方人选择首先在事物之间寻找关系，而在中国文化心理背景下，也依然有 30% 左右的中国人选择首先在事物之间寻找属性与类别。这在我 1994 年进行的"归因实验"中已经得到了验证。所以，文化差异在整体上是绝对的，但在个体层面上又不是绝对的。我们理解文化差异的核心就是科学地理解文化心理的差异。

只有理解了心理学意义上人们对自我"存在感"的确认所涉及的种种选择的个体偏好，才能帮助我们对整体的文化族群的考察构建起坚实的基础。同样，只有同时兼顾整体族群的文化心理普遍规律，才能帮助我们更好地对个体的文化心理偏好与行为活动进行分析与判断，这样才能达成有意义的沟通。因此，更多地了解文化心理沟通是帮助我们更好地理解人类生活的捷径。医学上很多缺乏特效药的疑难杂症，可以通过寻因疗法来缓解和疗愈。同样道理，当我们了解了人类文化生活的原因，那么，对于文化冲突导致的痛苦，我们就可以找到很好的化解之道，从而进入痛苦消解后的幸福发展进程。

升华之道，基于文化沟通的无碍

作为一个心理学家，我认为跨文化沟通的效果在很大程度上依赖于我们是否能让对方的文化从我们的文化中找到某种心灵的感应、响应和对应，也就是说，如何让对方动心、动情和动脑。这是一种感动人心、激励人心、召唤人心的暖实力。学习跨文化沟通心理学，

能够提升我们的暖实力，让其他文化的人理解、同情、认同和接受我们的理念、观点和信息，也让我们自己能够更好地融入其他文化，并成为积极的文化使者。

学习跨文化沟通心理学的另一个重要价值可能还是在于更加透彻地理解自己。而救赎之道，首先要基于文化沟通的无碍。

古人云："不识庐山真面目，只缘身在此山中。"

哲学家说："他人永远是我们的镜子。"

诗人说："你在我的掌中，我又在谁的梦里？"

军事家说："没有必胜的战争，只有和美的兵法，战争的最高境界是不战而屈人之兵。"

创业者说："败之尽头仍回首，砥砺前行再出发。"

企业家说："我心飞扬，无怨无悔。"

楼下大娘说："家和万事兴，做人先做己。"

心理学家则说："你认同了我，我们之间就成了'自己人'，'自己人'好沟通。"

无论是什么年代、什么人，内心中都曾有过一个伟大的文化情结，那是来自对自我价值与自我实现的关切，也是对自我发现与自我成熟的强烈渴望。学习跨文化沟通心理学，并不仅仅是学习一种知识，更是通过科学知识掌握人心、人性、人情、人道与人伦的合理搭配方式。让自己舒服的时候，也让别人舒服；让自己生活幸福的同时，也让别人生活幸福。这样的人就是一个不折不扣的"文化人"。正如作家龙应台所说：文化其实体现在一个人如何对待他人、对待自己，如何对待自己所处的自然环境。在一个文化

厚实深沉的社会里，人懂得尊重自己——他不苟且，因为不苟且所以有品位；人懂得尊重别人——他不霸道，因为不霸道所以有道德；人懂得尊重自然——他不掠夺，因为不掠夺所以有永续的智能。

这让我想起19世纪中叶，法国著名的思想家和历史学家托克维尔在《论美国的民主》（1835）以及《旧制度与大革命》（1856）两本书中谈到他无时无刻不将美国和法国这两个国家进行比较。他说："没有比较，我无法意识到它们的特色。"了解差异，才能真正发现自己的特色、优势和不足，才能真正做到文化自觉与文化自信。

在人类传统观念里，文化是一种社会现象，它是由人类长期创造而形成的产物，同时又是一种历史现象，是人类社会与历史的积淀物。文化是凝结在物质之中又游离于物质之外的、能够被传承和传播的、国家或民族的思维方式、价值观念、生活方式、行为规范、艺术文化、科学技术等。它是一种人类相互之间进行交流的、普遍认可的、能够传承的意识形态，是对客观世界感性上的认知与经验的升华。但是我想说的是，文化同样是一个非常个体的现象。文化代表着一个人的智慧，也代表着一个人的创造与传承。文化沟通有认知的层次，也有运用的层次。因为懂得文化沟通，我们就与自己、与他人、与世界建立起了真实的关系，这也让我们自己成为一个有血有肉的真正的人。而这样的人的人生，一定是充溢着澎湃的福流的人生！

著名学者许倬云先生在一次接受许知远的采访时说过这样意味深长的话："要人心之自由，胸襟开放。拿全世界人类曾经走过的路，都要算是我走过的路之一。要有一个远见，超越你未见。"

文化沟通，是个体将自我意义融入群体中最重要的条件与要素，是一个人完成自我发展与自我实现的终极使命。

最后，我想借序言向本书的顺利出版提供巨大支持与帮助的所有朋友表示感谢。本书的出版首先要感谢清华大学出版社的张立红老师，她对中国文化的热爱和对跨文化传播的执着深深地感动了我。还要感谢王伊兰老师将我的授课以及讲座内容进行了整理，作为本书初步的文字参考。最后，感谢读者，希望喜欢《吾心可鉴：澎湃的福流》的读者也会喜欢我"吾心可鉴"系列丛书的第二部《吾心可鉴：跨文化沟通》。我衷心地希望通过这本书，能使更多的人了解跨文化沟通，认识跨文化沟通，理解跨文化沟通，运用跨文化沟通。

言为心声，福流激荡。
沟通无界，仁者无疆。

彭凯平
2020年7月20日于清华大学明斋

目录
Contents

远人不服，则修文德以来之。

　　　　　　　　　　——孔子

你告诉我，我会忘记；你教我，我会记住；你融入我，我会向你学习。

　　　　　　　　　　——富兰克林

　　孔子在《论语》中说："远人不服，则修文德以来之"，就是这样的一种文化感召力，我把它称为暖实力，一种让人感动、敬畏、升华、温心的能力。

第 部分

跨文化沟通与自我超越

第一章

跨文化沟通的社会意义

越来越多的中国人有出国访问、学习或者工作的经历。在出国的日子里，最让我们感到意外的不一定是国外的物质生活水平、自然风光、政治体制，而很可能是外国人在日常生活中的行为方式。特别是在与外国人打交道的过程中，价值观的不同、角色期望的差异以及沟通的困难，经常让我们感到困惑。

我自己的文化震撼（Culture Shock）发生在我到达美国的第一天。那是 1989 年 1 月 20 日，我乘坐中国国际航空公司 985 次航班第一次飞往美国。因为碰巧有中央领导同机访问美国，所以飞机改飞洛杉矶而不是旧金山，这使我错过了飞往底特律的航班。原定接机的中国同学没有来，来的是美国密歇根大学著名心理学家哈罗德·史蒂文森（Harold Stevenson）教授。我又惊又喜，因为史蒂文森教授是我非常敬仰的学者，在中国心理学界享有很高的威望。每次他到中国，都是由中国的领导和大学学者陪伴，而我当时只是北京大学的一个普通讲师，根本无缘与他面对面交谈。没想到到达美国的第一天，居然是他一大早来接我。我不好意思地问："您的学生为什么没来？"他说："他今天上午有课，而我刚好有时间，所以我来接你。"我很震惊，教授和学生的角色差异，在美国和在中国竟是如此不一样。

到达密歇根大学心理系办公室后，我又感受到了另一种文化差异（Cultural Difference）的冲击。一直跟我保持联系的心理系秘书桃乐茜·沃克（Dorothy Walker）是一位身材高大的美国女士，见到我之后，她非常激动地跑过来拥抱我，说："我们真为你担心，不知道出了什么事。"我当时非常尴尬。因为在此之前，我还没有被陌生女性拥抱过。这种陌生异性之间的身体接触，直到现在还让我感到不自在。但是在美国，这是一种很自然、很普遍的问候方式。

在西方，男女可以公开拥抱

在中国，男女亲密接触是闺房中的私密事情

我的这些经历肯定不是独一无二的。很多在国外访问、学习和工作的人都会有这种文化震撼的经历，并且大家都会从这些经历中学习到如何与外国人打交道，如何进行跨文化的沟通和交流。很多作家、学者、商务人员以及外交工作者都写过自己跨文化沟通和学习的经历及体会。这些游记、自传对我们了解跨文化沟通的方式和意义都有很好的指导作用。但是，我们还需要一本从心理学角度探索跨文化沟通的著作，这就是我创作本书的初衷。

从某种意义上讲，个人的文化震撼所产生的影响可能不是那么深远。但是，文化之间的观念差异所造成的沟通障碍（Communication Obstacles），恐怕会对不同文化之间的相互了解和沟通产生较为深远的影响。1964 年，美国和中国分别发生了两场具有历史性意义的社会运动。这两场运动中所体现的价值差异，直到现在都影响着两国人民的心理与行为，而这些差异是我在美国加州大学伯克利分校以及后来在中国的大学教学过程中发现的，比较难以被美国学生和中国学生所理解。

1964 年 12 月 2 日，在加州大学伯克利分校校园里，发生了一场大规模的学生抗议活动。这是美国 20 世纪 60 年代以来，学生与政府最直接的一次对抗，也是以加州大学伯克利分校为起点的"言论自由运动"的高潮。在这次静坐中，来自加州大学伯克利分校的学生马里奥·萨维奥（Mario Savio）发表了著名的"斯波尔广场演讲"（*The Sproull Plaza Speech*，即《机器的运转》），大意如下：

> 当个人和国家机器之间的关系变得如此乏味，如此令人厌倦，以至于使你无法全神贯注，甚至连被动接受都不能的时候，你就应该停下来，躺在这个机器的螺丝钉上、轮子上、杠杆上或者任何一个部件上。

这篇演讲引起了美国民众的共鸣，"不甘心做一个国家机器上的螺丝钉、轮子、杠杆或者任何一个部件"成为 20 世纪 60 年代美国各种群众运动的精神信念，从而对美国的社会变迁和发展产生了巨大的影响。在马里奥·萨维奥当年发表演讲的加州大学伯克利分校的斯波尔广场上，一个以他的名字命名的咖啡店以朴实无华的面貌迎接着南来北往的客人。

在太平洋另一边的中国，一场向雷锋同志学习的运动逐渐地从宣传"为人民服务"的精神转变成了强调"为革命奉献自我"的思想改造运动。"做一个革命的螺丝钉"成为中国 1964 年最为鲜明的口号，它几乎代表了所有中国文化所表达的道德价值——"默默无闻""无私奉献""为国为民" 等既有传统文化特色又有现代特色的奇妙精神信念。很有意思的是，当我向美国人讲述雷锋精神的时候，美国人也很崇尚雷锋做好事的态度和行为，因为他们认为这与童子军所提倡的没什么两样。但他们不能理解的是雷锋的螺丝钉精神，因为这与美国人所崇尚的个人主义价值观念大相径庭。马里奥·萨维奥的演讲应该很难得到中国民众的社会理解及支持。而这正是文化价值观的差异所造成的沟通困难。

| 美国个人主义价值观念 | 中国集体主义观念 |

中国人眼里的螺丝钉闪闪发光，带给每个人幸福。美国人眼里的螺丝钉是腐朽的、束缚人的

雷锋精神

从心理学的角度讲，跨文化沟通就是在跨文化交流过程中，沟通双方传递和共享意义、信息、感情的过程。究竟跨文化沟通与其他的沟通有什么不一样的地方，它具有什么样的特点，受到哪些社会因素的影响，又是如何影响我们生活和工作的质量的，这些都是本书要探讨的问题。

第一节　跨文化沟通的界定

沟通指的是人与人之间信息、感情和思想的传递。跨文化沟通与一般的沟通不同，其关键就是沟通的对象来自不同的文化背景。这种不同文化背景的差异会导致沟通的方式、过程和结果存在差异。因此，误解、猜忌、迷惑甚至敌意等一系列问题在跨文化沟通过程中都是经常出现的。一个成功的跨文化沟通者，不仅对人与人之间的沟通有足够的知识和技巧，更重要的是对不同文化背景下人的心理要有全面的了解。

55%	38%	非言语的线索
7%		言语的线索
		双方使用的词汇

信息对接受者的影响因素

一、沟通的方式

沟通有两种方式：言语的沟通与非言语的沟通。在日常生活中，

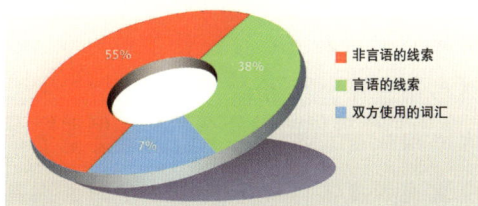

思想、情感和信息的沟通大多是非言语的沟通。根据心理学家的研究，一个信息对信息接受者的影响，7%是由双方使用的词汇决定的；38%是由言语线索决定的，包括说话的语调、音量、语速以及其他的语言相关特性；55%来源于非言语的线索，包括面部表情、手势、身体的姿态等。所以我们可以这样说，沟通质量不是由我们输送的信息决定，而是由我们输送的方式以及在对方头脑里所产生的效果决定。同样的一句话，如"想什么？""你真坏！""你真好！"，用不同的语气、语调、语速来表达，完全可以代表不同的意思，反映不同性质的关系。

绝大多数1970年之前出生的亚洲人都看过英国喜剧演员卓别林的《城市之光》。当时默片电影风靡全球，最著名的就是喜剧演员卓别林的默片，深受世界各国人民的喜爱。默片没有声音，不论哪一个国家的人都可以看得懂，都明白其想要表达的意思，这就是非言语沟通的魅力。默片演员通过大量的面部表情、手势以及身体的姿态等非言语方式让

卓别林的《城市之光》

我们了解角色想要表达的内容。在影片中，从头到尾没有旁白，也没有任何对话，只有音乐、场景和动作，却让观众欲罢不能。作为喜剧大师，卓别林的生动表演直接诠释了何为非言语沟通，并能让非英语国家的观众无须借由翻译就能看懂，甚至流泪。非言语沟通比言语沟通难度更大，所以，在卓别林之后很多年，英国才又出了《憨豆先生》这样风靡世界的新默片，受欢迎程度可以说不亚于当年的卓别林。

有着五千多年文化历史的古老中国，有一个流传上千年的非言语沟通的经典故事，那就是《高山流水遇知音》，也有"心有灵犀一点通"这样

《憨豆先生》和《高山流水遇知音》，分别暗含传神与意会之意

的成语，形容非言语沟通的奇妙体验。借助外在的表现、姿势、环境、工具，不用语言也能表达万千情意和无限思想。

成功的非言语沟通，一直是人类心向往之的高妙沟通方式。哪怕只有一两次成功的非言语沟通，也可以为日后所有的沟通奏响奇美的序曲。

一个巴掌拍不响。同样的道理，沟通的效果也需要双方的努力。因此，任何期待自己的外语达到足够高的水平后才考虑跨文化沟通的人，实际上已经错过了很多跨文化沟通的机会。从某种意义上讲，只要你对对方的思维方式、生活方式和价值观念有足够的了解，就能进行跨文化沟通。

二、什么会影响跨文化沟通

跨文化沟通涉及不同文化背景的人，因此沟通效果必然会受到一些较为明显的文化差异的影响。

1. 不同的价值观念会影响跨文化沟通

不同的价值观念会导致不同的行为方式。比如，中国人对国家有很强烈的认同感并且很重视亲情和友情；而西方人认为个人更重要，个人的自由、独立和权利是他们尊崇的价值观念。

美国伊利诺伊大学的心理学家特里安迪斯（Triandis）曾经做过这样一个研

究，在全世界范围内调查每个国家公民对自己国家形象的关注程度。结果发现在中国和其他亚洲国家，95%的公民对自己国家的形象"关心"或"非常关心"；而在美国只有大概30%的民众回答"关心"或"非常关心"自己国家的形象。

这并不是说美国人不爱自己的国家，只是说美国的爱国主义教育强调的是美国文化所尊崇的价值观念——自由、民主和个人权利的意义，这些在他们看来要高于国家概念。

我国的传统价值观念之一就是尊老爱幼，乐于助人。然而，美国人十分看重个人的独立性，受他人照顾的人往往被视为弱者。只要是自己能够完成的事情，美国人一般不愿意求人代劳。因此，在美国，向别人提供帮助、关心、同情是根据对方愿意接受的方式和程度来决定的，这与我们中国人的理解正好是相反的。比如，我们主动为年老的外国人或是背着沉甸甸包的外国朋友提供帮助时，经常会遭到拒绝，因为这会让他们感到难堪。此外，面对不舒服或者是患上感冒的朋友，中国人会建议他马上去看医生，表示真诚的关心。然而，美国人对此并不接受，因为他们认为这是自己的私事。因此，当一个美国朋友说他不舒服的时候，你只需说"我听了很难过"（I'm sorry to hear that）就足够了。

2. 不同的思维方式会影响跨文化沟通

不同文化背景下人的思维

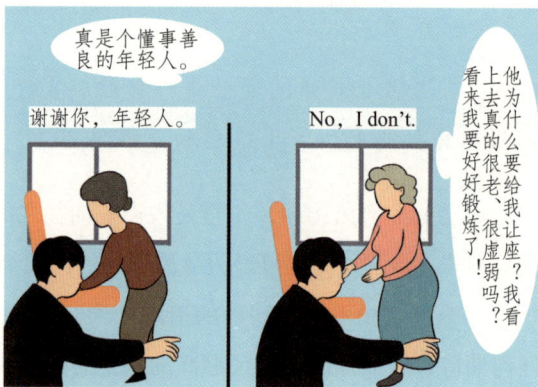

在身体健康的情况下，中国老人被让座时会感到温暖和受人尊重，而美国老人则会不开心

中国人感到不舒服时，朋友会问候并建议对方去看医生。美国人不舒服时，朋友说"I'm sorry to hear that"。这在中国人看来很冷漠

方式的差异，对跨文化沟通的效果也有影响。比如，中国文化强调中庸的思维方式，中国传统文化思维还强调全面、整体，中医就是很好的一个例子；西方文化不太强调整体思维（Holistic Thinking），而是强调具体的、个别的分析思维（Analytic Thinking）。因此，西医是头痛医头，脚痛医脚；而中医是内外交融，系统调节。我们通常所提到的辩证法，在中西方文化中的深层含义也是不同的，例如，马克思的辩证法不同于中国传统文化中的辩证法。马克思的辩证法强调矛盾的冲突，它有立论，有反论，是一种永远处在争斗旋涡中的斗争哲学思维；中国文化传统意义上的辩证法则强调互相依赖，强调矛盾共存和相互转化，有矛就有盾。

在做选择方面，中国被试和美国被试还有一项很大的差异：中国被试确定选择结果的时间要相对较长，而相比之下美国被试要短很多。

香港科技大学的两位心理学家做过一项有趣的关于市场消费的心理研究。他们要求参加实验的被试在两个选项中做出选择，一个选项是质量很好但是很贵的商品，另一个选项是质量不好但是很便宜的商品。心理学家发现美国被试几乎会马上决定他们喜欢的是哪种商品，但是中国被试在做出这种非此即彼的选择时往往花时间较多，他们更希望有妥协的方案。于是，这两位心理学家就让来自两个不同文化的被试再做一次选择，要求他们在质量好而价格高、质量不好却价格低、质量居中且价格居中的三种商品中做出选择，结果发现大多数的中国人选择妥协的中间选项，相对而言，选择中间妥协选项的美国被试要少得多。

此外，有一个很极端的案例说明美国人在选择过程中很干脆，不喜欢犹豫不决。热播美剧《小谢尔顿》（Young Sheldon）里，量子力学课程的大学教授约翰·斯特吉斯坚持多年只选择香草冰激凌，从来没有吃过其他口味的冰激凌。因为坚持这个做法一直不变，所以他节省很多用于做选择的时间。而他的这一做法并非独创，是效仿著名物理学家费恩曼（Feynman），为了减少生命中总要做的那些选择，费恩曼决定一生中甜点只吃巧克力冰激凌。这种做法在中国人看来太疯狂了，中国影视剧里不可能编出这样的情节，而美国人对此却会会心一笑。

除了科学家以外，美国科技精英还会就同一款式的衣服买几十件，节省选择时间。例如，扎克伯格多年来除非特殊场合，平时只穿灰色T恤和牛仔裤，乔布斯也只穿黑色T恤和牛仔裤。

费恩曼决定一生中甜点只吃巧克力冰激凌

扎克伯格在 Facebook 上展示自己的衣服，同款同色，无须选择

3. 不同的沟通风格会影响跨文化沟通

不同文化背景下人的沟通风格（Communication Style）对跨文化沟通的效果好坏也有影响。以讲话风格为例，中国人习惯先讲大的事情，再讲小的事情；而西方人的习惯则是从小往大讲，这从中西方的媒体报道差异中可窥一斑。中国的媒体报道通常高屋建瓴，纲举目张，先讲大的背景，再讲小的案例，最后又回到大的意义上；而西方人的报道往往是从一个具体的案例、一个具体的个人谈起，再引申到大的意义和背景，最后又回到具体的案例和个人上。这种沟通风格的差异就会引起读者的心理预期（Psychological Expectation）差异，从而影响沟通的过程和效果。

例如，在有关 2008 年北京奥运会开幕式的报道中，新华社和《人民日报》的报道就与《纽约时报》和美联社的报道有很大的不同，这种不同不仅体现在意识形态的差异上，还体现在报道风格上。中国的报道从历史意义开始，以全球意义结束，着重报道的是开幕式的表演过程和参加开幕式的世界各国领导人；而美国的报道，是以具体的事件开始，以一个普通中国人的评论结束。最有差异的是，美国的报道采用了几个普通中国人的发言，反映了老百姓对奥运会的支持和作为中国人的骄傲。而在新华社和《人民日报》的新闻报道中，没有一个具体的普通中国人的相关描述，而都是以全国人民的反应来表达中国人民的自豪和对奥运会的支持。

4. 不同的角色期望会影响跨文化沟通

不同文化所产生的角色期望（Role Expectation）差异也会影响跨文化沟通的过程和效果。跨文化沟通中存在一个巨大的文化差异，就是双方对领导、导师的角色期望有着根本差别。在中国，有些领导和导师习惯被众星捧月，从上到下的地位差别对他们而言很重要，自己的地位永远占据第一，一般而言都是第一个讲话或最后一个表态。与此相区别，西方的领导在很大程度上就是一个普通的职业经理人，他的在职与否、上台与下台都是由他的业绩来决定的。因此，相对而言，西方人对领导、导师的态度比较随便。这种角色期望的差异在跨文化沟通中就容易产生很大的误解，因为在所有世界文化中人们对有威严的人往往要更加尊重并在表达方式上采用敬辞，而对同辈和下级说话时往往会比较随意和谦和。用词不当往往会产生礼仪判断的错误。对领导或者导师角色期望的差异，以及因为用词不同而产生的理解上的差异，往往会影响沟通的效果。

中国人对长者也有不同于西方人的期待。中国人尊重老人，同时也希望得到老人的支持、鼓励、关怀和指导。因此，即使是陌生的长者，我们也常常以亲属的关系来称呼他们，比如大爷、大娘、大叔、大婶等。这样的称呼显然是西方人所不能理解和接受的，即使我们中国人最常用的老王、老李、老张等带"老"字的称呼，也可能会引起西方民众的反感。我曾经开玩笑地告诉一位从事语言学研究的美国同事，我们应该叫他老单，以表示亲切。但是，他非常生气地说："我不老，别叫我老单。"

在中国文化中，对长辈直呼其名，是很严重的失礼和没有教养的行为，而在西方文化中，恰恰相反

同样地，中国人对于自己尊重的人，往往很少直接称呼对方的名字，除非双方有着非常深厚而亲密的关系。我们还习惯根据职务、身份来称呼对方，比如说某主任、某局长、某老师。在中国，我不止一次地看到父母亲教导自己的孩子不能够直呼长辈名字。但是在西方，如果在相识的人群中不直呼其名，就意味着你可能不愿意与对方交朋友，从而会让对方大失所望且很不高兴。在美国，即使是自己最尊敬的教授，学生们也喜欢直呼他的名字。他们认为只有这样，才能表达对老师的敬爱，而这正好与我们中国人的传统相反。

第二节　跨文化沟通的特点

从 1998 年开始，我逐渐应邀加入了许多国际学术和商业组织，也参加了很多组织的跨文化交流活动，包括清华大学的各种国际学术交流、国际智库的全方面对话，并在国际组织任职。很有意思的是，我发现自己正逐渐地变成中外双方沟通的信使和纽带。我经常奇怪地问他们："你们都能够用流利的英语与对方进行交谈，有些外国人也能说很流畅的汉语，为什么你们双方不能够直接对话，而需要我去转达你们的意见、看法和建议呢？"一个普遍、共同的回答就是："好像只有跟你才能讲明白。"而在他们彼此之间，似乎有一些沟通的鸿沟。

为什么跨文化沟通会有困难呢？跨文化沟通与文化内部成员之间的沟通又有哪些特点？跨文化心理学认为跨文化沟通具有以下四个特点。

演讲前，演讲者一般会用对方熟悉的内容开场

一、寻求共同点

沟通的一个重要基础（Grounding），就是要求双方具有比较一致的经历和共同的

语言，最好是有很多共同享有的知识和信息，这包括共同的知识背景、共同的信念体系和共同的假定。而跨文化沟通最大的障碍，往往就是双方之间的共同点非常少。我们不知道对方是否了解我们文化中习以为常的知识、信念和假定。为此，很多外国学者到中国来进行演讲总是会先讲一些中国的名言警句，我们的领导人到其他国家进行交流时也会先用对方国家人们熟悉的内容或典故开场，这是为了寻找一个共同点，以便开启一段良好的跨文化沟通。

由于生活在不同的文化背景中，我们在国情、意识形态（Ideology）和生活经历等方面有着很大的差别，在很多话题上可能会有不同的看法。在跨文化沟通过程中，我们应该回避那些忌讳的以及令人不愉快的话题，因为这些话题一旦提出，可能会引起双方之间的反感。在某种程度上，沟通的双方应该积极地去追求共同之处。从心理学的角度讲，人与人之间一旦产生某种认同（Identity），相互之间就会在心理上产生"自己人"的效应，这种"自己人"的效应可以消除沟通中的隔阂。

二、强烈的投入感

跨文化沟通的效果依赖于双方之间的互动程度，也就是沟通双方彼此的思想、感情和行为的敏感程度。这是一个高智商、高投入、高情感的智力过程，

跨文化沟通的效果依赖于双方之间的互动程度

文化内部的人际沟通往往不需要强烈的投入感

因此它对双方的心理素质、智力素质和感情素质的要求都会很高。这种强烈的投入感（High Involvement）往往会使得那些经历过跨文化沟通的人感到某种程度的疲惫。而在文化内部的人际沟通中，特别是朋友间的沟通中，强烈的投入感往往是不太需要的。我个人常常说到华人在国外缺少一种国内的人常常享受的快乐，那就是"侃大山"或者说"闲聊"的快乐。跨文化沟通很少能达到闲聊的愉悦程度，因为它更像一个工作过程，而不是一个享受过程。

我曾经在文化心理学的课堂上，给中国学生和美国学生分别讲了同样的故事，但是，最后得到的效果却完全不同。在美国课堂上，故事起到了活跃气氛、消除紧张的效果，尤其是在很多学生第一次接触一名中国教授教学的情况下，他们可能会对我有些不放心和担忧，因为不知道我是否对美国文化有足够的了解。于是，我经常以一个故事来开始我的心理学课程。

一个牧师询问一个不爱去教堂的人："你为什么不到教堂来？"这人回答说："我告诉你我为什么不去。我第一次去教堂，他们就往我脸上泼水；第二次去教堂，他们就把我和一个女人绑在一起，再也不能脱身。"牧师回答说："对，你下一次来，他们就会把土盖在你的身上。"

了解美国文化的中国学生会很快理解这个故事的幽默趣味，而不了解美国文化的学生则很难理解。所以，他们得仔细地分析故事的意义，并把这样一个轻松的故事变成一个严肃的思维挑战。

同样，很多与中国文化有关的笑话，也不会对美国学生产生轻松愉快的效果。

圆周率的故事是各国文化的学生们都不陌生的。不过，用中国古诗可以很轻松地记忆到小数点后22位。这首诗是："山巅一寺一壶酒，尔乐苦煞吾，把酒吃，酒杀尔，杀不死，乐尔乐……"对应的数字是3.1415926535897932384626。利用汉字特有的谐音，这首押韵诙谐的小诗成了学习数学的工具。中国学生在笑声中仅仅用两三遍就完成这22位数字的记忆，而习惯字母学习的西方学生仍然没有从愕然中缓过劲来。

三、沟通中断的顾虑

由于缺少共同点，跨文化沟通不如文化内部成员间的沟通那样顺畅，最常见的现象就是双方之间无话可说。而这种"无话可说"的焦虑往往会反过来增加自己的心理负担，从而影响沟通质量。

"无话可说"的焦虑影响沟通质量

我经常开玩笑地讲，普通中国同胞的跨文化沟通往往好似从三板斧开始，三板斧砍完后，就没有好的招数了。这常用的三板斧是：你到过中国吗？你喜欢中国吗？你还来中国吗？

文化内部的沟通失败，通常是由一些外部原因造成的，比如外在干扰、突发事件。但是，跨文化沟通的失败往往是由内在因素（Internal Factors）决定的。比如说，对主体的不了解，也就是说当沟通双方不知道对方的信息以及信息将产生的效果时，他们就可能会非常担心沟通的中断（Communication Breakdown）。这时沟通者会尽量去了解对方的理解程度或者寻找能够使沟通继续下去的主题，或者干脆放弃继续沟通。这些都会使他们产生焦虑、紧张的情绪，从而对沟通产生反感和敌意。

对沟通中断的焦虑，往往还会导致沟通的双方显得过于关切和过分关心。这通常表现在沟通者非常急切地提出问题，发表评论，而不管对方对此有何反应。如果沟通的双方都争相传递信息，双方之间的沟通就会产生重叠、重合而且没有得到反馈的问题，这会对双方的沟通质量产生负面的影响。

四、谈判的持续性

与文化内部的沟通不一样，跨文化沟通是一个不断地分析、判断和决策的过程。也就是说，在跨文化沟通的过程中，人们实际上要随时随地评估沟通的过程和结果，并确定此阶段期望的和能够实现的双方间的关系。跨文化沟通的过程和效果决定双方之间的关系是合作的还是竞争的，是严肃的还是随便的，是关注问题的解决还是关注双方之间的感情关系，是等级分明的还是平等一致的，是正式的还是非正式的。文化内部的沟通，双方的关系一般是早已经确定的。而在跨文化沟通的过程中，双方的关系要依赖于沟通的过程和结果。因此，这一特点就决定了跨文化沟通有着与众不同的难度。

根据谈判心理学的理论，谈判的心理活动和过程包括四种行为表现。第一种行为表现是提出自己的主张。有时候坚持自己的观点和利益，就可能与对方发生争执，这时要理智地、有建设性地回应对方的信息和意图。谈判涉及的第二种行为表现就是暗示，包括给对方各种善意的提示，以及对对方的提示做出积极回应。第三种行为表现就是要有创造性的建议，也就是说，要以比较肯定的语气和用辞，对下一步的沟通提出建议和看法。第四种行为表现就是讨价还价，这是指在跨文化沟通中，要有维护自己利益的诉求，同时也要对对方的立场和意图有所了解和宽容，要有做交易的愿望，但是要保证每一个让步都会附带合理的条件。

提出主张

暗示

建议

讨价还价

第三节　影响跨文化沟通的八大社会背景因素

跨文化沟通是一种社会沟通，也就是说沟通双方之间的社会关系在某种程度上决定了沟通的方式、过程和质量。有些社会关系具有显而易见的特征，因此，这些特征对沟通方式、过程和结果的影响相对而言是比较明显的。比如说，双方的种族差异会使得一些具有较强种族主义倾向的沟通者采用一种居高临下、傲慢的方式与对方进行沟通。此外，沟通双方的宗教差异对沟通的影响，也是不言而喻的，特别是一些对与宗教有关的信念、典故和经书的理解差异就会对不同宗教之间的跨文化沟通产生障碍，因为绝大多数人在说话和交流中喜欢使用典故。而在跨文化沟通中，这些典故往往不太容易被其他文化的人所理解。比如，对一个外国人说"你这个人真贾宝玉"，他可能就不太明白这句话的调侃意味。

有些社会关系是比较隐蔽的，不易被人直接观察到或者意识到，但是，它对跨文化沟通的影响比人们所知晓的和承认的作用要大得多，其中包括与社会关系相联系的社会背景因素。哪些社会背景因素会影响跨文化沟通的过程和质量呢？

对一个外国人说"此地无银三百两"，他可能不知道这句话的调侃意味

一、地盘

地盘（Territory）会影响跨文化沟通的方式、过程和结果。跨文化沟通的地域在某种程度上决定了双方之间的优势和劣势，掌握了主场优势（Home Court Advantage）的沟通者往往会在决定沟通的时间、方式、长度甚至议题上都有很大的优势。就像体育比赛的主场优势效应一样，跨文化沟通的地域主客场差异会影响沟通的结果。这就是为什么很多重要的跨文化沟通，比如，国家之

间的谈判都要选择在第三者的地盘上进行。

　　为什么会产生主场效应呢？心理学家主要认为，主场效应是由于社会助长作用（Social Facilitation）而产生的。也就是说，当与自己有关的人在场的话，我们的行为就会受到这些人的影响。如果我们从事的活动是早已计划好的话，那么，社会群体的存在就会提高我们的表现。如果我们从事的活动是比较复杂的任务，那么，它就可能降低我们的表现。许多心理学实验验证了这种社会助长作用的存在。

　　有研究发现，优秀的台球选手在没有他人观看的情况下，能有71%的击中率，但是在有他人观看的情况下，他们的击中率会提高到80%。不那么优秀的台球选手，在没有他人观看的情况下，击中率可以达到36%，而在有他人观看的情况下，击中率则降为25%（Michael et al.，1982）。

　　体育比赛的主场优势也是非常明显的。一项对美国、英国和加拿大8万项体育比赛赛事的研究发现，足球比赛的主场优势最高，达到了69%，也就是说有69%的比赛结果与双方的实力无关，而是与是否选择了自己的地盘来进行比赛有关。篮球比赛的主场优势为64%，冰球为61.1%，橄榄球为57.3%，棒球为54.3%（Courneya & Carron，1992）。

多人观看的足球比赛中球员的状态

少人观看的足球比赛中球员的状态

为什么会出现这种主场优势呢？

第一个原因就是本团体的期望、热情和支持会增加我们的认同感和奋斗精神。因此，我们在心理和行为上都会对所要完成的任务更关注、更认真。我们的准备工作、应对工作和责任感都会相应地增加。在跨文化的沟通中，我们也会对所要从事的工作更重视，准备更充分，态度更积极。

第二个原因可能是我们有下意识的领土控制感。从进化心理学的角度看，人和动物都有先天的领土优越感。也就是说，我们对自己的领土范围会感到更熟悉、安全，同时对侵犯自己领土的他人和动物有强烈的攻击性，以保护自己的领土完整和安全。在自己的地盘上进行跨文化沟通，可以让我们有比较明确的工作责任感和环境熟悉感，减少焦虑和不确定性。

第三个原因很可能是与生理的适应有关系。在主场，我们不会有旅途劳累带来的影响，也比较容易从心理和生理两个方面调整自己的工作计划和日程，从而在身心两个方面以逸待劳，抢占先机，能够比较从容不迫地对待共同的任务。

二、语言优势

跨文化沟通一般会选择一种语言作为载体进行沟通，这就让使用母语的沟通者在语言上占据了主场的优势，而对那些使用非母语进行沟通的一方来讲，沟通的难度就会很大。因此，我们在使用英语和法语为主导语言的国际性沟通中，我们就有一种天然的弱势，这就要求我们对跨文化沟通的心理有更多的了解。也就是说，虽然我们在语言上不占优势，但如果我们对对方的文化、心理、需要和目标有更多的了解，我们就会在非言语的沟通中知己知彼，游刃有余。

社会语言学中的言语适用理论（Speech Accommodation Theory），指的是说话者为了争取听话者的好感而改变自己言语习惯的倾向。比如，中国人在与美国人的交往中采用英语进行交流，或者是美国人到中国来进行文化交流时，采用汉语进行对话。这种言语适用理论的提出，主要建立在社会心理学中的相似吸引原则、社会交换原则和归因原则的基础之上。

相似吸引原则（Similarity Principle）是指在沟通过程中，说话人和听话人之间的话语越相似，对听话人就越具有吸引力，越容易被理解。这种心理现象产生的原因，实际上还是潜意识的自我中心主义。我们喜欢与自己相似的事物，潜意识中我们还会把与自己相似的地方、语言、人甚至姓名等都看作自我的延伸。我们甚至不妨做一个简单的试验，看一看你是不是对与自己有同样姓氏的人有某种程度的偏爱。"天下王姓一家人"是不是也反映了天下王姓人的潜意识意愿？

我们喜欢与自己相似的人

社会交换原则（Social Exchange Principle）是指诉说者策略性地做出一定的妥协，以期望倾听者在其他方面做出回报。就像一般的交换关系一样，我们所付出的代价，在某种程度上应该得到一定程度的补偿。代价越大，补偿就越多。如果我们在交往中，选择使用对方的语言，这就表明我们已经在语言上做出了牺牲，这种牺牲应该得到某种形式的补偿。但是在社会交换原则中，有一个很重要的概念就是信任，也就是说，你相信对方能够在某种程度上领会到你的付出，从而相应地做出回报。但是，这种信任在跨文化沟通中有时比较难以做到，因为有些语言是我们所称的"霸权主义"语言，也就是说，它已变成约定俗成的官方语言。因此，弱势语言的一方所付出的代价，不一定会被强势语言的沟通者理解和欣赏，这就使得这种言语适用理论在现实生活中不一定适用。

归因原则（Attribution Principle）是指人们有自发地分析和解释他人行为的动机与原因的倾向性。因此，在跨文化沟通中，采用对方所熟悉的语言进行交流，很容易被解释成善意和友好的意图，从而改善跨文化沟通的气氛。归因原则也提出另外一种可能的解释，即对方将你善意的行为解释成情境的要求。比如，当规定的官方语言是对方的母语时，那么，对方很可能不会把你的言语适应行为解读为你的善意和良好的姿态，而只是解读成这是你不得不做的事情。

三、沟通的时间长度

沟通的时间长度会影响跨文化沟通的方式、过程和结果。双方之间是一种稳定的长期来往，还是一种短暂的短期来往，会影响双方对沟通的期望，以及沟通方式的选择。长期来往需要以关系为中心的沟通方式，而短期来往则需要以解决问题为中心的沟通方式。如果将需要在国外生活、学习与需要在国外旅游、购物相比较，那么，沟通的方式、过程和结果一定是不一样的。需要在国外生活和学习的人，他们的跨文化沟通可能是长久的、多样的、深入的；而仅仅到国外旅游或购物的人，他们的沟通方式就是短期的、单一的、浅显的。在法国的"老佛爷"百货店买东西就是一种短期的跨文化沟通，因此人们更关注所购买物品的价格、质量、异国风情和服务保障，而不会关注销售人员和管理人员的个人特性和风格。但是，如果是与你的合作伙伴进行跨文化沟通，你就会选择以建立关系为中心的沟通方式，较多地关注对方的背景、经历等个人特点。

双方的交往也给我们提供了帮助对方和获得对方回报的机会。这种互惠关系需要一定的时间才能建立。而互惠的原则也是人们建立友谊的基础。我们一般喜欢那些经常见面的人和能够给我们提供帮助的人。很多的社会关系是不能由我们自己自由选择的，因此喜欢这些人有助于建立良好的关系，而这种良好的关系又能很好地为我们创造积极快乐的生活。

社会心理学家纽科姆（Newcomb，1961）很早就发现，人们交往的频率和时长是他们能否成为好朋友的关键。住同一个宿舍的同学，尽管个性差异很大，但是他们之间成为朋友的可能性要高于另外一个宿舍的同学。在某种程度上，人们之间的友谊依赖于接触时间的长短。为什么会是这样呢？最主要的原因就是相互之间的交往时长会影响人们发现共同性和获得回报的概率。当你与一个人交往的时间越长，你可能就越容易发现对方与你在人格、经历、兴趣和爱好上的共同性，而这些共同性是友谊的基础。正如亚里士多德在其著作《修辞学》中提到的，"朋友就是这样的一些人，他们与我们关于善恶的观点一致，他们与我们关于敌友的观念一致……我们喜欢那些与我们相似的人，以及那些与我们有共同追求的人，而时间是积

纽科姆发现：人们交往的频率和时长是彼此能否成为好友的关键。如果两个人从幼时就认识并成为朋友，经过若干年之后，如果还能同步，交往起来就会非常轻松

累相似性最好的媒介"。

四、沟通卷入的方式

一般来讲，跨文化沟通的卷入方式有以下四种。

第一种是参与型（Participation）的跨文化沟通。沟通双方之间需要有一种互相依赖的关系，也就是彼此都对对方有所期望和依赖。比如，我们和商务合作者之间的沟通就是典型的参与式沟通，因为这种一来一往、有来有往的过程能够保证双方利益均衡。

第二种是利用型（Exploitation）的跨文化沟通。也就是利用跨文化沟通的机会向对方提出要求、命令和期望。比如老板对外国员工的指令，就是利用型的跨文化沟通。

第三种是贡献型（Contribution）的跨文化沟通。沟通者能为对方提供帮助、咨询、教育和激励。比如，大学教授在国外大学校园里为学生做学术报告就属于贡献型的跨文化沟通，因为他所表达出来的信息、知识和意见应该能够对拥有不同文化背景的听众都有所助益。

第四种是观察型（Observation）的跨文化沟通。在对方的文化环境和条件下，了解、观察和分析对方的行为、心态和特性。比如说，很多情况下旅游者用的是观察型的沟通，提出的问题、参与的讨论大部分是为了满足自己的好奇心和需求。

商务合作者之间的沟通是一种参与型的沟通

在对方的文化环境和条件下，旅游者多用观察型的沟通

五、接触的频率

高频率的跨文化沟通，比如，工作单位之间、同事之间的沟通，相对而言就会比较亲密和深入；而低频率的跨文化沟通，例如旅游者与当地人的沟通，相对而言就会比较短暂和浅显。

社会心理学家扎荣茨（Zajonc，1968，1970）很早就提出了单纯曝光效应（Mere Exposure Effect）理论，这一理论认为重复的曝光能够增强人们相互喜爱的程度。在社会交往中，相互之间接触的频率越高，相互之间喜欢的程度就越高。也就是说，由接触频率引发的熟悉感增强了人们互相喜欢的程度。让大学生去看那些无意义的词汇和符号，看的次数越多，接触的频率越高，人们对这些无意义词汇的评价就越积极。法国学生不喜欢大写字母"W"，因为"W"在法语里是最不常见的，而中国学生喜欢字母"C"，也许因为它是英文单词"China"（中国）的首字母，还有可能和英语中"C"字母开头的单词较多（仅次于"S"）有关。

为什么接触频率本身就能引发人们的喜爱呢？一种解释就是，我们的祖先在进化的过程中，偏好熟悉的事物且认为它很安全。事实上，不熟悉事物的危险性确实要比熟悉事物大很多。在日常生活中，这种因为熟悉而导致喜欢的例子非常多。有些商品广告没完没了地出现，实际上应用的就是这种曝光效应。此外，美术展览的作品受人们喜爱的程度，也与人们对它的熟悉程度有关系。因此，这就形成了一个有趣的悖论，我们在美术馆看到的那些自己喜欢的作品，很可能就是我们经常看到的一些作品。我去巴黎的次数很多，每次去都想参观卢浮宫，去看它的"镇馆三宝"，即《蒙娜丽莎》《断臂维纳斯》《胜利女神像》。而每次观看"三宝"的队伍往往是最拥挤的。于是，我经常反问自己，为什么大家都要到卢浮宫看这三件被反复复制的艺术珍品呢？我们真的是喜欢这些艺术珍品，还是因为我们看它们的次数最多，对它们最熟悉？就像巴黎的埃菲尔铁塔一样，我们是真的因为它美丽而喜欢它还是因为我们熟悉它而喜欢它？无论答案如何，接触的频率越高，喜欢的可能性就越高。这正是跨文化沟通所需要的心理基础。

卢浮宫的"镇馆三宝"是《蒙娜丽莎》《断臂维纳斯》《胜利女神像》。每次观看"三宝"的人群往往是最拥挤的

《胜利女神像》，又名为《萨莫色雷斯尼凯像》。这座神像是古希腊时期的雕塑，约创作于公元前 2 世纪

六、沟通双方的亲密性

一般而言，双方的关系越近，越亲密，沟通的方式就越多样、随意和深刻。有趣的是，双方之间的亲密程度可能更多受到沟通者个人因素的影响，而不一定受沟通双方社会因素的影响。两个来自不同文化的个体，也可能会产生非常亲密的关系（如恋爱、结婚、生小孩），而且这种亲密关系可能会

超过两个具有同样文化背景的个体的亲密程度。不过，也有学者发现彼此间的亲密程度不一定能保证双方的沟通是深刻和持久的，最典型的例子还是来自异国恋人之间的亲密。如果双方缺少语言、经历和文化上的共同性，而只有物理和身体上的亲密性，双方之间有可能就不会有深刻、持久和多样的跨文化沟通。

亲密的关系会对跨文化沟通有正面的作用

什么样的因素决定了关系的亲密？为什么亲密的关系会对跨文化沟通有正面的作用？心理学家认为，这主要是因为我们有强烈的归属需要，也就是说，我们希望与他人建立持续而亲密的关系。从我们祖先的进化过程来讲，只有相互依赖与支持，生存的希望才会更大，因为在狩猎或者是安居时，大多数人的合作总是比一个人单干要好。为什么漂流海外的华人都有怀念故土和亲人的情结呢？这也是归属需要的自然流露。

什么因素容易让沟通双方建立友谊和亲密关系呢？前文谈到的接触频率是一个重要的指标。另外一个很重要的因素就是距离上的接近。如果沟通的双方来自遥远的地方，一般来讲，就需要较长的时间建立亲密关系。另外一种增进友谊的可能性就是双方对未来继续交往的共同预期。

毕加索画作《友谊之花》

心理学家以女大学生为被试，向她们提供另外两名女生的一些相关模糊信息，并告诉她们等一会儿要与其中的一名女生进行亲密的对话与沟通，然后，测试这些女大学生对另外两名女生的喜欢程度。结果发现，这些被试偏好那名她们预期要见面的女生（Darley & Berscheid，1967）。

这也就是说，如果你期待与你沟通的对象将来继续进行对话与沟通，那么，你喜欢对方的概率肯定就要比你认为不会再见面的人要高出很多。但喜欢通常也是相互的，这是说人们喜欢一个人的程度，应该与对方喜欢自己的程度成正比。很多心理学研究证明，告诉一些大学生有人在暗恋他们，就很容易在这些大学生心中产生一种回报的情感。这就是说，在与人交往的过程中，给别人积极的评价和反馈，应该更容易让别人喜欢上你。古希腊哲学家赫卡忒（Hecato of Rhodes）曾经说过，"如果你希望被别人爱，那么你就应该去爱别人"。美国作家爱默生（Emerson）也说过，"拥有朋友的唯一办法，就是成为别人的朋友"。

跨文化沟通会让我们珍惜有共同点的老朋友并理解和谅解在与生疏文化背景的人沟通时遇到的难度和障碍，有勇气、有耐心、有能力在跨文化沟通中不断进步，勇敢前行。

七、沟通双方的地位和权力差异

沟通双方之间相对的地位和权力差异，在跨文化沟通中也是存在的，也会影响双方沟通的方式、过程和结果。地位相对较高的人，会更多地采用随和、随便、亲密和直接的沟通方式，而地位相对较低的沟通者，就会采用正式、疏远和间接的沟通方式。

马戛尔尼使团觐见乾隆皇帝时的行礼场面

社会心理学家布朗（Brown，1965，1987）发现，在人类社会里地位和权力较高的人往往是社会关系的主导者，他们通常会主动开口问候对方，首先伸出手来，首先摸肩拍背，首先直接称呼名字；地位相对较低的人，往往是互动关系的被动反应者，他们往往更倾向于用尊称和职务去称呼别人，比如说王厂长、彭经理、总统先生等。

在跨文化沟通中，地位相对较高的人往往具有更大的影响力，人们的普遍心态就是尽量避免把自己与地位低微的人，或者是容易受到别人嘲笑的人联系在一起。与他们的意见相一致，也会被认为是丢脸的事情。有人研究了地位相对较高的人与地位相对较低的人对乱穿马路行为的影响。研究结果发现如果有衣着高雅、身份或地位较高的人遵守交通规则，不乱穿马路时，人们乱穿马路的比例就会下降很多；但是如果遵守交通规则的是一个穿着破烂的人时，则人们还是会乱穿马路。也就是说，一个人的身份和地位会下意识地影响其他人的行为，人们更容易向身份较高的人看齐，而不是向身份较低的人看齐（Mullen et al.，1990）。

一个乞丐在红灯面前停步，而其他人仍然横穿马路；一个穿着高档的时尚女郎在红灯面前停步，其他人和她一样不违规

权力和地位较高的人，相对而言不太容易受到他人的影响，也很少表现出服从他人的倾向。在米尔格拉姆（Milgram，1965，1974）的服从实验中，在生活中权力地位较低的被试，表现出服从研究者的意愿最高，而权力地位相对较高的被试，则恰好相反。因此，在跨文化的沟通过程中，主观的地位感觉会影响一个人的行为倾向，从而影响沟通的方式、过程和结果。

| 美国社会心理学家米尔格拉姆 | 服从实验的设置 |

八、沟通双方数量的对比

沟通双方数量的对比也决定了沟通的方式、过程和结果。古语说"人多势众"，也就是说，人数上的优势决定沟通的优势就如主场优势一样，它会在具体的形式、过程和结果上产生影响，同时在人的心理上产生下意识的影响。这也是为什么重要的跨文化沟通强调双方谈判人数的对等。

数量优势的产生主要是因为我们作为社会性动物，群居是我们的属性，并且会给我们提供安全感、资源以及信息。就像我们的祖先一样，在极其恶劣的自然环境面前，人数众多的团体生存下来的可能性就会更大。人数越多，我们的积极性就越容易被激发，团体的交流和支持也会促使我们把事情做得更快，心情更加

减肥在有很多人参与的条件下会使自我完成的效果更好

愉快，而且无私的精神也更加强烈。对于很多坏毛病的克服，例如戒酒、减肥或者是克服偷懒的习惯，在有很多人参与的条件下会使自我完成的效果更好。在精神的交流方面也是这样，人越多，各种观点和信息就会越丰富。

第四节 团队思维文化的负面影响分析

前面讲了跨文化沟通时产生影响的八大社会背景因素，最后一项讲了沟通者数量的优势。这里，从另一个方面分析由沟通数量带来的负面影响。

因为在他人面前，我们可能下意识地想表现得更有控制力、影响力，这反而给平等的跨文化沟通带来负面的影响。人数众多的团体也不利于创造性的思维，因为我们顾及太多别人的看法和意见。我们下意识地去猜测别人喜欢的看法，而不是自己真实的看法。这就像股市泡沫产生的机制：当我们每个人都不是从自己的判断出发，而是从猜测别人的判断出发时，我们就会偏离事物的本质。很多时候，事物的本质往往是每个人的真实判断的平均数。

一、错误团队思维造成的可怕后果

在人类历史上，有很多决策错误是由团体思维（Group Thinking）造成的。

（1）美国的珍珠港事件。在事情发生的几个星期之前，夏威夷的美军指挥部收到了一条可靠消息，说日本计划袭击美国在太平洋的某个基地。那时航空母舰已经关闭了所有的无线电联系，正朝着美国的夏威夷基地前进。但是，美军的指挥部过分地相信自己团队的判断，对这条情报完全无动于衷，直到日军开始对毫无防备的美军基地发动攻击，使美军在珍珠港遭受巨大的损失，4艘主力舰、3艘巡洋舰、3艘驱逐舰被炸沉，另有几艘军舰损坏，飞机损失188架，海军士兵伤亡2450人。只有3艘没有停泊在珍珠港码头上的航空母舰幸免于难。而日本方面仅损失29架飞机和几艘小型潜艇。因为团队的成员感受到了一种从众的压力，谁也不愿意成为一群人中表达出不同意见的人，才导致了这样的悲剧产生。因为这种不同的意见往往会使自己和别人都不舒服，所以谁也

日本偷袭珍珠港

珍珠港美军会议，接到情报说日本会攻击珍珠港，绝大多数与会将军认为不可能。个别潜在的反对者劝说自己："大家都认为不可能，那我附议是安全的。"

不愿意表达不同的意见，最终造成一种大家一致同意的错觉，而这种表面上的一致性又更加强化了群体的错误决策。

（2）在第二次世界大战中，希特勒的指挥团队所犯的战略性错误，在很大程度上，就是因为没有任何人敢对希特勒的意见提出不同的看法，结果在表面上形成大家都一致同意的错觉。人数越多，这种错觉的影响就越大。

（3）现代企业中，很多领导威严的企业，产品和经营的决策通常是按照总裁的意图产生的，持不同意见的员工担心丢工作或者得不到升迁机会，不敢提出不同意见，并会呈现出表面上大家目标一致、共同努力的景象，而一旦出现危机，就很难渡过难关。据统计，中国很多中小企业的平均寿命不过两三年，而集团企业的平均寿命是七八年，团体思维导致的管理问题不在少数。

二、团体思维的 11 个特征

美国心理学家詹尼斯曾经对"挑战者号"航天飞机失事的原因进行了团体思维模式的分析，并由此提出了团体思维的 11 个特征。

（1）权威。团队领导具有绝对权威，每个人从内心深处佩服或者敬畏领导者。

（2）讨论时特别注重团队意见高度一致。

（3）背景一样。团队成员背景相同，互相支持。

（4）听不进反面意见。将不同意见视为对团队缺乏信心、组织凝聚力涣散的表现。

（5）有不可战胜的自豪感。每个人都以能成为团队一员而自豪，以往的成功被视为永久的成功。

（6）把所有批评都当作敌对阴谋。对于犀利的批评意见极为抵触，对坚持批评意见的人敌视，甚至认为其有破坏企图。

（7）不接受同等对应的事件。即使有类似的失败案例，也相信自己团队会创造奇迹，立于不败之地。

（8）罔顾团体成员合理化的反对意见，罔顾事实与他们的设想存在的严重分歧，每个成员都设法寻找不切实际的支持理由。

（9）对于怀疑团体意见的人，或者怀疑团体提供的证据的人，团体成员集体对他们直接施加压力，直到迫使其同意。

（10）存疑或持不同看法的人，在团体中设法弱化自己看法的重要性，以求表面上与团体意见一致。

（11）营造一种一致的、无异议的错觉，例如有人沉默，其他团体成员往往认为他表示同意。缺席者则理所当然被认为赞成。

为成为团队一员而自豪

这种团体思维的压力，还能够解释类似伊拉克战争这样的情况。无论是伊拉克总统萨达姆，还是美国总统布什，身边的人都是和他们具有相同目的和价值观念的人，这些人有意地过滤了支持自己看法的信息，而排除了反对自己看法的证据和信息，这就造成了他们二人对整个战争的发展做出了错误的判断。他们周围的幕僚越多，错误的印象就会越深，而且错误的决定就越致命。

因此，在跨文化沟通中，人数多可能会产生虚假的安全感和团体的一致性。此外，我们也要知道人数太多，尤其是多数人具有强烈的一致性倾向时，反而不利于跨文化沟通的顺利进行。

问 题

1. 沟通的方式有哪几种？你最常用的是什么？请举例说明。

2. 一次聚会上，一位中国朋友 A 对外国友人 B 说："我的英文不好。"B 回答说："是的，你的英文是不好，还要多练习。"A 心想："B 是不是对我们中国人不友好呢？"这体现了跨文化沟通中的哪个影响因素？

3. 如何理解相似吸引原则？

4. 在跨文化沟通中，为什么地位相对较高的人往往具有较大的影响力？

第二章

人人都需要的跨文化沟通能力

    跨文化沟通的必要性，是与中国社会的历史发展紧密相连的。在过去，与外国人打交道，常被认为容易受西方的腐朽文化或思想侵蚀，因此谨慎、小心、回避曾经是我们对待跨文化沟通的主要态度。中国改革开放 40 多年来最大的变化就是我们的国人越来越清醒地意识到中国的发展与对外开放、对外沟通密不可分，我们的媒体和官员以及普通百姓越来越以大方、从容、主动和成熟的心态与外国人打交道。但是我们也常听到不少人反问："我是中国人，为什么我要知道外国人如何理解我的观点？为什么他们不应该主动了解我的看法和态度？为什么中国人非得学习如何与外国人进行沟通？"我们认为，学习跨文化沟通是经济全球化（Economic Globalization）的需要，是中国迅速崛起为世界强国所赋予我们这一代人的历史责任，同时它也能够帮助我们发现自我，超越自我。

第一节　从数据看国际化需求的发展趋势

我们生活在一个互相联系、互相牵制、互相依赖的世界，跨国交流、访问和贸易逐渐成为我们生活中不可或缺的部分。可以这样说，21 世纪是一个跨文化沟通的世纪，没有任何人能够跳出这一世界性的潮流。试想，有多少中国的城市没有外资的存在？又有多少外国的消费者没有享受中国产品所带来的便利？即使是我们认为完全国有的企业，都不得不面对国际化、经济全球化带来的挑战和冲击。

外国人在中国授课

中国人到外国游历

我们的日常生活也越来越多地遭到外国文化的冲击和影响。韩剧的流行、日本电器的风靡、美国好莱坞大片的震撼以及麦当劳的时尚都是国际化对我们的影响。越来越多的中国公民在外企工作或者是出国学习、访问，抑或移民、定居；同时，也有越来越多的外国人在中国的公司工作或是到中国学习、访问、定居，这些都提高了跨文化沟通的重要性。

全球经济一体化，使得跨文化沟通不仅是生活的需要，也是各国社会与世界发展的需要。据联合国的一项报告，全球超过 2/3 的利润来自海外市场。在跨 21 世纪前后的 30 多年内，人类社会经济增长的 80% 以上与海外市场有关系，而这一增长是人类过去 1300 年经济增长的总和。经济全球化改变了人类的生活和生产方式。联合国发布的《世界投资报告2018》显示，中国已经是世界上第二大吸收外商投资的国家，第三大对外投资的国家。

中国经济的发展尤其依赖国际贸易，中国的对外贸易是中国经济发展的重头戏，中国国际贸易对GDP的贡献大约是80%。相对而言，美国的国际贸易占其国内生产总值的比例只有20%多。可以说，中国的崛起离不开与其他文化的交流，这种交流既包括物质、技术和产品，也包括信息、观点和见识。

中国经济的飞速发展得益于跨国贸易和交流，这就对每一个中国人和中国的企业都提出了跨文化沟通的挑战。这对我们普通中国人生活的影响，特别是工作的影响，应该是多方面的。你可能在中国企业的外事部门工作，也可能在外国企业或合资企业工作，你还可能是计划出国留学的学生，或者是有机会去国外参加短期培训的工作人员。我们中国人的工作在过去30年内已经与跨文化沟通密不可分。问题是，有多少人意识到了跨文化沟通的问题、挑战和对策呢？在日常生活或工作的时候，我们的经验对其他人有无借鉴作用呢？

中国的经济发展使得中国日益成为世界经济的一个重要支点。我们的贸易顺差位居世界第一，外汇储备位居世界第一，手机拥有量位居世界第一，GDP位居世界第二，这些都表明中国是影响世界经济的大国。中国的经济大国地位，使得中国成为世界经济力量角逐的重要战场。在当今交通如此便利、沟通如此快捷的互联网时代，如果我们没有丰富的跨文化知识和对彼此政治经济文化体制的深刻了解，就可能会坐失良机。仅仅因为跨文化知识和能力的欠缺而使良机变成障碍，这会成为抱憾终生的事。

国际贸易和交流促进了中国经济的飞速发展，这对我们提出了跨文化沟通的挑战

实际上，我们已经有了

不少好的跨文化交流案例，如果我们了解这些故事，并在跨文化沟通中合理应用它们的经验，将会助力我们成为在全球各地广受欢迎的文化达人。

第二节　自我的超越——走出误区

学习跨文化沟通从某种意义上讲，也是一种发现自我、超越自我的过程。中国有句古话："不识庐山真面目，只缘身在此山中。"说的也就是我们对自己的了解其实是受到文化局限的。

学习跨文化沟通能帮助我们跳出自己文化身份（Cultural Identity）的经历，去思考是否有另外一种可能性。在心理学中，我们把这种思维能力称为"反事实思维"（Counter-factual Reasoning）。比如说，当我们设想自己如果不是中国人时，我们会有什么样的经历、事业、生活和理念。跨文化沟通就是利用"反事实思维"去了解自

反事实思维

己和他人。但是由于各种原因，我们中国人一般不愿意主动用反事实思维去思考。因此，在跨文化沟通中，我们更多采用的是先入为主的思维方式，表现出来就是心理学中经常涉及的五种认知偏差（Cognitive Biases）。

一、朴素的现实主义

我们经常不认为自己不知道，而是认为自己知道；我们认为自己所认为的世界就是现实的世界；在哲学上这称为"朴素现实主义"（Naive Realism），在心理学上这就是一种"自我服务的偏差"（Self-serving Bias）。比如说，到底是性格相同的人更容易走在一起，还是性格不同的人更容易走在一起？日常

自我服务的偏差：我们将考试中得到好成绩归因于自己的努力、智力，而将不及格归因于考试太难、运气不好

生活中的认识其实不能够帮助我们做出正确的判断，因为我们既可以说"物以类聚，人以群分"，也可以说"同性相斥，异性相吸"。有趣的是，对这两种矛盾的朴素认识，我们都可以讲出自己的理由，还能举出很多例子来证明。心理学的贡献就是用科学的方法和实证的数据来判断这些朴素智慧的真实性概率有多大。

是性格内向的人说话多，还是性格外向的人说话多？根据一般的判断，性格内向的人说话少，性格外向的人说话多。

根据心理学家的研究结果发现，性格外向的人与性格内向的人说话一样多。在一个特定的环境中，让一个性格外向的人和一个性格内向的人单独在一间屋子里，观察谁说的话比较多，结果发现两个人说的话几乎一样多；再让两个性格外向的人与一个性格内向的人在一起，他们说的话也是一样多；而两个性格内向的人与一个性格外向的人在一起，就很可能是性格内向的人不说话，而性格外向的人说话较多。

在商场，消费者最喜欢挑选与视线平行的货架上的商品，但若问他们为什么这

心理学的位置效应——挑最左边的袜子

样选择的时候，他们会找出各种各样的理由来证明自己的选择，实际上只是因为他们一般不会去蹲着或是踮着脚拿商品。

有这样一个著名研究：主试在桌上摆满各种各样的袜子，由于位置效应（Position Effect）的影响，一般右利手的被试会挑最左边的袜子并给出为什么喜欢这个袜子的理由，比如，"我妈妈穿了这样的袜子""这袜子手感好"。人太聪明，总能够为自己找到各种各样的理由。

这种朴素现实主义也体现在跨文化沟通上，即我们很容易用自己的经历去推测他人的心理，并且相信这一推论是正确的。学习跨文化沟通心理学，能帮助我们克服这一朴素现实主义的倾向性，从实证科学（Empirical Science）的实验、理论和证据中得到智慧和知识。

二、认知图式的影响

我们的思维都受到固有认知图式（Cognitive Schema）的影响。而认知图式又与个人的经历和文化影响密不可分。比如说，有一位大学教授喜欢自己洗车，洗车的市场价格是 10 元。假若邻居出 50 元让这位教授洗车，他很可能甚至是一定会拒绝。根据经济学的原则，他可以接受洗车，因为这已经是超出市场价格 4 倍的回报，但是我们知道当自己喜欢的行为被商业化以后，人们的行为就会受到头脑里的一些社会观念的影响，这些观念可能是面子问题，也可能是人情问题。这位教授是不会为了 50 元去给邻居洗车的。那么，他是不是绝对不会为了钱去帮邻居洗车呢？答案

> 不过洗一辆车而已，竟然支付我 5000 元报酬，他真是疯了。这活必须干，我一边赚钱，一边证明他是个笨蛋，一举两得。

50 元不洗车，5000 元洗车，不是贪财，而是为了说明对方的愚蠢

也是否定的。在一定的条件下，他很有可能会为邻居洗车，关键是他的心理分析如何引导他的思维方向。当邻居所出的价钱达到一定数量的时候，比如说 5000 元，那么，他很有可能就答应了。因为在这场思维博弈中，教授认为丢面子的不是自己，而是这位邻居，因为只有愚蠢、自负的人才会傻到花这么多钱洗一辆车。

柯里尔油画《马背上的 Godiva 夫人》源于一个传说：英国统治者 Leofric 伯爵为了筹集军费，欲向市民征收重税，然而伯爵夫人 Godiva 恳求伯爵减轻市民负担。伯爵说，如果 Godiva 赤身裸体地骑马穿过城中大街，而全城人民不偷窥的话，伯爵就会答应。次日，Godiva 骑行于城中，市民都紧闭门窗，街上空无一人。事后，伯爵信守诺言，全城减税

　　同样可以提出来供大家考虑的问题是，如果哪个人愿意脱光衣服在校园跑一圈，就给他 100 万元，恐怕没有人会这么做，因为我们的认知图式构建在道德和面子的范畴之内。但是如果其中有 50 万元是为了资助贫困山区的女童读书，或是用于地震灾区的重建工作，恐怕就有人愿意脱光衣服在校园里跑一圈了，因为这激起了人们的牺牲和奉献精神。牺牲自己贡献社会，能够帮助我们克服羞怯、畏缩的情绪，并为自己的行为提供合法化的思维。人的思维太灵活，我们可以编出很多理由为自己的行为辩解，这就是心理学的奥秘。

　　跨文化沟通的障碍很大程度上受我们头脑中固有的认知图式的影响，这种影响是下意识的，但又是无处不在的。学习跨文化沟通心理学，能够帮助我们发现和了解人类常用的认知图式，帮助我们认识自己思维的局限性。

三、思维捷径

　　这一原则是说我们在思考的时候，经常要利用一些容易想到的信息和知识来帮助我们进行判断和认识。有些东西容易进入我们的头脑，也就容易使我们犯一些不该犯的错误。比如，在超市买东西时，我们总是喜欢挑一个最快的队伍结账，但是，最后总是发现自己挑的队伍变成了最慢的队伍；或者是开车的人总抱怨一洗车就下雨，一超速就被交警抓住。其实，这在很大程度上是

因为我们很容易想到我们能够记得住的事情，而不容易想到我们记不住的事情。对成年人来讲，最容易记住的往往就是一些负面的事情，而正面的事情则经常记不清楚。

跨文化沟通中，本文化的知识和信息容易让我们得到和想象，所以它的作用容易被夸大；而其他文

一超速就被交警抓住——负面的事情最容易被成年人记住

化的知识和信息不容易被我们接受，因此它的作用就容易被低估甚至被忽略。学习跨文化沟通心理学，能够帮助我们思考不同文化背景下的知识和信息，从而让我们变成一个相对理性的思考者。

四、有限理性

在正常的条件下，我们的思维习惯是有限理性（Bounded Rationality）的、非理性的、直觉的。

70元沉淀成本和70元机会成本，花的钱一样多，但是决策策略却不一样

2004年，诺贝尔经济学奖获得者丹尼尔·卡尼曼（Daniel Kahneman）就证明了人的经济理性是很有限的。比如说，一张电影票是70元，女孩在走到电影院时突然发现买好的电影票丢了，她会掏70元再去买一张票吗？一般情况下，她是不愿意再花70元买另外一张电影票的。而当一个女孩走到电影院要买一张70元的电影票时，突然发现钱包里少了70元，她会不会继续买这张电影票呢？一般情况下，她会毫不犹豫地去买电影票。从经济理性的角度来讲，这两种情境中的经济成本是一样的，也就是说，都是花140元看一场电影。但是从心理学的角度看，这是两种完全不同的心理情境。

在前一种情境下，70元代表的是沉淀成本（Sunk Cost），在后一种情境下，70元代表的是一种机会成本（Opportunity Cost），而人们一般会更在意沉淀成本，而忽略机会成本。

在很大程度上，跨文化沟通受我们非理性思维的影响，这种非理性表现在很多方面，比如过分夸大自己的贡献，过分相信自己的经验，过分强调本国文化的优越感。跨文化沟通心理学能够帮我们认识到自己思维的非理性习惯，使我们在控制自己的思维倾向性上做到有的放矢。

起初，古人对猎物感到恐惧，后来逐渐掌握了狩猎的生存本领。汉朝画像砖拓本《弋射收获图》描绘了古人弋射和收获的场景

五、情绪原则

我们的思维和判断在很大程度上都受到情绪的影响，这种情绪反应（比如喜欢、不喜欢或者恐惧）通常都不需要太多的逻辑分析。虽然这种反应有时候是不符合逻辑的，但它可能有一定的生存适应期。比如说，我们的祖先对森林里的某种奇怪声音会感到恐惧，可是实际上并没有危险动物，但是，这种敏感性也许使他们更有可能在危险的环境中生存下来，因此，他们将这些基因传递到了我们身上。

在跨文化沟通的过程中，我们有可能对不熟悉、不了解或者不认同的外国人产生某种直接的、负面的情绪反应。虽然我们在客观情况下可能认为这种反应从理性上来讲没有任何道理，但是，我们的感情可能掩盖或取代理性的认识，从而影响我们跨文化沟通的愿望和效果。

学习跨文化沟通心理学，能够帮助我们克服本能的、直接的、简单的情绪性反应带来的思维惯性，并产生超越自我带来的以下两种积极有效的新思维模式。

1. 自我镜像

"认识你自己"，苏格拉底因为这句格言，开始了他从自然哲学向人文社会探索的旅程。

庄周最早提出了这样的哲学思想："不知周之梦为胡蝶与，胡蝶之梦为周与？"中国古代圣贤也常常设置一面镜子来反思自己和他人的行为，以求能够获得智慧和提升。魏徵引导唐太宗李世民以史为鉴，才有了贞观之治。我们这本书叫作《吾心可鉴：跨文化沟通》，也是希望能借助跨文化沟通的学习，让我们内心更加通透，更清晰地看到自己，认清自己。

象牙雕庄周梦蝶像

唐代政治家魏徵

当代欧洲自尼采和弗洛伊德以来最有创意和影响的思想家之一雅克·拉康

（Jaques Lacan）提出了镜像理论，在此之前，美国社会学家库利（Cooley，1902）提出了镜像自我的概念。达尔文（Darwin，1877）、鲍德温（Baldwin，1894）、库利，分别在不同时期研究了婴儿从镜子中认识自己的情形。拉康在这些基础上，对弗洛伊德学派"重新解释"，提出他人眼中的社会自我可以帮助我们反思或者获得镜像自我，从而让我们了解自己的教养、学识、外貌、阅历、友情、梦想等，如同婴儿从镜子中认识自己，成为有情感和有观念的人。

我们不妨将一种刚刚开始跨文化交流的人看作一个"跨文化婴儿"，参考拉康的理论，第一阶段他分不清自己文化与其他文化的差异，认为所有文化都是一样的；随着"婴儿"的成长，他逐渐分清了自己和他人的差异；逐渐成熟后，他可以从他人和自己的跨文化交流中更加全面地了解自己，并和其他文化一起实现跨越式发展。

"爸爸妈妈，我平时说话有口音吗？"一个十几岁的孩子，因为造访客人的伦敦腔而意识到自己的"方言"

一位英国伦敦的教育者讲过一个亲历的故事。有一次，他去美国得克萨斯州朋友家做客，大家坐在一起聊天。听了一会儿谈话后，朋友的十几岁的女儿突然问："爸爸妈妈，我平时说话有口音吗？"原来，这位教育者典型的伦敦腔让孩子忽然意识到自己说的英语是"方言"。

日本的浮世绘可以说是自我镜像式跨文化沟通的较好案例。浮世绘在日本本来属于典型的花街柳巷艺术，地位可想而知。如果不是凡·高说浮世绘是他的信仰，如果不是那么多欧美近现代艺术家宣称他们举世闻名的作品曾受到浮世绘的启发，如果不是那么多西方艺术史专著中浮世绘占据浓墨重彩的篇章，日本人可能永远不会意识到被自己轻视的浮世绘竟然如此伟大。当浮世绘享誉全球，成为日本的代名词之后，日本人用满腔的热情开始重视它并将它拔高。随后，日本人开始有意识地重视自己的文化传播，只要在欧美得到喜爱的文化品类，国内立刻重点发展，俳句和妖怪文化的跨文化传播产生了比浮世绘更广泛的世界影响。去日本的欧美青少年，排队买妖怪玩偶几乎是旅行必需的环节。在德国的学生派对上，谈论日本妖怪是最常见的话题之一。

只有遇到了其他文化，我们才会注意到自己的"方言"，才能了解自己的文化究竟有多么好。跨文化沟通不仅让我们了解异域文化，也可以让我们通过异域文化对我们产生的镜像更加清晰地认识自己的文化，把我们带回到自己的文化深处，让我们加深文化自信，也更加懂得尊重其他文化。

2. 爱的主题

爱可以说是所有跨文化交流主题中最受欢迎也最容易被理解和接受的，是全球通用的跨文化通行证。

美国科幻大片《星际穿越》（2014），在美国本土排名并不出众，但是，它的海外票房却是很高的，据说 1/5 来自中国，而这部电影在中国热映，最主要的原因是它在中国引发了广泛的对于"爱"的深刻含义的讨论。根据多项现代科学研究的成果，我们知道，人类之所以能感受到爱，是因为体内产生了这些物质：催产素（Oxytocin）、苯基乙胺（PEA）、多巴胺（Dopamine）、去甲肾上腺素（Norepinephrine）、内啡肽（Endorphin）、脑下垂体后叶荷尔蒙（Vasopressin），

《星际穿越》剧照

《寻梦环游记》剧照

等等。对于一种文化，我们可能完全听不懂它的语言，并误解其含义。但是，如果它能让我们体内催产素、多巴胺等激素水平提升，那么，我们就可以愉快地交流和沟通。

2018 年，奥斯卡金像奖电影《寻梦环游记》虽然是美国著名的皮克斯电影，但是却取材自墨西哥传统的"鬼节"，皮克斯公司借助跨时空文化、跨国度文化让全世界惊艳，而这部电影跨文化取材成功的主要原因，毫无疑问是这个故事承载了浓厚的"爱"的主题。

问 题

1. "如果我考试的时候，那道题选 A 就好了，就能多得 5 分了。"这是哪种思维方式？你还能列举一些日常生活中发生的同类事件吗？

2. 一位歌迷，花 1000 多元才好不容易买到一张偶像演唱会的门票。然而天公不作美，大雨下个不停，路上积水很深，公交车、出租车都不通行，只有 2000 米外才有一处地铁站。此时，你认为他去看演唱会的概率是多少？相反，天气很好，歌迷也平安到了现场，却发现自己身上的票丢了，这时候，你认为他再买一张票看演唱会的概率又会是多少？

第三章

文化，让人成为人

让我们先做一个简单的心理学实验——自由联想（Free Association），就是说当我们提供一个概念、形象和物体的时候，你首先能够联想到什么概念、形象和物体。比如，当看到红色时，你所能够想到的概念、形象和物体是什么？可能是血液、红旗、花。自由联想反映的是人们对这些概念、内涵的理解和认识。当我们谈到文化这一概念时，它所产生的自由联想恐怕会是千差万别的，人们可能会想到孔子、书籍、节日、宗教、校园、电影、电视、报纸、艺术、饮食、道德、价值等。显而易见，文化是无处不在的，它是所有事物的总和。

红色产生的联想：血橙、玫瑰、吉祥结

第一节　文化——人类生活方式的复杂整体

一、文化的起源

文化是什么？由于其语义的丰富性，多年来文化一直是文化学者、人类学家、哲学家、社会学家、考古学家说不清道不明的一个话题。

据英国文化史学者雷蒙德·威廉斯（Raymond Williams）考证：从 18 世纪末开始，西方语言中"culture"一词的词义与用法就发生了重大变化。他说："在这个时期以前，文化一词主要指'自然成长的倾向'，以及人的培养过程。但是，到了 19 世纪，文化作为培养某种事物的用法发生了变化，文化本身变成了某种事物。它首先是用来指'心灵的某种状态或习惯'，与人类完善的思想具有密切的关系。其后又用来指'一个社会整体中知识发展的一般状态'。再后来是表示'各类艺术的总体'。最后到了 19 世纪末，文化又开始意指'一种物质上、知识上和精神上的整体生活方式'。"

从广义的角度讲，西方学术圈认为文化指的是特定民族的生活方式。著名人类学学者爱德华·伯内特·泰勒（Edward Burnett Tylor）这样给文化定义："文化或者文明就是由作为社会成员的人所获得的，包括知识、信念、艺术、道德法则、法律、风俗以及其他能力和习惯的复杂整体。"我们将文化定义为特定生活方式的整体，它包括观念、价值、心理和行为方式，提供道德和理智方面的规范。它是建立在学习基础上的，而不是源于生物学；它是为社会成员所共有的，而不是某个人或者某些人的独特风格；它是历史沉淀的产物，而不是时尚的风气；它是信息、知识和工具的载体，而

泰勒是英国文化人类学的奠基人、古典进化论的主要代表人物

不仅仅是生活的点缀；它是对人类社会生活环境的反映，而不只是社会奇才的特意创造。文化作为人类认知世界和自身的符号系统（Symbolic System），它赋予我们的生活、生存和我们的世界以意义和目的，它是人类社会实践的一切成果。

文化作为生活方式，其实只是一种描述性的定义，它是对人类生活各个方面的描述和概括。美国著名文化人类学专家克罗伯（Kroeber）和克拉克洪（Kluckhohn）在《文化：概念和定义的批判性回顾》（1963）中列举了文化的160多种定义，其中大部分是对欧美国家人们生活方式的阐述。心理学家伯利（Barry）将这些描述归类为8种，包括：

（1）基本生活特性，包括该文化的生态环境、地域、历史沿革、人们的生理特点（肤色、头发、眼睛、眼色、鼻梁大小，等等）。

（2）食物和衣饰，包括饮食习惯与风格、进食方式、衣饰的多少（裸体或是盛装）。

饮食文化之饺子、寿司、比萨

建筑文化之北京故宫博物院、日本东京塔、美国自由女神像

（3）居住和建筑，包括建筑风格、居住安排、建筑材料和技术，等等。

（4）经济和交通，包括生产方式、生产工具、交通方式、交通工具，等等。

（5）个人和家庭，包括个人的教育、个人的发展、家庭关系、家庭结构、家庭互动，等等。

（6）社会和政府形式，包括社会关系、社会体制、政府形式、政府的政治结构、政府的运作方式，等等。

（7）宗教、科学和福利，包括宗教活动、宗教信仰、教育方式、科学水平、科学方式、社会财富的分配方式，等等。

（8）性和繁殖方式，包括婚姻结构、婚姻方式、性生活的方式，等等。

二、文化的差异

从生活方式和一般行为方式上看，文化之间的差别十分明显。生活方式的差异是区别文化的重要凭据，这是人类学的重要观点。例如，在中国古代母系氏族社会，妇女在生产生活中受到尊敬，在社会上占主导和支配地位。到了母系氏族繁荣时期，流行从妻居的婚姻生活方式，而到了父系氏族社会，从妻居逐渐过渡到从夫居。

根据武汉大学钟年教授的田野调查，中国枝江市百里洲镇戴家渡村的从妻居已经有相当长的历史，他根据考察结果认为："从妻居的婚姻制度，在继续发挥其养老功能的同时，也起到了改善家庭内部关系、促进家庭成员间的和谐、提高妇女地位等方面的作用，这一切对中国社会长期以来流行的重男轻女、养儿防老等观念产生了冲击，从而影响人们的生育行为。"（钟年，2001）

就中西文化比较而言，在封建社会自然农业大致相同的背景下，在居住形式、生产形式、家庭形式、婚姻形式、教育形式等方面表现出来的差异为人类学家、文化学者、哲学家、社会学家、考古学家定义文化提供了重要的证据。

人类生活的各个方面都可以是文化的载体，也都是文化的产物。比如音乐，中国传统的丝竹乐器就是表现中国人与自然和谐关系的载体。它反过来又潜移默化地影响了中国人对音乐的感受。丝竹之声，使我们更容易想到高山巍峨、空谷回音、流水潺潺，是一种使我们将自己的内心感受寄托于自然与山水之间的很好的表现工具。又如绘画，在中国传统绘画中，山水是用来抒发内心情怀的，因而大量地采用了写意、留白、借景和散点透视的手法，而这与西方绘画常用的焦点透视和按比例绘画有很大的区别。西方绘画往往将人像的比例放得很大，而自然背景比例很小，甚至是基本不存在。在东方绘画中，人在山水之间是很渺小的，而自然则是很伟大的。

丝竹，是琴、瑟、箫、笛等乐器的总称，也借指音乐。丝竹之音，以琴为首

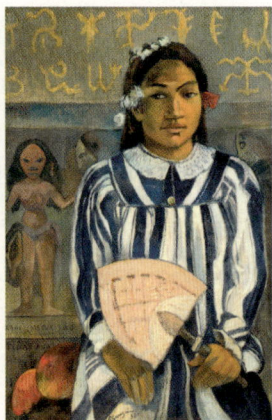

中国画中，即使是皇帝在大自然的背景下画得也很小；西洋画中，即使是普通人画得也很大，而背景却比较暗化

美国密歇根大学的研究者发现，东方的博物馆所收藏的艺术作品基本上都采用了散点透视的风格，人物的头像和背景的比例比西方绘画的比例要小一半以上。而西方的绘画大部分采用了焦点透视，暗化背景，头像与画的比例往往非常大。这种艺术的表现差异甚至反映到普通东方民众和西方民众在个人摄影上的差别。文化心理学家发现，亚洲被试的摄影经常将人像放得很小，背景放得很大；而欧美被试的摄影往往以人为主，背景则很小。由此可见，生活方式及其表现形式的差异既影响文化的表现，也影响生活本身（Masuda et al.，2008）。

三、文化与价值观

马克思很强调人的生活方式对人的意识的影响，在他的理解中，文化代表的是资源、生产方式和生态等与人的生活有关的外部环境，这与他的"物质基础决定文化"理论有很大的关系。文化来自一定的物质基础，物质最基础的表现方式是生产方式和生产工具。马克思主义文化观中，有四种生产方式：狩猎、农业、游牧和大工业的社会生产方式。这些不同的生产方式会产生不同的文化价值观念。这正是文化心理学家曾经关注的问题。

1959年，心理学家伯利、查德（Child）和贝肯（Beeken）发现不同的生产方式和财富积累方式，与这些社会中主导性的人格特质和价值观念有很大的关联。比如，狩猎社会比较强调个体的主动性和资源的共享；而农业社会相对而言就比较强调服从和责任感，反对个人的独立性和攻击性；游牧社会强调的是个人的攻击性，对其他社会的攻击和破坏是最大的；而中国的农业文化强调的是"天人合一""和而不同""家族主义"及"三纲五常"的等级意识。

那么，能否用心理学的实验方式来检验生产方式对文化价值的影响呢？

心理学家伯利采用了心理学著名的从众实验来验证二者之间的相关。假设你是这个实验中的一名被试，在一个简单的判断任务中，很多人会给出明显错误的回答，你不得不在从众和坚持真理之间做出一个选择。这个实验的设计其实很简单，就是让不同文化的被试去判断三条线中哪条线与标准线的长度最为接近。正确的答案是第二条线，而在你之前的所有人都说第一条线是正确的答案，你就会感受到一种从众的压力——是坚持自己的正确看法，还是附庸大多数人的错误看法。伯利比较了农业文化和狩猎文化的人群在这一实验中的表现差异，发现在传统的农业文化中，被试的从众比例相对很高，而在游牧文化中，从众的比例相对比较低。由此可见，不同的生产方式会提倡和鼓励不同的价值观念，生产方式有可能影响人的价值观。（Berry, J.W. 1967. *Independence and conformity in subsistence level societies. Journal of Personality and Social Psychology*，7, 415, 418）

随大溜儿——从众的压力

第二节　历史学中的文化

——内在含义和外在作用

　　文化也是历史学的一个重要概念，它指的是一个特定人群的传统和历史遗传特性。在西方社会里，最早将文化作为一种研究对象的人可能是古希腊历史学家希罗多德（Herodotos），他率先在《历史》中使用"βαρβαρος"一词来描述与希腊人不同的文化团体。有趣的是，这个概念原指"不同的人"，但在现代英语里，这个概念变成了"野蛮人"。由此可见，对具有差异人群的恐惧、疑惑和猜忌由来已久。

　　从历史的角度，东西方对文化的定义差异非常明显：西方文化强调文化的内在含义，东方文化强调文化的外在作用。中国关于文化的研究可以追溯至东周。孔子曾极力推崇周朝的典章制度。《论语·八佾》中说："周监于二代，郁郁乎文哉。"这里"文"已经有文化的意味。就词源而言，《易经·贲卦》之《象传》中有"观乎天文，以察时变；关乎人文，以化成天下"之语。很多人把这一条作为"文化"一词最早的来源。西汉文学家刘向的《说苑·指武》中有："圣人之治天下也，先文德而后武力。凡武之兴，为不服也；文化不改，然后加诛。"后来，南朝齐文学家王融在《三月三日曲水诗序》中写道："设神理以景俗，敷文化以柔远。"由此可见，中国最早的"文化"概念是"文治和教化"的意思。在古汉语中，"文化"就是以伦理道德教导世人，使人"发乎情止于礼"。在中国，以"化"为名的地区，很多是在中原文化的边缘地带，比如怀化、宣化

《孔子圣迹图》中有孔子周游列国，传道解惑，传播儒家文化的事迹描绘

都是在相对偏远的地方，需要中原文化的教导和启发。

这里我们要解释一下"文化"与"文明"的概念。"文化"与"文明"这两个概念有联系也有区别。汉语中"文明"一词出于《易经》。《易·乾·文言》中有："见龙在田，天下文明。"孔颖达说："天下文明者，阳气在田，始生万物，故天下有文章而光明也。"《书·舜典》中说："睿哲文明。"据此，"文明"在汉语中指民族的精神气象。"文化"是一个社会过程，而"文明"则是一个历史现象。"文化"表现为一种社会的运动，体现民族的内在精神气质，而"文明"则表现为一种置于某种文化成果之上的风貌和行为表现。

"文明"一词的英语、法语、德语、西班牙语、意大利语皆来自拉丁语"civis"。"civis"一词原意是指在城市享有合法权利的公民。文艺复兴时期，人们把当时由封建习俗向着资产阶级化的演变称为"civilise"，它的原意为"公民化过程"。

到法国大革命时期，人们把体现资产阶级大革命的新文化气象称为"civilisation"，即"公民化"的文化。法国的启蒙运动就是要将信奉天主教的法国农民改造成具有自由主义思想的法国公民。它是西方民主政治文化的一种新气象和新趋势。

"文明"在汉语中的含义也是如此，它指的是以文化的方式规范人们原始的、不健康

法国大革命绘画

的、粗鲁的冲动，以创造出适合新文化气象的新生活方式。比如，在公开场合随地大小便和随意放纵自己本能的行为（如不加掩饰地放屁，大庭广众下掏鼻孔，脏话连篇），都是不文明的表现。另外一种经常被判断为不文明的表现就是在公共场合赤身裸体，而这种不文明往往是由文化来界定的。比如，古希腊文化崇尚和赞美人体，对任何形式的性爱都毫无羞耻感和罪恶感，因为他们认为性爱是人的正常需求。但是，到了中世纪，人们的观念发生了很大的变化，裸体被看作令人害羞的东西，是需要加以控制和遮掩的画面。这种现象到了欧洲的文艺复兴时期又发生了变化，具有人文主义思想的艺术家们开始大胆挑战中世纪的禁欲主义和教会的神权艺术，以大胆的裸体来宣传享乐主义。而后来基督教新教兴起，又开始对这种艺术的复兴加以修正和控制，有些形式的裸体被看成是不文明的表现。以德国画家、雕塑家克拉纳赫（Cranach）1526年的《伊甸园：亚当和夏娃的诱惑》为例，在这幅画最初出现的时候，亚当和夏娃都是赤身裸体的。但是，在文艺复兴的高潮过去以后，他们俩的生殖器部位都被无花果的叶子遮住了。而无花果叶子本身也是一种文化象征，因为它来自《圣经·创世记》里亚当和夏娃所接触到的第一种植物。因此，无花果叶子就象征着文化，文化就是一种遮羞布，文明就是文化的产物，它由文化来界定，同时也借助于文化来生成。事实上，文化与文明的概念内涵虽有差别，但本质上都体现了一定社会中

人们适应自然环境和社会环境的自觉或不自觉的创造性实践活动的成果。

现在，历史学和政治学谈论的文明冲突，实际上是文化的冲突。20世纪90年代初期，由于"冷战"的结束，西方学术界非常乐观地想象，国家之间由于意识形态的不同所引发的冲突在"冷战"结束之初是不会出现的。历史学家弗朗西斯·福山（Francis Fukuyama）甚至将这一可能性称为"历史的终结"（*The End of History and the Last Man*，1992，Free Press）。但是，哈佛大学的政治学家亨廷顿（Huntington）告诫我们国家之间的冲突还是会存在的，只不过多以文化冲突的方式出现。未来国家利益间的冲突将会是文明的冲突，是宗教观念、道德观念和行为方式上的冲突，这样的冲突实际上已经在全球变得越来越普遍。

克拉纳赫的《伊甸园：亚当和夏娃的诱惑》

文艺复兴之后，亚当和夏娃的生殖器被无花果的叶子遮盖起来

1993年，亨廷顿提出，20世纪各个国家的冲突是意识形态的冲突，是围绕社会主义国家和资本主义国家政治理念差异的冲突。在这些冲突中，亨廷顿提出：你可以选择自己是作为社会主义阵营的营员，还是作为资本主义阵营的营员，但是在新一轮国际冲突中，国家之间的冲突更多的是文化上的冲突，你是很难选择站在哪一阵营的。你的出身已经决定你是什么文化，而这种由文化引起的国家冲突可能更加深刻、旷日持久且难以调和。"冷战"后一些国家和宗教人士之间的冲突，在某种程度上也印证了这种文明冲突论的观点。

亨廷顿特别提出世界的七大块文明之间的冲突将代替以前的社会主义阵营和资本主义阵营的冲突。这七大块的文明分别是以中国为主的儒教文化（包括越南、新加坡，可能也包括日本和韩国，虽然日本坚持认为自己的大和文化与中国的儒教文化不同）；以泰国为代表的东南亚佛教文化；以印度为主的印度文化；以非洲大陆为中心的非洲文化；以中东为主的伊斯兰文化；以拉丁美洲为主的拉美文化；以西方为主的基督教文化（这其中包括美国、欧洲以及以俄罗斯为主的东正教文化）。亨廷顿认为未来的国际冲突将会在这几个文化圈的边缘地带发生，尤其是伊斯兰教文化与基督教文化的冲突，已经严重到历史学家所称的"血色边界"——带血的文化圈。

亨廷顿，美国当代政治学家，极负盛名且颇有争议，以《文明冲突论》闻名于世，认为 21 世纪国际政治角力的核心单位不再是国家，而是文明。其有影响力的观点包括"人类可以无自由而有秩序，但不能无秩序而有自由"

西方的文化冲突论中有一个"世界末日"的战略观点，那就是以中国为主的儒教文化联手穆斯林的伊斯兰教文化共同来打败西方的基督教文化。这种担忧突出了西方文化强调文化冲突，忽略了文化的交流与互动的问题。中国的东方智慧强调的"和而不同"以及"天下一统"的理念应该是解决文化冲突的有益思想，但是，这种思想如何影响西方的思想界和文化界及其战略分析，仍待学者进一步分析和探索。我们的学术界和思想界需要不断学习和增强跨文化沟通的能力，才能达到解决文化冲突的目的。因此，跨文化沟通的重要性涉及中国文化的生存、中国的外交战略和未来中国在世界上的地位。

第三节　文化→人化：进化选择了文化

数百万年前，人类在自然界中与其他黑猩猩以及古猿分道扬镳，其原因一直没有完整的答案，但是不可否认的一个原因是人类进化也带来了可累积的文化。

文化也是智能进化和生物进化学中的一个重要概念。

动物传承的只有生存本能，而人类不只可以传承生存能力，更重要的是可以传承文化。只有人类可以在父母对音乐一窍不通的情况下，通过刻意的培养，让子女成为音乐专家。根据道金斯（Dawkins）的基因进化理论，文化也是进化而来的，而文化进化的是模因（Meme，指文化基因，相对遗传基因，特指通过模仿或者复制来传递或者传播文化）。英国哲学家迪斯汀（Distin）认为人类大脑的元表征能力会加速人类的复杂文化的模因进化，并且人类元表征能力在知识复制上表现后会通过加工储存和传递信息实现扩张。人类语言作为信息的存储器是稳定且似乎是可以无限延展的，这种特征也使文化快速进化并多样发展。

1976 年，道金斯与伯克共同研究昆虫行为。同年，道金斯出版《自私的基因》

加拿大多伦多大学人类发展与应用心理学系威尔斯－乔普林（Wells-Jopling）认为，迪斯汀引用现代语言学、模因论、生物学和文化进化理论所做的研究为我们理解人类文化的进化提供了很多全新的观点。

根据迪斯汀的理论，我们可以设想，一个体操运动员可以在教练的教导下完全复制教练的全套动作，但是，如果运动员不加上自己的任何思考而只是机械重复的话，很可能会失败。如果加上自己对每个动作成因的思考以及自己的改良，也就是模因进化，就会提高成功的概率。所以，我们常常在体操运动会上看到运动员的进步。

人类能找到根源的影响以及无法找到根源的泛影响中，遍布着文化进化的痕迹。凡·高可以在没有去过日本的情况下，受到浮世绘的影响而创作出对后世艺术产生深远影响的画作。毕加索、高更都可以在异域文化中找到艺术进化的模因。

进化让人类选择了文化，并且在自然文化确立之后，持续且稳定地发展了人类文化。所以说，进化也是人化的过程。

自然界中只有人类具有文化模因进化功能。印度电影《流浪者》里大法官说："法官的儿子永远是法官，贼的儿子永远是贼。"但是最后的事实反过来深深教育了他，因为无论是贼还是法官，都不属于黑发父母对子女头发的基因遗传和进化，而是属于文化模因的进化范畴。子女未来

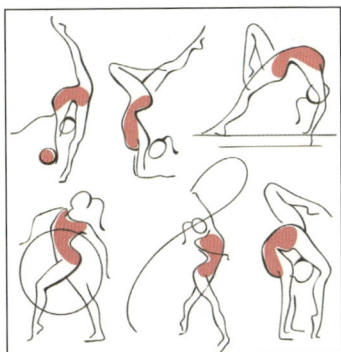

体操运动员的系列动作

是贼还是法官，完全由文化模因决定，而不是由生物基因决定的。

我们再看一个案例。社会人类学家马林诺夫斯基曾在第一次世界大战期间考察西太平洋岛屿的土著文化。当他第一次发现食人族的时候，他非常震惊。他从来没想到这个世界上竟然有如此野蛮的人类……后来，他学习了当地语言，和食人族交了朋友。

有一次，他和一位传教士以及一位食人族老人谈起欧洲正在发生的第一次世界大战，当时谈到了每天都有几万人死去。这时候，他和传教士面露悲悯，食人族老人却表示，他最想知道的答案是，他们究竟用什么办法吃掉数量如此庞大的人肉。

马林诺夫斯基愤怒地回答："我们不吃人。"

这个答案彻底吓坏了食人族老人，他极为惊恐地问："不吃也可以杀人？真的存在什么目的，能如此大量野蛮地杀人吗？"（马林诺夫斯基，1937年4月）

欧洲人眼里食人族的野蛮令人震惊，食人族则根本无法相信真的存在不吃却大量杀人的野蛮人——一战中的欧洲人。这也许是马林诺夫斯基比当时的任何人

凡·高的《唐吉老爹》（右）中用浮世绘做背景，色彩明亮鲜明，是凡·高受浮世绘影响的最好证明。此外，凡·高的《星空》（左上）与葛饰北斋的《神奈川冲浪里》（左下）画作里的涡旋元素是否相似？

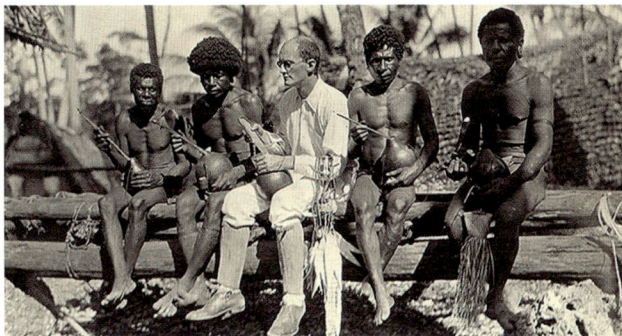

马林诺夫斯基（左），马林诺夫斯基在特罗布里恩群岛（右），图片来源于维基媒体

都更加憎恨战争的原因，他甚至诅咒如果继续战争，那么这个世界将不会再有一个真正的君子。每个人都知道战争很可怕，但是，食人族让我们明白，战争野蛮和残忍到了什么程度！

跨越文化研究的人类学家最能理解苏格拉底的话，"认识我自己"。只有和其他文化深刻交融，才能认清自己文化中真正的光明面和黑暗面。

如今，在人类学家和传教士的影响下，食人风俗已经消失。在人类的共同努力下，战争也在走向终结。

马林诺夫斯基用自己一生的工作为人类学家提供了一个重要的研究范式，就是融入当地文化去直接记录和采集，而不是像孟德斯鸠那样通过访谈来记录和下结论。

如果我们希望跨文化沟通取得良好的结果，希望这个世界通过跨文化的融合与沟通，真正让所有文化中的阴暗面消失，而优秀的文化内核得以万古长青，那么，马林诺夫斯基的研究范式值得参考。

问　题

1. 文化与文明有何联系？又有何区别？
2. 如何理解"模因进化"？

第四章
文化差异的要素

文化能成为心理科学的概念，是因为文化有主观、客观之分。客观的文化指的是物质文化和外在文化，表现在社会生活的方方面面。比如政治、军事、宗教、文学、艺术、教育、科技等活动，都是典型的客观文化表现形式。仅以文学与艺术为例，就有神话、诗歌、戏剧、曲艺、音乐、绘画、影视等不同的表现形式。此外还有大量的特殊文化表现形式，如饮食、花鸟、体育、酒、茶、丧葬、婚嫁、居住、园林、建筑、服饰、节事等。

但是，最重要的文化还是主观文化和内在文化，比如信仰、观念、审美方式、道德判断的标准等。这些主观因素决定了文化应该属于心理科学的概念范畴。我们甚至可以这样比喻，文化就像是一座冰山，露出水面的是客观的外在文化，如音乐、书籍；隐藏在水下的则是文化的主观成分和内在成分，它更多地存在于人的头脑中，有意识地或无意识地影响人的行为、观念和情感。心理学家一直认为外部的客观存在必须通过人的内部心理活动才具有意义，比如说月球上的火山爆发，如果不被人所知，不被人讨论分析和引申，即使是存在的，也与人无关。从某种意义上讲，如果不涉及人的意识或心理活动，我们都不可能知道它的客观存在。因此，外在的世界要通过人的内在心理活动表现出来，任何文化的东西也只

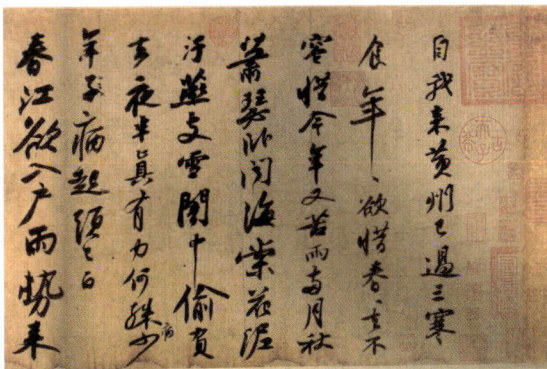

苏轼的《黄州寒食诗帖》（局部）

有在被赋予心理内涵的时候，才能够被人欣赏、理解、引用和引申。清华大学里的荷塘，如果没有朱自清的那篇《荷塘月色》，它很可能就不会具有现在我们所体会到的那种魅力。再如黄冈赤壁，如果没有苏东坡的《水调歌头》和他在黄州的经历，那么赤壁和黄州很可能就只是普通的地名。从某种意义上讲，赤壁是否准确地反映了历史事实，已经不重要了，因为人的心理已经给这个普通地名赋予了精神上的含义。文化由心而生，心理又由文化而变得更加丰富多彩，正如余秋雨在其名篇《苏东坡突围》中所描述的自然、文化与游人心理的关系：

> 这便是黄州赤壁。赭红色的陡峭石坡直逼着浩荡东去的大江，坡上有险道可以攀登俯瞰，江面有小船可供荡桨仰望，地方不大，但一俯一仰之间就有了气势，有了伟大与渺小的比照，有了视觉空间的变异和倒错，因此也就有了游观和冥思的价值。客观景物只提供一种审美可能，而不同的游人才使这种可能获得不同程度的实现。苏东坡以自己的精神力量给黄州的自然景物注入了意味，而正是这种意味，使无生命的自然形式变成美。因此不妨说，苏东坡不仅是黄州自然美的发现者，而且也是黄州自然美的确定者和构建者。

人类学家汉森（Hansen）曾经在非洲地区和欧美

北宋元丰三年（1080），著名文学家苏轼（号东坡）因乌台诗案被贬黄州，常在此吟诗作赋，并写出流传千古的《念奴娇·赤壁怀古》《前赤壁赋》《后赤壁赋》等名篇佳作，后人因此将赤壁和苏东坡的名字联系在一起，名曰"东坡赤壁"

地区做过一个非常经典的心理学试验，即我们平时熟知的知觉恒常性试验：当两个物体在人的视网膜上成像一样大时，我们判断物体到底是大是小，不仅受到视网膜成像这个客观现实的影响，也受到人的知觉加工的影响。当两个物体有距离差异的时候，我们的头脑就会主动地定义后面的物体要大于前面的物体，即使它

大小相同的怪兽   怪兽的大小还相同吗?

们的成像是一样大的。这一主动加工的心理活动，来自我们日常生活的经验，而日常生活的经验又经常受到文化背景的影响。汉森发现，在非洲的某些部落里，由于人们生活空间有限，比如在丛林里生活的部落，就很少知觉到远距离的事物，因此，其文化环境造成这些部落的人没有知觉恒常性的概念。即使当两个在视网膜上成像一样大的物体在距离上有差异的时候，他们也不会做出后面的物体一定会大于前面的物体的判断。

可以这样说，文化作为人类生活的基本要素，其最基本的特性是主观性及心理学意义。文化与某种社会相关的规则、价值、意识、宗教、传说、信念和假定等息息相关。而所有的这些主观的文化要素对人类的影响，可能要远远大于生活方式、历史传统和社会形态对人类的影响。

在西方最早提出这一思想的人是马克斯·韦伯（Max Weber），他的思想与马克思的观点是相对立的。马克思认为生产方式决定文化形态，而韦伯认为文化决定生产方式，主观的概念决定客观的存在。在其著作《新教伦理与

马克斯·韦伯，是现代比较文化研究的先驱者

资本主义精神》（*The Protestant Ethic and the Spirit of Capitalism*）中，韦伯提出了自己的文化观：思想和价值是文化的生产者，同时也是文化的产物。比如西方资本主义的兴起在很大程度上受基督教新教的影响。资本主义工业革命最早在英国、德国产生，而不是在经济发展水平更高的意大利、法国产生。其原因与宗教信仰有关，英、德大多信奉新教，而意、法大多信奉天主教。天主教有教会、教堂和神父，所有人都尊重教会和教皇，是相对完整的宗教。新教反对有结构、有组织的宗教，强调个人的自由，个人对上帝负责，而不是对教会负责。新教强调个人对上帝的作用，而这个作用体现在新教徒必须向别人表示出"我是真正的基督徒，我是真正的选民，我应该比别人活得好，我应该更有钱"。这种信念促使新教徒不断地扩大自己的财富，赚钱不再是简单的奢侈生活的需求，而是宗教信仰。而天主教教徒只要信教，便是上帝的选民，不需要自己去做更多的事情。这是20世纪西方文化的一个重要方面。

现在看来，韦伯的观点并不是完全正确的。他使用的某些证据是有问题的，推出的某些结论也是错误的。比如说，他曾认为资本主义不可能在非基督教的文化中产生，特别是儒教文化对资本主义的出现产生很大的抑制作用。而现代社会的历史证明，儒教文化与资本主义文化其实也可以很好地结合。比如，儒教文化强调家庭的重要性、教育的重要性以及勤俭节约，这些对资本的积累和资本主义的发展都有着积极作用。但是韦伯的贡献还是很大的，因为他是第一个将文化作为决定性概念提出来的学者。

第一节　文化满足人类的基本需求

心理学家马斯洛（Maslow）认为，人类价值体系存在两类不同的需求：一类是低级需求，包括生理的需求以及安全的需求；另一类是高级需求，包括感情、尊重和自我实现等需求。每个人都潜藏着这五种不同层次的需求，在不同的时期人对每种需求的迫切程度的表现不尽相同。其中最为迫切的需求，才是激励人行动的主要原因和动力。一般而言，低层次的基本需求得到满足以后，其激励作用就会降低，它的优势地位将不再保持，这时高层次需求就会取代它，成为推动行为的主要动力。一般情况下，一种需求一经满足，便不会再成为激发人们行动的起因，并且会被其他需求取代。

在我们身上，这五种需求往往是无意识的。但是对于个体来说，无意识的动机往往比有意识的动机更为重要。对于那些有丰富经验的人，通过适当的技巧就

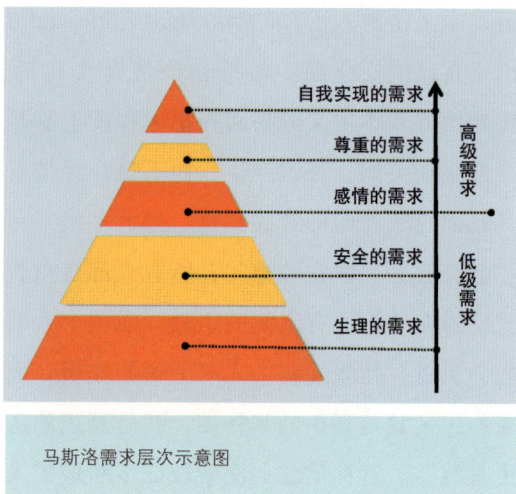

马斯洛需求层次示意图

可以把自己无意识的需求转变为有意识的需求。在很大程度上，文化就是对人类这五种需求的反映。

一、马斯洛需求层次论

（1）生理的需求。这是人类维持自身生存的最基本需求。如果这种需求得不到满足，人类的生存就会出现问题。从这个意义上说，生理需求是推动人们行动的最强大动力。马斯洛认为，只有这些最基本的需求达到维持生存所必需的程度后，其他需求才能成为新的激励因素。而到了这个时候，这些相对已满足的需求就不再成为激励因素。

（2）安全的需求。这是人类要求保障自身安全、摆脱失业和丧失财产的威胁、避免职业病的侵袭和接触严酷的监督等方面的需求。马斯洛认为，整个有机体是一个追求安全的机制，人的感受器官、效应器官、智能和其他能量主要是寻求安全的工具，甚至还可以把科学和人生观都看成是满足安全需求的一部分。当然，当这种需求一旦相对满足后，也不会再成为激励因素。

（3）感情的需求。这一层次的需求包括两个方面的内容：首先是友爱的需求，即人人都需要伙伴之间、同事之间的融洽关系或者保持友谊和忠诚；人人都希望得到爱情，希望爱别人，也渴望被爱。其次是归属的需求，即每个人

都有一种归属于一个群体的情感，希望自己成为群体中的一员，并与其他群体成员相互关心和照顾。感情上的需求比生理上的需求更加细致，它和一个人的生理特性、经历、教育、宗教信仰都有密切关系。

（4）尊重的需求。尊重的需求可以分为两种，即内部尊重和外部尊重。内部尊重是指一个人希望在各种不同情境中都能独立自主，充满信心，拥有一定的实力，内部尊重就是人的自尊。外部尊重是指一个人希望有地位、有威信，能够得到别人的尊重、信赖和高度评价。马斯洛认为，尊重的需求得到满足后能够使人对自己充满信心，对社会怀有满腔热情，能够体验到自己活着的用处和价值。

（5）自我实现的需求。这是最高层次的需求，它是指实现个人理想、抱负，将个人的能力发挥到最大程度，完成与自己能力相称的一切事情的需求。例如，人必须干自己在行的工作，才会感到最大的快乐。马斯洛提出，为满足自我实现的需求所采取的途径因人而异，但目标都是努力发挥自己的潜力，使自己逐渐成为自己所期望的人物。

二、文化满足人类的衣食住行需求

马斯洛和其他的行为科学家都认为，一个国家多数人的需求层次结构是同这个国家的经济发展水平、科技发展水平、文化发展水平和人民受教育的程度直接相关的。在发展中国家，生理需求和安全需求占主导的人数比例较大，而高级需求占主导的人数比例较小；在发达国家，则刚好相反。在同一国家不同时期，人们的需求层次也会随着生产水平的变化而变化。

戴维斯（Davis）曾就美国的情况做过估计，结果发现，在1935年的商业广告中，有35%的内容针对人们的生理需求，比如人们在衣食住行方面的需求；有45%的内容针对人们的安全需求，比如防火、防盗、防病、防灾等

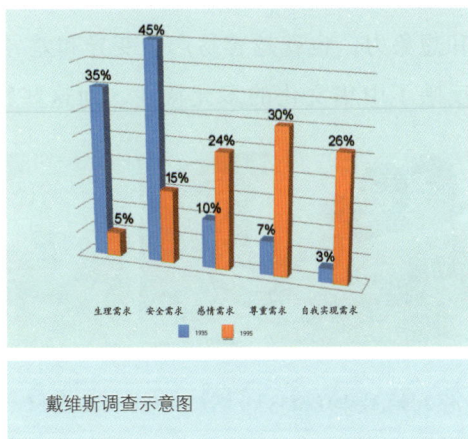

戴维斯调查示意图

方面的要求；有 10% 的内容针对的是人们的感情需求，比如爱、团体认同和归属等；有 7% 的内容是针对人们的尊重需求，比如追求名望、地位和权力等，以赢得社会的接纳、赞许和敬重；只有 3% 的内容针对人们的自我实现需求。在 1995 年的商业广告中，只有 5% 的内容是有关生理需求的，有 15% 的内容是针对安全需求的，另外 24% 的内容是与感情需求相关的，而有关尊重需求的内容则上升到 30%，有关自我实现需求的内容上升到 26%。

很多文化表现形式反映的是对人类基本需求的满足。比如，节事文化是人们生活的重要组成部分，是传承文化传统的重要表现形式。不同国家的节事差异，无论是宗教的还是家庭的，都与人们的生活息息相关。在中国，传统的节日有春节、元宵节、清明节、端午节、中秋节、重阳节等。这些古代流传下来的传统节俗反映了农业自给经济的生活规律，调剂了单调农事时序中人们的生活，展现了祖先祭祀祈福仪式，反映了传统的伦理观念。以清明节为例，清明墓祭起于上古。再比如中国人的春节，禳灾祈福的意义很强，休养生息的娱乐性也很强。贴对联、拜年、守岁、放鞭炮等活动都有着特定的文化内涵。在美国，感恩节包含很强烈的家庭团结意味，以及冬去春来的节气变化；而圣诞节则更有宗教的意味，但它同时也是传递美好祝福的欢庆盛会。

饮食文化更是直接反映了人类的最基本需求。饮食文化的多样性，反映了饮食在人们生活中的重要性。越是重要的东西，越容易激发人们的创造力和想象力，也就越容易产生变异和差异。中华饮食丰富多彩，在某种程度上反映了中华文化的多元特性，而这些特性与西方文化有很大的差别。

中国人的家庭就餐

西方感恩节、圣诞节

在饮食观念上，中华饮食以食表意、以物传情，"色、香、味"重于"营养"，饮食的美性追求重于理性追求；西方饮食注重理性，好小而精，自始至终以营养为出发点。中国人热情好客，请客吃饭一般都是菜肴满桌，但是无论菜品多么丰盛，嘴上总要谦虚地说只是准备了一顿便饭，"薄酒一杯，不成敬意"。按照习俗，主人还会为客人夹菜，而且不停地劝客人多吃多喝。西方人对此很不理解：明明满桌的菜肴丰盛无比，却还谦虚地说菜不够，这是虚伪的、不实事求是的行为。西方人招待客人往往没有那么讲究，菜肴一般都很简单，席间劝客也仅仅说"请随意"（Help yourself，please），比较注意尊重客人的个人意愿。

在饮食方式上，中西方也有很大的不同。在中国，大到客人满堂的宴会，小到家庭中的便饭，一般都是围坐一桌，共享食物。所有的美味佳肴都放在桌子的中央，所有人都一起品尝这些美食，从形式上营造了一种团结、礼貌、共趣、和谐的气氛，有利于集体感情的交流与沟通。与之不同，在西方宴席中，食物和酒往往只起陪衬作用，因为宴会的核心在于交谊，而且多限于邻座之间的交谊。此外，与中国饮食方式差异最明显的表现，就是西方流行的自助餐。

在饮食习惯上，中国人喜好在食物的烹饪过程中采用煎、炒、炸、焖等方式，喜好添油加醋，喜好辣椒、姜、蒜等佐料，制作较为复杂；而西方人则很少用大火炝锅，佐料也很简单。在饮食结构上，中国人食用更多的蔬菜，喜好细粮；而西方人则偏好蛋白质。中西方在饮食风俗和习惯上还有一个较大的差异，就是中国人吃饭时用筷子，而西方人用的是刀、叉。

中餐品类丰富，多用筷子

西方人的饮食和佐料较为简单，多用刀、叉

三、文化满足自我实现的需求

文化作为人类的基本需求，更重要地表现在我们对文化本身的追求有较大的差异，这种追求是与我们所希望的自我实现密切相关的。自我实现的需求是人本主义心理学家所推崇的理想人格和最佳的心理状态，它反映的是人们对爱与包容、想象与创造、诗画与艺术、自我与世界的完美统一，而这一切正是文化的主体。因此，自我实现就是一种文化实现。在马斯洛的自我实现中，他所关注的不仅是基本需求的满足，更重要的是爱、创造力、自我的超越、存在的意义及高峰经验。按照马斯洛的观点，一个人只有在自我实现之后，才能从真正意义上谈心理的成熟。那么，自我实现的人到底有哪些心理特质呢？马斯洛根据自己的实证研究，归纳出自我实现的人所具备的 16 项心理特质。

（1）有效地知觉现实，也就是对自己的生存环境有着比较理性和全面的了解和掌握。

（2）对自己、他人以及自然的高度接纳，即接受和欣赏自己、接纳他人和周围环境的存在。

修拉的《安涅尔浴场》与《大碗岛的星期日下午》合成画作中，不同阶层、不同年龄的人聚在塞纳河两岸，休闲惬意。自我实现的人具有接纳他人和周围环境的心理特质

（3）高度的自发性、单纯性与自然性，即不矫揉造作，不虚与委蛇。

（4）以问题为中心，而非以自我为中心，即以追求解决问题为目的，而不是以掩饰自己为目的。

（5）超然与独处，不同流合污，追求清尚和独善其身。

（6）高度的自主与独立，即自主地控制和决定自己的命运和生活。

（7）以好奇的眼光欣赏人与事及丰富的情绪反应。

（8）拥有深刻的灵性体验，即有近似于宗教般的神圣和令人敬畏的生活经历。

（9）对人类群体的认同感，即接纳来自不同文化、地域和阶级背景的人，把他们看作朋友。

（10）与少数的至亲好友有着深厚的亲密关系，与他们心灵相通，互相帮助。

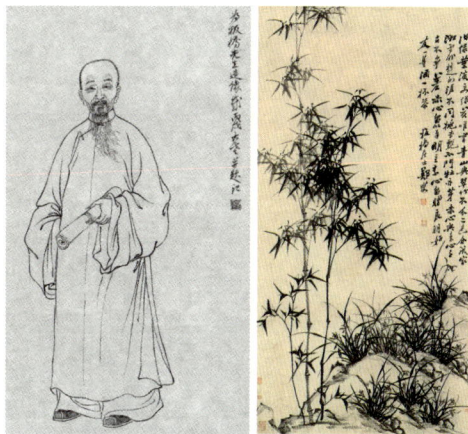

郑板桥是"达则兼济天下，穷则独善其身"的儒家道德实践者

（11）民主的性格结构，即尊重他人的权利和自主性，以平等的态度对待所有人。

（12）明辨行为的目的与手段，不会将二者混为一谈，即知道任何事情的目的是什么，达到它的手段有哪些，能够对不同的手段进行道德和理性的评价。

（13）富有哲理和幽默，不是拿别人的弱点开玩笑，而是在生活中发现有趣的人和事物。

（14）童真般的创造力与想象力。

（15）对恶性的洗脑术有着天然的反感与对抗，追求自由的思想与意志。

（16）超越自身环境的约束，实现自己的潜能，做出与自己背景相同的人所不能做到的事情。

　　当然，自我实现的人并不是要具备上述的所有特质，但是相对而言，他们的缺点应该比一般人要少，而且他们应该是心理完善的、社会适用性良好的精英。不过我们可以看出，马斯洛归纳的这些自我实现的意义是与西方人本主义精神相一致的，是建立在西方的道德伦理基础与文化意蕴之上的。

　　那么，我们中国文化的自我实现有什么特点呢？中国台湾著名的心理学家杨国枢先生认为，马斯洛的自我实现理论是建立在基督教文化圈内个人主义文化之下个人取向的自我实现，而在儒家的文化圈内我们所追求的是社会取向的自我实现。他指出，上述两种自我实现的不同点主要体现在以下三大方面。

（1）概念不同。个人取向的自我实现所指的自我是个人内在的自我，主要是由个人所认为重要的内在特质来构建的；而社会取向的自我实现所指的自我是社会关系的自我，主要是由个人的社会关系性角色、地位、身份、责任及与之相关的感受、看法、意愿、倾向及行动来构建的。简而言之，个人取向的自我实现，要实现的是一种独立的自我；而社会取向的自我实现，要实现的是一种包容的自我、互相依赖的自我。

（2）途径不同。在自我实现的途径方面，个人取向的自我实现，主要是经由个人取向的自我提升与自我完成来达成的，即充分展现个人的潜能、天赋和气质，而且主要在非社会性、非关系性的生活领域中进行；而社会取向的自我实现，主要经由社会取向的自我修养与自我完善来达成，即称职地扮演社会角色的分工，做好自己的本职工作，履行社会承诺，担负社会责任。

（3）目的不同。个人取向的自我实现的主要目的在于发现与表现个人的天赋，忠实而有效地实现这些潜能，使个人完全成为自主、独立、民主、平等、独一无二的个体。社会取向的自我实现的主要目的在于提升个人修养和个人善良的品性，以促进心智、道德、关系及社会性的发展，创造和谐的社会生活。

《清明上河图》展现了北宋都城汴京繁荣、和谐的社会生活

马斯洛从人本主义的观点出发，认为自我的实现就是文化的实现。杨国枢先生的分析从理论上为我们指出，不同文化人群所要追求的理想文化可能是不一样的。西方人本主义的理想文化，是以自我为基准和目标的。而东方理想文化，是以社会

和谐为基准和目标的。社会学家费孝通曾经试图用十六字"各美其美，美人之美，美美与共，天下大同"表达中国人对文化的态度和期望，这些也表明，中国文化实际上具有超越本民族局限而求得与其他文化和平共处的倾向性。这也许正是中国文化得以延续五千年且亘古长青的原因所在。

第二节　文化提供人类的行为标准

文化决定人的行为标准。我们在判断"什么是重要的，什么是不重要的，什么是对的，什么是错的，什么是该做的，什么是不该做的"的时候，都得依赖于我们文化所提供的判断标准，这些判断标准也就是我们通常所说的价值观念。

一、价值观念的心理功能

为什么我们有价值观念呢？心理学家总结了价值观念的四个心理功能。

（1）概括功能。价值观念超越了具体情境的限制，给予人们某种恒定的、抽象的、哲学的指导。

（2）判断功能。价值观念能帮助我们对自己和他人的行为及外在的事件做出评价和选择。

（3）分辨功能。人类社会是很复杂的，同一件事情可能会受到多种价值观念的制约，所产生的作用有时可能是对立和冲突的，此时我们的价值系统能够根据各个价值的相对重要性，做出适合于社会和个人的判断。比如一个人发现自己的父母做了一件不符合社会规范的事情，那么，不同的价值系统就会产生不同的判断和行为。例如，以孝为先的价值系统就会"为尊者讳"，而以法为重的价值系统就会"依法办事"。

（4）文化功能。价值观念是一个文化所共有的行为标准，人们以此标准来判断自己和他人是不是属于同一个文化的成员。

二、常用的价值观维度

人类社会有多少价值观念呢？很长时间以来，人们都认为这是一个不可解的问题，但是，社会心理学家克拉克洪和斯托特柏克（Strodbeck）提出，人类社会所面临的共同问题是有限的，那么对这些问题的思考应是人类共有的价值观念。他们提出人类应该有五种共同的价值观念，这五种价值观念反映了人类社会必须面对的五个共同问题：第一是人类与自然的关系问题；第二是人类与时间的关系问题；第三是人类之间的关系问题；第四是人类的基本需求问题；第五是人类本性的问题。不同的文化对这些问题的回答是不一样的，但是，涉及的价值观念是一样的。这种价值观念的差异决定了不同文化的行为标准的差异。

荷兰学者霍夫斯泰德（Hofstede）对国际商用电器公司的 117000 名员工做了跨文化的价值观分析，发现有四种价值观念可以分辨不同文化中人们的行为差异。这四种价值观念分别是：

（1）权力距离（Power Distance）。不同文化对权力距离的强调是不一样的，有的强调较大的权力距离，如夸大地位高和地位低、权力大和权力小、富人和穷人、精英和大众之间的差异；有的文化强调小的权力距离差异，强调人与人之间的平等和一致。强调较大权力距离的文化，通常都会有很鲜明的社会等级差异，而且不太容忍存在社会地位上升的可能性；强调较小的权力距离的文化，不太强调地位的差异，而是更多注重机会的公平。

（2）不确定规避（Uncertainty Avoidence）。这是指某种文化是否倾向于回避不确定性事物，即是否能容忍未来的模糊性和变化性，是否希望一切行为都有具体的规定、规则、方针和政策来指导与制约。较高的不确定性规避，表明一个文化不愿意容忍变化和混乱；较低的不确定性规避，则表明这个文化比较能够容忍变化、风险、不同的看法及行为方式。

（3）个人主义（Individualism）还是集体主义（Collectivism）。它主要涉及这个文化是强调个人成就、自主性、独立性，还是强调集体成就、相互的依赖和人际关系。个人主义文化把个人的重要性排在首位，个体间的人际关系较为松散。而集体主义文化则强调集体和社会的重要性，比较容易维持和保护亲密的自然亲属关系。相对而言，集体主义文化较多地强调家庭的重要性和对家庭成员的责任感。

这种差异在对亲属的称谓上表现得尤其明显。中国人对亲属的称谓非常详尽、细致，因为家庭的关系及长幼之分具有非常明确的道德责任和义务规范。但

个人成就与集体成就

是英语中的亲属称谓则简单得多。一般而言，英语中的亲属是以家庭为中心的，同代人中除了男性与女性的区分外，再无其他的称呼差异。比如，汉语中表示祖辈的有"爷爷、奶奶、外公、外婆"，以区别来自父系的长辈和来自母系的长辈，而且父系长辈的地位高于母系长辈的地位；但是英语中，表示祖辈的却只有"grandfather"和"grandmother"，没有父系和母系的差别。同样，在父母同辈中的称谓，汉语中有伯伯、叔叔、舅舅、姑姑和姨等；但是在英语中，却只用"uncle"和"aunt"来表达。这种称谓上的细致化，与中国文化大家庭的关系有直接的联系。相对而言，中国社会中亲戚之间的互动要比西方社会中亲戚之间的互动多很多。

（4）男性价值（Masculinity）还是女性价值（Femininity）。它主要涉及这个文化强调的是传统的男性价值观念，如攻击性、竞争、权力、地位和影响力，还是强调人际关系的和谐、个人欲望的满足和幸福。男性价值感比较强烈的社会，通常性别歧视比较明显。在这些文化中，男性通常有很多的社会资源和很高的权力地位，女性的生活通常受到男性的控制和支配。以女性价值文化为主的社会，通常强调男女平等，反对性别歧视。

霍夫斯泰德的研究发现，不同文化在这些价值维度上有很大的差异。比如在权力距离的价值观念上，强调高权力距离的文化包括菲律宾、委内瑞拉、墨西哥、印度等国家，强调低权力距离的文化包括丹麦、美国等国家。

在不确定性规避上，比较不能够容忍模糊性和不确定性的文化包括希腊、葡萄牙、日本、法国、秘鲁等，比较能够容忍模糊性和不确定性的文化有丹麦、印度、美国、瑞典、英国等。

在个人主义和集体主义的价值观念上，比较强调个人主义的文化包括美国、澳大利亚、英国、加拿大、荷兰等，比较强调集体主义的文化包括委内瑞拉、哥伦比亚、墨西哥和希腊等。

在男性价值的维度上，比较强调传统男性价值的文化包括日本、奥地利、委内瑞拉、意大利和墨西哥等，不太强调传统男性价值的文化包括泰国、瑞典、丹麦、芬兰等。

在霍夫斯泰德的这项世界性的调查中，中国没有被纳入。但是后来的研究发现，中国社会是一个非常强调集体主义价值观念的文化，同时也比较接受权力距离的差异，但是，在不确定性规避和传统男性价值的维度上，中国的得分是趋于中间的。

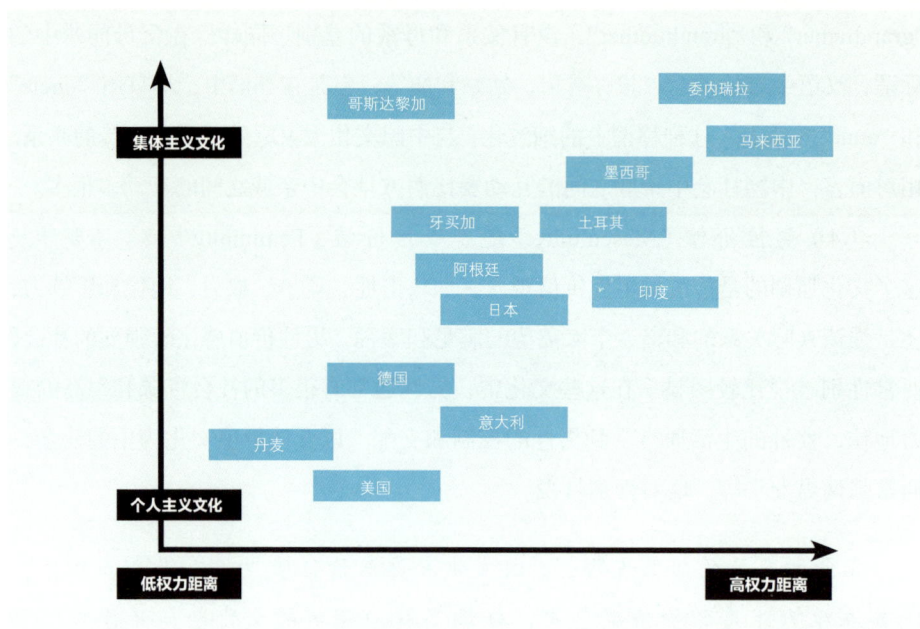

三、价值观念与行为

价值观念的作用在于它对人的行为有非常具体的影响。上述四个价值维度的差异，我们都可以在日常生活中观察到。比如，权力距离的大小有很多客观的衡量指标。

（1）**社会结构的差异。** 这个文化是中央集权的结构还是权力分散的结构，是以一个人为中心的社会组织结构还是平行的、分散的、无中心的社会结构。权力距离高的文化强调中央集权，权力距离低的文化强调多中心或是无中心的社会结构。现代管理学的概念强调平面的、无边界的组织结构，实际上也就是提倡低权力距离的组织文化。

（2）**组织层次的差异。** 高权力距离的文化有很多组织层次，是一种典型的金字塔式的层次结构；低权力距离的文化，其组织层次数目相对而言比较少。无论是一个社会还是一个企业，管理的层次越少，平等的机会就会越多，相对而言人才发挥的作用就会越大。

（3）**管理人员数目的差异。** 在企业中权力距离的衡量指标就是部门经理的人数。经理越多，企业权力越集中；经理越少，企业权力距离相对越小。在社会行政方面，权力距离的衡量指标就是官员的数量。官员数量越多，权力距离越大；官员数量越少，权力距离越小。权力距离高低也反映在社会分配的差异程度上，权力距离越高，分配的差异越大；权力距离越低，分配的差异越小。

（4）**对不同工种的社会评价的差异。** 强调较高权力距离的文化通常强调不

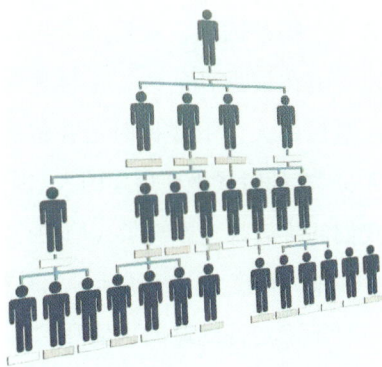

高权力距离的文化，组织层次多

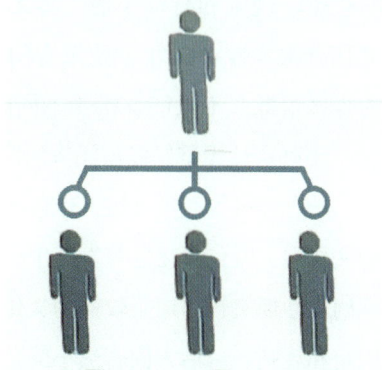

低权力距离的文化，组织层次少

同工种之间的高低贵贱，强调低权力距离的文化则是尽量弱化不同工种的高低贵贱。

权力距离的客观指标说明价值观念不是一个简单抽象的概念，而是具体的生活现实和人类行为的标准，它反映在我们的日常生活中。在一个强调权力距离的社会里，人们的行为有非常明确的规范：如果你是一个地位较高的人，那么，你就可能是第一个喝茶的人，最后一个发言的人，坐在最远处的人，上楼梯时走在最后的人，下楼梯时走在最前的人，坐车的时候坐在后座的人。因此，我们的价值观念影响了我们的行为，并在很大程度上已经达到了无所不在、无所不包的地步。

这件事经过表决一致通过。

地位较高的人，通常最后发言

不确定性规避的价值观念也有可以观察到的客观指标。第一，对不确定性规避高的文化，相对而言就会强调标准化，其行为的规范性程度就会比较高。第二，有组织的活动很多，强调行动要有计划性、有预算、有规范甚至有预警系统。任何事情都要面面俱到，考虑得很清楚。第三，这些文化都有很多明确的政策、规则和行动手册。事无巨细，有相对明确的对策和规定。第四，这些文化有很多专业人才，委派专门的人去做专门的事情。第五，这些文化对风险的容忍很低。不太能够接受不同的意见、方案和行为。

不确定性规避好像与经济的发展水平没有太大关系，在比较容忍模糊性的文化中，既有美国等经济大国，也包括印度等发展中国家；在不能够容忍风险和模糊性的文化中，既包括秘鲁等发展中国家，也包括法国和日本等发达国家。中国是属于不确定性规避较高还是较低的文化呢？这不能定论，因为中国人好像很强调明确、稳定和规则，"治大国若烹小鲜"，小心翼翼，谨慎为上，但是，中国人的个人行为实际上具有冒险精神。

不确定性规避的高低，对于企业的管理是有正面的作用还是负面的作用呢？

从管理学的经验来看，对模糊性和不确定性容忍较高的组织文化，往往在创新和适应方面起到积极作用。在第二次世界大战期间，有一个军队就专门设立了一个特殊的奖项，叫作违反军令奖。如果有人根据战场的实际情况做出违反军令的决定，以保障战争的胜利，实际上是功而不是过。中国古代也有"将在外，君命有所不受"，强调的也是以现实为基准的判断精神、主动精神和贡献精神。美国的西南航空公司有一项违反纪律奖。如果员工的主动精神所带来的是积极效果，虽然有与现有纪律相违背的行为，但也是应该提倡的。日本大阪的太阳帕茨株式会社有一项"大失败奖"，该企业认为失败也是宝贵的财富，鼓励员工勇于创新，不惧怕失败。

《吴宫练兵图》描绘了春秋时期军事家孙武训练吴王女兵的场景。吴王将爱妃、宫女等众女子交给孙武训练。孙武告诫众女子要遵守军令，可是孙武开始发令时，她们却笑了起来。孙武第二次发令，众女子还是只顾嬉笑。孙武便下令把队长拖去斩首。吴王急忙求情，但是孙武说："君王既然已经把她们交给我来训练，我就必须依照军队的规定来管理她们，任何人违犯了军令都该接受处分，没有例外。"孙武第三次发令时，众女子都认真操练起来

大失败奖

扪心自问，中国改革开放四十多年来的经济发展，是不是在某种程度上得益于中国人的冒险精神？是不是中国人敢于打破陈规惯例的约束，才闯出了一条适合中国社会发展的新道路？

个人主义和集体主义的客观指标，主要反映在行为的中心是个人还是集体。强调集体主义的文化，家庭和组织往往是活动的中心和行为的焦点，决策时更多地考虑对集体的影响，而不是对个体的影响，它比较强调集体的参与程度和合作精神。强调个人主义的文化则比较钟情于个人的独立性，欣赏

个人的优势。个人主义和集体主义所产生的道德判断标准也是不一样的，个人主义的道德标准强调对个人的尊重，集体主义的道德标准强调的是社会关系的和谐及家庭的稳定。有的学者认为中国文化是集体主义文化的典型代表，因为中国文化强调家庭成员之间的互相依赖，强调人与人之间的关系，强调家庭的稳定与和谐。

传统男性价值维度的客观指标主要反映在对性别角色的定义和期望上。性别差异相对较小的文化，比较强调人际关系的技巧，鼓励和欣赏建立发展关系，它反对攻击和竞争的行为，相对而言比较尊重个人的私生活。

中国社会到底是否强调传统的男性价值？从历史上讲，中国社会肯定是一个强调传统男性价值的社会，"三纲五常"曾经是压抑和控制中国妇女社会地位的紧箍咒。中国民主革命和社会主义革命提高了妇女在中国社会的地位，传统的男性价值被大大削弱，强调和谐、稳定、幸福的女性价值得到弘扬。

传统的男性价值观念和女性价值观念对于经济管理有没有意义呢？诺贝尔经济学奖获得者美国加州大学伯克利分校经济学教授阿克尔洛夫（Akerlof）发现了传统的男性价值观念与经济的关系。他的研究证明，有的职业强调男性的价值观念，比如说大学教授、制造业、军队和律师等；有的职业不太强调传统的男性价值，而更多地关注人际关系和社会技巧，比如销售业、服务业和幼教行业。他发现在传统的男性价值观念占主导地位的行业中男性占据优势，他们的经济回报要比女性高很多。而在不强调男性价值观念的行业中，男性就会在经济上吃亏，因为产生了行业价值理念与自身行为习惯的冲突问题。

阿克尔洛夫，1940 年生于美国的纽黑文，1966 年获美国麻省理工学院博士，一直在美国加州大学伯克利分校的经济系任教，偶尔在政府兼职。他因对信息不对称理论贡献突出而于 2001 年获得诺贝尔经济学奖

第三节　源于心理活动的文化差异

不同文化的价值观念所产生的行为差异，应该说是文化差异的最主要特性之一，很多文化虽然具有相同的历史，但人们的行为千差万别。比如说欧洲的许多国家曾经是统一的罗马帝国或者奥匈帝国的成员，但仍然保留着不同的文化，这样的文化差异大都是由个体的行为差异和心理差异体现出来的。还有一些国家，社会形态是一致的，但文化是不同的，其原因就是成员的心理特性和行为特性差异很大，最典型的就是日本和美国的文化差异。虽然它们在政治、法律等社会制度上非常接近（现在日本的社会制度从某种程度上说基本上是照搬美国的社会制度，因为第二次世界大战后美国强行在日本建立了一套相似的社会结构），但是，日本和美国还是在很大程度上表现出明显的社会差异。这种差异基本上来自日本人民和美国人民在心理和行为上的差别。

美国著名心理学家特里安迪斯曾经用问卷的方式测试日本人和美国人对一些问题的看法，发现虽然他们在很多政治理念和国际关系上的看法非常一致，但是在个人、自我及其与他人的关系方面，他们表现出了明显的差异性。比如说在回答"我是否喜欢与好朋友住得很近？"这个问题时，日本人基本上都会给出肯定回答，而美国人则对这一问题持明显的保留意见；日本人相信"远亲不如近邻"，美国人相信互不来往的邻居就是好邻居；日本人觉得在孩子结婚之前应该尽量与父母住在一起，而美国人则认为成年后还与父母住在一起的人不是心理变态就是心理发育较慢。在对待个人主义和集体主义的价值观念上，双方的差异也是非常大的。美国人坚持认为"如果一个集体影响我的工作效率，我是应该马上离开这个集

在日本，孩子结婚前，与父母同住。在美国，孩子成年后，就独处

体的"，日本人则认为"不管这个集体是对我有利还是不利，我都应该与这个集体保持较好的社会关系"；美国人认为做任何事情都应该争第一，而日本人认为争第一是一件不好的事情。"枪打出头鸟"就反映了集体主义文化对竞争和个人成功的阻碍。

由此可见，文化的差异在很大程度上是靠人类心理活动的差异来定义的。因为人们在行为、感情和思想上有很大的差异，而这些差异又与某种特定的人群相联系，所以我们就倾向于将它们归纳为不同文化的差异。特里安迪斯随机在一些中小城市观察人们的行为，发现有些地方的人喜欢成群结队地行动，有些地方的人喜欢一个人单独行动。这种差异又往往与这个地方是否强调个人主义和集体主义有关系。集体主义文化非常强烈的人，大多结队行动。而强调个人主义文化的人，一般单独行动。

心理的差异也反映在我们对英雄的崇拜上，即英雄崇拜的文化差异。在东方文化中，英雄大多是精忠报国、舍生取义的人；而在西方文化中，英雄一定是靠个人奋斗的、与众不同的人。这就是在西方社会中，成功的企业家可以是整个社会的英雄；而在中国社会中，清正廉洁的官员受人敬仰。

在中国，关羽忠义、神武，是古代英雄之一

查理曼大帝建立了庞大的查理曼帝国，被后世尊称为"欧洲之父"

儿童教育方面的行为差异，也是定义文化差异的一个常用的维度。

美国心理学家唐林曾经分析了英国人的儿童教育和美国人的儿童教育的差异。他发现英国的父母更多地用社会期望和社会影响来教育孩子，而美国的父母更多地用个人的感受来教育孩子。例如，孩子在学校里打了一个同学，英国的父母关注的是孩子的行为对他人的影响，而美国的父母关注的多是自己孩子的感受。在职业的意愿上，美国的孩子希望长大后当宇航员、体育明星和牛仔（虽然这个职业已经基本上不存在了），而英国的孩子则希望长大后当探险家和店主。这就说明虽然英国和美国在历史、语言、宗教、社会体制、生活方式等很多方面是一致的，但是我们还是能够观察到二者之间的文化差异。

中国文化除了指中国历史、传统、文字、音乐、绘画、节日等文化的外在因素外，更指中国人民特有的心理与行为。李泽厚在《中国古代思想史论》中谈到中国人的心理是"建立在血缘基础上，以'人情味'（社会性）的亲子之爱为辐射核心，扩展为对外的人道主义和对内的理想人格，它确乎构成了一个具有实践性格而不待外求的心理模式。……对待人生、生活的积极进取精神，服从理性的清醒态度，重实用轻思辨，重人事轻鬼神，善于协调群体，在人事日用中保持情欲的满足与平衡，避开反理性的炽热迷狂和愚盲服从。……它终于成为汉民族的一种无意识的集体原型现象，构成了一种民族性的文化——心理结构"。这样的心理，根据很多文化学家的看法，有两个主要的表现：一是建立在儒家伦理基础上的中国人的实践理性，二是中国人的快乐文化。中国人的实践理性，是与儒家伦理相一致的。儒家伦理的实质是个人责任最终落实到求"仁"的关系义务之中。"见利思义，见危授命，久要不忘平生之言，亦可以为成人矣。"（《论语·宪问》）因此，调整利与义、言与行、个人安危与社会责任之间的关系，是中国人的基本心理要求。

提出类似观点的还有林语堂，他在其著作《生活的艺术》和《吾国与吾民》两本书中，强调了中国人随遇而安的快乐文化，将其归纳成"随遇而安，生活至上"的原则，并认为这是中国人的显著性格特点。林语堂提到中国绘画有两种最流行的题材：一种是合家欢，上面画着一家男女老少，正在欢天喜地过大年，或者是庆丰收；另一种是闲散快乐图，比如樵夫、渔翁或者退隐的文人，悠然坐在树下、山间或者水边，传递天人合一的意境。而这正是林语堂先生所称的中国人能够在闲散生活中发现生活快乐的体现。

与此相关，西方人的心理基础以个人自由

明代山水画《烟波渔乐图》

名著《浮士德》中的插画

为价值核心，扩展为对外的平等、对自己价值实现的追求。因此，西方人往往有着不断追求完美、不断追求极限的精神，即所谓的"浮士德精神"。这种精神在心理上就容易表现出一种严肃的生活态度和积极的征服欲望。这样的心理基础有两个主要表现：一是永不满足的追求精神，二是积极入世的实践精神。因此，追求、实践、不满足、再追求、再实践、再不满足、自强不息、勇往直前，这就是西方文化所推崇的心理特质。这种追求与探索的精神与基督教的伦理相一致，都是通过自我的完善提升自己的虔信，增强个人的责任感以获得个人的救赎。歌德在其名著《浮士德》里告诉人们，人生的目的在于行动，在于做出有益于社会的实践，通过实践不断地追求真理，最后领悟到人生的真谛。"人要每日去争取生活与自由，才配拥有自由生活的享受。"（《浮士德》第二部第五幕）而这种心态与我们传统的安贫乐道、天人合一的和谐追求有着很大的不同。

问　题

1.除了本章所提及的中西方在饮食观念上的差别之外，你还能想到中西方在哪些方面存在着明显的差异？

2.请从心理活动和价值观方面，分析动画电影《花木兰》和《复仇者联盟》。

和谐

和谐，就是从人人闪亮走向整体闪亮。

和谐，就是每个人都心中充满道德戒律之后，一起仰望星空。

19世纪80年代是当代艺术界公认的激进和创新的十年，是美学变革最重要的时期之一。在那样一个艺术大师辈出的时代，年仅20岁的法国画家修拉锻造出一种新的视觉语言——点彩画。他被誉为伴随科学革命最早的新型艺术家——艺术家兼科学家。

修拉研究德拉克洛瓦，攻读夏尔·勃朗论述色彩的科学资料，还研究法国象征主义绘画大师夏凡纳的构图。修拉是艺术家中具有科学探索精神的典范，他用科学方法告诉后人："艺术就是和谐。"他在印象派犹如脱缰野马泛滥之时，尝试用科学和规则来发展印象派，对现代艺术运动的蓬勃发展起到了承上启下的关键作用。凡·高在拜访修拉工作室后，被修拉的创新精神激励，认为修拉是前卫之魂。后来，凡·高在内心饱受煎熬的时候，常常回忆修拉画作的和谐与平静。

丁绍光，是现代重彩画大师，也是世界最杰出的百名艺术大师之一，自十几岁酷爱画画，此后一直深耕不辍，将绘画作为终身职业。1986年，丁绍光创作了《和谐》，引起广泛关注。丁绍光的画，尤其是装饰画，洋溢着民族艺术风，挥洒着传统文化风，也蕴含着西方艺术风，富有丰富的想象力，融合中有新意，给人一种安宁静谧的力量，即"和谐"，影射了人们所向往的诗意的生活氛围。特别是其色彩的运用，丰富绚烂，华丽繁复，让人感受到一种活跃的生命力和美好的感召力。丁绍光享誉世界，为中国现代文化艺术的海外输出留下了浓墨重彩的一笔。

修拉通过色光点的平衡来表达和谐，丁绍光则通过中国哲学的天人合一来表达和谐。

感时花溅泪，恨别鸟惊心。

——杜甫

同一个事物在同一时间内，既可以是冷的，又可以是热的。

——贝克莱

第 **2** 部分

突破跨文化沟通障碍

第五章
分析和克服沟通的语言障碍

跨文化沟通中一个显而易见的障碍就是语言障碍，大约有以下几种语言沟通障碍。

一、意义的流失

它的主要表现是，当我们没有掌握对方的语言，或者当对方没有掌握我们的语言时，翻译就成为双方沟通的工具。而翻译的困难主要在于意义的流失，因为即使是最显而易见、最直截了当的翻译，词语的含义在不同文化中也可能存在根本差异。比如，一位美国人夸奖自己的异性朋友火辣、性感，用"hot"，其汉语的直译"热"就很容易脱离原来

"走了桃花运"通常形容与异性的邂逅

的含义。又如，汉语"走了桃花运"，通常形容与异性的邂逅，不能说成是"walk in the peach blossom"；而英文中的"break a leg"是一句祝福大获成功的好话，而不是"踢断腿"。上述词汇和短语如果直译就很容易引起对方的误会。

二、对人们心理的影响

语言本身对人的思维、情绪和行动有着很大的指导或者限制作用。

我曾经用心理学家瑞德（D.Read，1983）发明的方法做过一个实验，就是给出一个英语句子，分别让美国被试和中国被试数出句子中一共有几个字母"F"。这个句子是"Finished files are the results of years of scientific study combined with the experience of years"。

实验的结果表明，越是英语好的被试越容易出错，越是英语不好的被试，答案的正确性越高。在英语习惯中，"of"只是一个助词而没有具体含义，因此很容易被忽视。反过来，若把同样的一句话从汉语翻译成英文，英语不好的人很容易漏掉"of"，而英语好的人则会把"of"加上。这个例子很好地说明英语好的人也会受到自己语言的限制，而不能想到其他的语言问题。

还有一个例子也能够说明语言对人产生误导。越是汉语流利，越容易受到山寨产品广告的影响，因为语言的流利水平和心理的预期会使我们在阅读时对句子很快地进行加工，反而容易产生误读。下面是一篇描述"山寨生活的一天"的趣味短文：

山寨生活的一天

早晨洗头之后头皮很痒，仔细一看是飘柔！

先泡上一桶康帅傅方便面，早餐。

早餐后，穿上报喜鸟的外套，含着一块大白兔奶糖，下楼！

走进了华联超市，商品琳琅满目：司口司乐、娃娃哈、下好佳、脉劫、橙多多……

哈，还有三粮液呢！

生活多美好呀，真逗！

（摘自王彦章博客）

越是汉语流利，越容易受到山寨产品广告的影响。仅个别用字之差，就可能造成真假不易辨别

　　所以，语言沟通有不理解带来的障碍，也有过于流利带来的障碍。

三、对表达方式的影响

　　在不同的文化中，语言的表达方式有很大的差异。中国人讲话时非常自谦，很多场合下我们更愿意多讲自己的缺点，而不愿过多地宣扬自己的优点。比如，中国人在社交中往往会说"我太太没什么文化"，或是"我太太没有你太太漂亮"；中国女人一般很难把"我老公长得特别帅"这种话说出口，因为别人不会认为这是爱意流露，而会认为是在炫耀。这在美国人眼中是不可思议的，因为跟别人讲自己太太的缺点，这是对太太的不尊重，即便自己的太太真的很丑，他也会说"我的太太很美，我非常爱她"。这就是在不同的文化背景下，表达方式截然不同的例子。

"情人眼里出西施"的道理全世界都通用，但是，中国人一般将爱意深埋在心里，而美国人更愿意表达出来

四、对语言意义本身的误解

　　对语言意义的误解是跨文化沟通中的一个重要障碍。语言作为一种交流工具，它的意义容易在跨文化沟通中让人产生错误的解读，这就给沟通双方带来一定的困难。

第一节　语言的跨文化差异维度

语言，作为一个意义产生系统，有很多基本的特性。首先，它是使用词汇来传递意义的，同时在沟通的过程中，我们也经常传递信息之外的价值观念、道德观念和行为规范。全世界的语言有20多个大语系，其中影响较大的包括印欧语系、汉藏语系、日韩语系、阿拉伯语系和太平洋语系。在这些语系中，使用人数最多的语言是汉语，其次是英语。但是，在全世界范围内的商务沟通中，75%采用英语沟通。

语言的跨文化差异的维度有哪些呢？

一、词汇的差异

词汇对心理学家而言，往往有着特殊的意义。心理学家们发现，如果某一个活动或者某一个事物，对我们的生存和发展有着特别重要意义的时候，相关的词汇就会较多。心理学家米勒（Miller，1991）发现：如果一个想法很重要，人们就可能用词汇来描述它。住在山里的人会用词汇来描述大山，住在平原上的人如果从来没有见过大山，就很难用词汇描述大山。事情越重要，那么与它有关的词汇就越多。这个思想后来就成为心理学中的词汇假设（Lexical Hypothesis）。

在因纽特人的生活中，辨认雪的颜色深浅有着特殊的生存意义。比如说，较深颜色的雪往往比较坚固，而较浅颜色的雪一般是新雪，有可能不太安全。因此，对于因纽特人，有关雪的词汇比较丰富。再如，性生活对人类的生存与发展有着特别重要的意义，因此，人类语言中有关性生活的词汇很丰富。

丹麦格陵兰和加拿大北部的因纽特人用经过风吹而变得密实的雪建筑雪屋，在这种用雪砖砌成的小屋内燃起篝火，虽然温暖得连毛衣也得脱下，但是雪砖不会融化。他们的语言中关于雪的词汇非常丰富

西方人格心理学的大五模型，就建立在这一逻辑基础之上。心理学家奥尔波特（Allport，1936）发现，描述这五种人格的词汇是最多的。因此，这就反映了这五种人格是最容易被观察到的，而且是最为重要的。行为科学的研究证明，40%到60%的人格差异能够用这五种人格元素来说明，而且这五种人格元素还具有遗传上的表现。

这五种人格分别是：

（1）外倾性（Extroversion）：具有善于社交、自信、开朗等特质。

（2）平和性（Agreeableness）：具有随和、利他、容易合作等特质。

（3）责任性（Conscientiousness）：具有强烈的责任感、公正、成就导向、自强自律等特点。

（4）明智性（Openness）：具有想象力、好奇心、创新能力、智慧等特质。

（5）情绪不稳定性（Neuroticism）：难以稳定情绪、敌对、自我、冲突，带来不安全感受等特质。

二、对话距离的差异

对话距离的差异就是双方沟通中所特有的距离。著名的社会学家爱德华·霍尔（Edward Hall）曾经将对话距离定义为个人空间。在与不同关系的人进行交谈的时候，我们所需要的个人空间是不一样的。因此，不同的交谈距离往往代表着不同的人际关系。所谓零距离，往往指的是具有亲密的关系（如情侣），这与我们常听到的"零距离"的意义不同。因此，媒体上的"零距离接触"，实际上是不当的。

当然，对话距离也会受到环境的影响。如果是在一个人口密度很大的环境中，人与人之间的对话距离就会更近。例如，在北京大街上聊天的两个人之间的距离，就会比在内蒙古草原上说话的两个人之间的距离近得多。但是，这并不代表北京大街上的这两个人关系就比内蒙古大草原上说话的两个人的关系更为密切。另外，社会地位也决定了个人空间的大小，社会地位不同的人要求的语距也不相同。一个富裕的或者有权力的人，与另外一个不同等地位的人交谈的时候，就会有意地选择比较大的语距。

北京天安门广场，人流聚集

内蒙古草原，人烟稀少

　　具有不同文化背景的人，往往会由于对个人空间的喜好程度不一样而产生跨文化沟通的烦恼。比如说，一个印度人和来自美国中西部的人进行交谈的时候，这个印度人如果过分地接近美国人，这个美国人很可能会感到不舒服而倒退几步，以维持他所能够接受的语距。

三、语言使用的差异

　　它关注的是不同文化对语言表达方式所做的解释和限制。不同文化的习惯表达方式，常用的成语、谚语和格言，所熟悉的语调、语速以及欣赏的风格都是不一样的，因此，不同语言的使用会下意识地影响人的行为和思维方式。

　　心理学家罗斯（Ross）发现中国的香港人和加拿大的华人，在分别使用英语和汉语回答问题的时候，他们的手势、表情，甚至对自我的认识都会不同。

　　因此，研究语言的使用，对我们了解文化对心理的影响有着特别重要的意义。比如，在称赞自己亲人方面，中国人和美国人的表达方式是不一样的。中国人不习惯在外人面前夸奖自己的亲人，如中国的妇女很少在别人面前说自己的丈夫怎样出色、有多努力或者能力多强；中国人也不习惯在外人面前说自己的子女有多么聪明、学习成绩有多好以及获得过什么突出奖励。如果这样说了，通常会被看作是炫耀、俗气而令对方反感。但是，美国人却恰恰相反，他们很愿意在别人面前夸奖自己的太太、子女，以示尊重和欣赏。这就是语言使用的文化差异之一。

　　中国人比较忌讳当面夸奖对方的妻子有多么漂亮，认为这是一种对女性的亵渎，颇有居心不良的用意。有些中国人还会认为说"你的妻子真漂亮"这样的话近乎下流，对于中老年人来说尤其如此。然而，对于美国人而言，这却是很自然的事情，被夸奖的人会颇为欣慰、高兴，她的丈夫也会对你充满感激之情。美国人对恭维一般表示谢意，这表现出一种自强自信的信念。所以，在跨文化沟通中，当对方称赞你时，千万不要回答"No，I don't think so"，这种回答在西方人看来是不礼貌的，甚至是虚伪的，而应该回答"Thank you"。

汉语和英语中都有表示求助、感激、歉意的固定说法。比如，汉语里有"请""谢谢""对不起"，英语里有"Excuse me""Thank you""I'm sorry"等。中西文化中，这些表达方式意思十分相近，双方沟通时一般不会造成误解。但同时，我们也应该看到它们在使用上的差异。比如，英语里的"Thank you"和"Please"比汉语的"谢谢"和"请"用得更加广泛。在小事上，中国人常常不讲这些客气话，特别当对方是亲属或者好朋友时，更无须如此，否则会让别人觉得别扭、生疏。中国人相信对方知道自己的感激之情，因此不必多言；但在西方人看来，不说这些客气话就是失礼的行为，对别人不够尊重。汉语中的"辛苦了！"是一句很热情的话，表示对别人的关心，也用来肯定别人付出的辛勤劳动和所做出的成绩。但是英语中没有完全对应的说法。这是因为，如果你认为别人很辛苦，你就不应该让他们去做这些事情。

四、与之伴随的非言语成分的差异

语言往往伴随有非言语的成分，也就是说，在使用语言的时候，我们的身体都会出现相对应的反应，最常见的非言语动作就是手势。我们经常用手势来表达所说词汇的意义，用面部表情来解说词汇的意义。我们在谈一件高兴事情的时候，所说的词汇和面部感情往往是一致的。当我们微笑地说一件悲伤的事情时，人们就会感到困惑，有时甚至是愤怒。研究语言的非言语成分，在跨文化沟通中有着特别的意义，因为很多信息和意义的交换主要依靠非言语的信息，而不是语言本身。

最先对非言语进行科学研究的应该算是达尔文的《人类和动物表情》这本著作。达尔文发现很多非言语的表达方式具有很大的文化差异。比如说身体的姿态、眼睛的注视、面部的微笑、恶作剧行为等在不同的文化环境中，所代表的意义和得到的反应是不一样的。姿势也是一种很常用的非言语沟通方式，它通常由手和臂的运动来传达信息，但是也包括头和眼睛的动作，比如点头、飞眼、挤眼等，都是常见的非言语沟通手段。在中国文化中，挤眉弄眼被看成行为不检点的一种标志，特别是女性对男性挤眼，几乎可算作一种挑逗的行为。那么，在美国，同样的行为可能代表友善和热情。当美国共和党副总统候选人佩林女士对着电视机前的观众做出飞眼动作时，多数的美国人将她的行为看作热情、大方、开朗的表现，而我估计中国的

美国人认为佩林热情、大方

民众恐怕会将同样的行为看作不符合其身份地位的表现。因此，研究非言语的文化差异，应该成为我们学习跨文化沟通中不可或缺的重要组成部分。而且，因为非言语沟通是一种可以后天学习到的技巧，所以，我们可以很快地掌握这一技巧，使自己成为跨文化沟通的强者。

很多人照相时喜欢竖起两个手指，意思是"胜利"（Victory）的首字母，有时候还有卖萌的意味。但是，很少有人知道，如果将竖起两个手指的手，不小心转了一下，手背朝外时意思就完全变了。这个手势比起竖中指的侮辱程度，其负面意义是加倍的，尤其是在英法等国家。2017 年，美国 NBA 球星德怀特·霍华德在比赛中一度冲着球迷做此手势，从而激起公愤和联盟的罚单。

第二节　语言和人类行为

语言到底在多大程度上影响我们的行为？心理语言学家沙皮尔（Sapir）和沃尔夫（Whorf）最早提出语言对人心理的影响，其在语言学中被称为沙皮尔—沃尔夫假设（Sapir-Whorf Hypothesis）。这个假设的最初含义是指思维的文化差异基本上是由语言的差异决定的。而且，他们对美国印第安语言做了

一系列研究，发现许多印第安部落之间的文化差异与他们所持有的语言差异是一致的。

但是后续的跨文化研究发现，最初的沙皮尔—沃尔夫假设过分夸大了语言对心理的影响，忽略了人的心理也会影响语言的使用。人的认知特性具有比较明显的跨文化一致性，语言对它的作用并没有想象中那么大。

心理学家罗施（Rosch）发现有只存在两种颜色词汇的语言，比如语言中只有黑和白，而持有这种语言的人，仍然能够在视觉上区别基本的色彩差异。

心理语言学家凯和哈密尔顿（Kay & Hamilton）发现颜色与颜色词汇之间存在发展秩序的现象，即各种语言都具备对黑和白两种颜色的描述。但是如果存在三种颜色的话，这第三种颜色一定是红色；如果存在四种颜色，这第四种颜色一定会是蓝色或者绿色；如果存在五种颜色，它就一定包括蓝色或绿色；如果有六种颜色，这第六种颜色就应该是黄色；如果存在七种颜色，就一定得加上棕色或粉红色。这一现象表明，人类的视知觉有一定的发展秩序，这一秩序会影响语言以及语言中反映这些颜色的词汇。

因此，沙皮尔和沃尔夫做了调整，将最初的假设赋予了现代含义，这一现代含义就是：跨文化的心理差异，与其所对应的语言差异是一致的。心理与语言的关系，应该是对应的、平行的关系，而不是我们通常认为的线性的、决定性的关系。

心理学家到底有什么证据能够支持沙皮尔—沃尔夫假设呢？其中一类证据说明不同语言的计数方式会影响儿童的数学能力。

有一项研究，探讨了五种不同语言的数量方式对儿童数学学习的影响。研究发现，小孩在一、二年级时，对数字的理解与语言有很大的联系，中国孩子对数字的

等差数列的通项公式为：$a_n = a_1 + (n-1)d$

我数学不好，因为我不是中国人

理解要好一些。因为汉语中进位是以 10 开始的，是十进制的算法，而英语"one，two，…"进位从 13 开始，法文进位变化从 17 开始，日本、韩国跟中国一样。如果语言对人的行为、心理有影响，那么中日韩的孩子学数学，就要比英美法的孩子学得更好，研究出来的结果也确实如此，中国孩子的数学能力的确更强。

另一类证据来源于不同语言虚拟语气的表达方式对使用这种语言的人的反事实思维能力的影响。反事实思维是指根据一个虚拟的状态来做出推理。哈佛大学的心理学家布鲁姆（Bloom，1981）发现汉语中没有虚拟语气，也没有动词时态变化。比如，"我明天见你"的英文表达是"I will see you tomorrow"，"明天一定见"的英文表达是"I would see you tomorrow""I could see you tomorrow"。中文没有这些区分，而这会不会影响中国人的反事实思维？反事实思维在法律中有很大的作用，比如说律师在询问一件事情：假设所有条件都一样，你不在现场，这事情是否还会发生？这个问证的答案就是定罪与否的关键。

如果中文没有虚拟的表达，那中国人能做反事实思维吗？布鲁姆问道："如果所有的圆都很大，这个小三角形是圆，那它是大还是小？"从逻辑判断，应该是大；假若从语言的判断讲，他发现很多中国人不愿意做出回答。原因有多种。

第一，相互矛盾。中国人感到迷惑的就是，一个小三角形怎么会大？但是，从英文的表达来说这是虚拟的状态，因此没有什么矛盾的存在。

第二，绕弯子，别扭。布鲁姆还问道："著名的丹麦物理学家玻尔（Bohr）不会汉语，倘若他会写汉语，他是否会成为一个著名的中国科学家？"在美国有 98% 的人认为有可能，而在中国，却只有 6% 的人认为有可能。这就是被布鲁姆认为是中国人不能做反事实思维的证据。但是，我们大家都知道我们中国人是可以运用反事实思维的，比如说，如果今天不堵车，我就不会迟到；如果我好好读书，

玻尔，丹麦物理学家，提出了电子能阶理论

我就会考上北大或清华。

为什么会出现不同的观察结果呢？很多中国学者认为，布鲁姆的研究忽略了中国人依靠其他的背景线索运用反事实思维的倾向性，虽然我们汉语没有虚拟语气，但我们可以通过上下文来判断某一声明是否具有反事实思维的特性。这些线索能帮助我们回答反事实思维的问题。关键是，我们中国人是否愿意或是否经常运用反事实思维。创造力的一个很重要的表现就是善于运用反事实思维，而有一些证据发现，中国人不愿意运用反事实思维，而不是不能运用反事实思维。

例如，如果周围某个朋友说"假如我竞选美国总统"，美国人知道这是个假设情景，愿意认真分析这个人有哪些竞选优势，成功的概率有多大，甚至可能会分析具体怎么做才会提高竞选成功的概率；而中国人则会认为这个人是在痴心妄想，第一反应可能是："就你小子，还想竞选美国总统？"甚至有人认为就不该提出这么荒谬的问题，这是因为我们不太喜欢讨论假设的问题。

另外，在表达习惯上，中国人往往喜欢笼统、夸张的表达方式，比如说"中国同胞们""全体毕业班学生""灾区群众"等，而不喜欢给予准确的描述，这也与西方人的表达方式有很大的差异。西方人喜欢具体的信息，往往认为我们的宣传言过其实，却不知道我们只是惯用一个笼统的表达方式。但不是说100%的人都有这种行为，只是说大多数人有这种行为。我们的表达方式有时也趋于艺术性的

西方人很难理解屈原古诗的含义，因为诗中有大量的比喻

夸张，如唐代诗人李白就写下了"白发三千丈，缘愁似个长""君不见黄河之水天上来""蜀道难，难于上青天"等诗句。这些我们中国人喜欢的艺术夸张，在西方人的日常生活中却很难听到。只有具有较高中国文化修养的人，才能意识到这些描述只是比喻而已，而不是一种科学的定量结论。

第三节　不同的跨文化词语表达

我们经常会有这样的疑问：即使我们的语言表达得准确无误，为什么在跨文化沟通中还是会引起误会？这其实是沟通双方的文化背景不同造成的。因为对于不同文化背景下的人们，同一个词或者同一种表达方式可能具有完全不同的意义。由于文化背景下的差异，在讲一个原本很严肃的问题时，讲话的人很可能会因为某一句话不得体而令听者捧腹大笑，即便是一句毫无恶意的话，也可能会令对方不快，甚至引起愤怒。我经常发现，由于文化背景的差异，外国听众对我讲的笑话毫无反应，然而在国内，同样的一个笑话会令听众笑得前俯后仰。

有几种原因导致了反应的不同。

第一，语言结构和使用差异导致一些特定语言情境下非常幽默的笑话不会对使用另外一种语言的人产生同样的效果。例如下面的笑话：

有一天，小王对小杨说："你是猪。"小杨说："我是猪才怪！"于是，小王开始叫小杨"猪才怪"。终于有一天，小杨忍不住在众人面前大声宣布："我不是猪才怪。"

中国人知道"不"和"才怪"都是否定词，双重否定即肯定，因此小杨等于是公开承认自己是"猪"。但是即使是会说汉语的外国人，也不一定知道"才怪"是一个否定词，因此他可能怎么也不会领悟到这个笑话的可笑之处。

第二，很多笑话反映了社会生活的差异，而中国人和外国人的彼此理解都会有很大的不同。有些与政治生活密切相关的幽默和笑话，由于政治环境和背景知识的差异，会产生不同的效果。比如，中国有些笑话是关于中国的政治生活和官员行为的，而西方人并不一定知道这些笑话蕴含的社会背景。

第三，由于文化、历史和习惯的差异，有些特定文化的笑话在其他文化中根本就不存在。美国生活中很多关于金发女郎和律师的笑话，我们中国人就不会觉得有什么特别可笑的地方。比如下面就是一个关于金发女郎愚笨的笑话。

一群金发女郎决定要证明她们并不是都很笨，便请了一些裁判来问她们一些问题。

一个裁判首先问："59＋2等于多少？"第一个金发女郎回答："57？"

其他的参赛者一起嚷嚷起来："再让她试一次，再让她试一次！"

于是，另一个裁判问："那15－5等于多少？"这个金发女郎说："20，对吗？"

其他的金发女郎又叫嚷："再试一次，再试一次！"

第三个裁判决定问一个最简单的问题："1＋2等于多少？"这个金发女郎回答说："3，对吗？"

只听其他的女郎又叫起来："再让她试一次，再让她试一次！"

种种迹象表明，语言作为文化的一部分，受文化的影响很大。语言反映一个民族的特征，它不仅包含着该民族的历史和文化背景，也蕴藏着该民族对人生的看法、生活方式以及思维方式。因此，我们想要理解语言，就必须先了解文化。但是，由于语言与文化都有多样性的特点，再加上因背景的不同而产生的差异，彼此间相互了解的难度以及跨文化沟通的难度都会增大。我们不仅要掌握语言本身的语音、语法、词汇和习语，还要了解使用这种语言的人的心理，即他们是如何看待事物、观察世界的，了解他们如何用语言来反映自己的社会思想、习惯和行为方式。

语言的跨文化词汇差异表现在双语词典上的注释并非都是词义完全对应的同义词，在不同的语言中也并非总能为同一事物找到对应词。比如，在中美各自的文化背景中，"知识分子"和"intellectual"的含义就是大不相同的。在中国文化中，我们印象中的"知识分子"一般包括所有的教师、大学生以及医生、工程师、翻译人员等，在中国农村有许多地方，甚至连中学生也被认为是"知识分子"。但在美国和欧洲却不尽然，"intellectual"所指的范围要小得多，它仅仅包括大学教授等具有较高学术地位的人，而不包括大学生。此外，还有一个区别就是：在美国，"intellectual"并不总是褒义词，有时用于贬义，与实干家和中产阶级相对应。

综合以往的文献，我们可以看出英语词汇和汉语词汇的语义差别主要有以下四种情况。

一、缺少对应词

有些事物或者概念在一种文化中存在，但是在另外一种文化中却找不到相对应的词汇。比如，汉语中有句谚语是"夏练三伏，冬练三九"，相信中国人都明白"三伏"和"三九"的意义。但是，如果对几个美国人说"three fu"和"three nine"时，听者可能会感到莫名其妙。事实上用"the hottest days in summer"表达"三伏"，用"the coldest times in winter"表达"三九"即可。

再看另外一个例子，一个中国青年随同朋友到附近的游泳池游泳，游泳池里人很多，水也很脏，于是他说："这水早该换了，简直像芝麻酱煮饺子。"和他同去的中国朋友笑了，而他的另外几个外国朋友却茫然不解，因为他们既没有吃过"芝麻酱"，也没有见过"煮饺子"，丝毫不觉得这个比喻幽默风趣。西方人形容某地人多、拥挤不堪，习惯说"塞得像沙丁鱼罐头一样"（It was packed like sardines）。这个比喻，中国人基本上可以理解，但不一定能欣赏其中的精妙，因为很少有人见过真正的沙丁鱼罐头。

二、同一概念不同意义

有些概念在英语和汉语中都存在，而且从表面上看似乎是同一事物或概念，但是实际上，它们的意义完全不同。在跨文化沟通中经常会遇见这样一个场景：有些中国人介绍自己的爱人时用的是"lover"一词，对此外国人颇为惊讶且不理解，因为在这类问题上，中国人历来都是万分地谨慎小心，为何却公开申明自己有 lover 呢？"lover"在英语中表示情人的意思。在英语表达中，相当于汉语中"爱人"这个词的英语词汇分别是："husband"（丈夫）或者"wife"（妻子），"fiancé"（未婚夫）或者"fiancée"（未婚妻）。

在英语和汉语中，有很多上述的"貌合神离"的词汇例子。比如"改善生活"有时候就并不等同于"improve one's standard of living"。在英语中，习惯用"improve one's standard of living"代表"提高生活水平"的意思，而汉语中的"改善生活"则不尽然。《人民日报》就有这样的一则新闻："我的邻居是一位六十多岁的老太太，隔三岔五，到街头饭馆改善生活。但每次她都是去一家私人饭馆。她说，原因不是别的，就是这家小饭馆服务态度好，总听到一句'里边请'。"按中国的习惯用法，"改善生活"在很多情况下指的是吃一顿或几顿比较好的饭菜。

三、一词单义与一词多义

某些事物或概念在一种语言里只有一两种表达方式，而在另一种语言里则有多种表达方式，即在另一种语言里，这种事物或概念有更细微的差别。一般来说，表示同一事物或者概念的词越多，词义就区分得越精细。

在跨文化沟通中，非汉语文化背景的人常常对汉语中表示亲属的词汇迷惑不解。因为在汉语中，有很多称呼、词汇用来指各种具体的亲属关系，如祖父（母）与外祖父（母）、伯父、叔父与舅父、姨父，还有姐夫与妹夫等。这仅仅列出了部分亲属关系，至于嫂子、弟妹、小舅子、小姑子、侄子与外甥等用更细致的称呼来区分的亲属关系，非汉语文化背景的人对此束手无策，因为在英语中，"relative"一词简单明了，是一切亲戚关系的统称。由于词汇意义不对等，我们在跨文化沟通中存在这样的障碍——不是我们所有的称呼都可以找到令人满意的对应词。比如英语中的"John's brother worked with Joan's sister"这句话就会使汉语背景下的人在理解和翻译上陷入困境，因为我们并不清楚"brother"是指 John 的哥哥还是弟弟，也不明白"sister"到底是指 Joan 的姐姐还是妹妹。"brother"译成中文有哥哥、弟弟、同胞等词义，"sister"译成中文有姐姐、妹妹、姐妹等词义。

四、派生词的意义相差大

在不同的文化背景中，有些词汇的基本意义大致相同，但是其派生出来的意义，区别可能很大。词汇的不同文化内涵会使人产生不同的联想。

在汉语中，"政治"一词很难翻译为适当的英语。在多数情况下，译成"politics"不能确切表述原意，因为"politics"是一个含贬义色彩的词汇，它的含义是"采取欺诈和不正当的手段搞政治活动"（《新编韦氏大学英语词典》）或"在一个集团中进行策划，搞阴谋"（《朗文现代英语词典》）。因此在选择合适的英语词汇时，可以根据汉语上下文的意思，把"政治"这个词译为"political activities"（政治活动），"political work"（政治工作）或"political study"（政治学习）等。

那么，汉语中的"政治家"这个词汇应该如何用英语翻译呢？有些略知英语的学生把它译作"politician"，这是很不确切的，因为在美国英语中"politician"往往是指"为谋取个人私利而搞政治、耍手腕的人"，它具有非常强烈的贬义色彩，而且会引起别人的蔑视。"politician"还有"精明圆滑的人"（smooth-operator）之意，指一个人做事或说话时信心十足，非常老练。汉语中的"政治家"，准确来说，应该翻译为"statesman"，这在英国英语和美国英语中都很贴切。"statesman"主要表示"善于管理国家的明智之士"。在英美国家中，人们通常把有威望的高级政府官员称为"statesman"。简言之，"politician"一般指政客，而"statesman"则指政治家或者国务活动家。

此外，英文中"doctor"一词既可以是医生，也可以是博士。英语国家的人们很喜欢将博士学位者称呼为博士，如库珀博士、布朗博士。在中国文化中，很少有人直接称呼张博士、李博士，但称呼张医生、李医生则显得自然很多。

英文中"doctor"一词既可以是医生，也可以是博士

问　题

1. "桃花潭水深千尺，不及汪伦送我情。"这句诗体现了中国人夸张的表达方式。请思考：除此之外，中国人还常用哪些表达方式？西方人常用哪些表达方式？

2. "egg"意为"鸡蛋"，"apple"意为"苹果"，那"from the egg to the apple"，你知道是什么意思吗？可否由此例分析一下跨文化沟通中的语言障碍，以及如何克服？

第六章
沟通风格的障碍

　　跨文化的沟通如果只存在语言障碍的话，那么，依靠准确的翻译就足以克服这些障碍。但是，很多情况下，沟通方式本身引发的文化差异往往也影响着沟通的方式和效果。比如，有些文化强调直截了当的沟通，有些文化则强调含蓄、间接的表达；有的文化愿意以自我的体验和喜好作为沟通的起点和基础，而有的文化则倾向于把他人的经历和看法当作沟通基础。个体之间的沟通风格千差百异，不同文化之间的沟通风格也相差甚远。

　　著名的社会学家爱德华·霍尔提出，在跨文化沟通中还有一些沉默的语言障碍，这其中最大的差异就在高情境沟通风格与低情境沟通风格之间。我们研究发现，在使用争辩性和妥协性的言辞时，也存在着很明显的文化差异。另外，中国的宣传报道大多倾向于笼统的、系统的整体风格，而西方的宣传报道则多为个案的、具体的描述。这些都是由不同文化对不同沟通风格的偏好所造成的。

第一节　高情境和低情境的沟通文化

霍尔在 1976 年提出了沟通的两种风格差异：一种是高情境的沟通文化，另一种是低情境的沟通文化。高情境的沟通文化强调的是，在很多情况下沟通的情境、信息和意义的交换不是由你说的内容、词汇和语句来决定的，而是由你表达的方式、手势、语调、语速等情境性因素来决定的。在高情境的沟通文化中，沟通的意义在很大程度上是间接的，表达的词汇和语句往往比较间接，而且很大程度上只是所要传递信息的很小部分，其余部分必须通过受众的理解和意会来加以补充。而这种意会建立在受众对沟通者背景的理解、对沟通情境的敏感和其他外在信息的利用上。中国古话所说的"此时无声胜有声""响鼓不用重锤""一切尽在不言中"等，指的就是这种高情境的沟通风格，因为中国文化本身就是高情境的沟通文化。类似的文化还包括日本文化、西班牙文化等。

低情境的沟通文化强调沟通的方式是直接的、明确的，它的意义应该直接由字面表达，受众不需要对背景和情境进行再加工，就可以从沟通者所说的、所用的词汇中理解对方的意思。美国、加拿大和很多欧洲国家是很明显的低情境沟通文化。

低情境和高情境沟通的差异不仅是理论上的概念，还有很多实际意义。比如，广告宣传是采用低情境的表达方式还是高情境的表达方式，这可能取决于所要宣传的市场。高情境的广告往往需要受众对广告的背景和内容有些了解，低情境的广告则需要把所要表达的意思完完整整地表达出来。

沟通风格的差异也会影响国际政治。在国际关系中，是采用高情境还是低情境的沟通风格，往往会产生不同的效果与影响，这是对外沟通中需要掌握的一些概念。比如，在国际交往中，使用高情境的沟通风格与来自低情境文化中的人沟通时，往往会被对方认为太含蓄、太狡猾、太委婉，而不能很好地被对方理解；使用低情境的沟通风格与来自高情境文化中的人沟通时，则往往会被对方认为表达方式太直白、太粗鲁、太霸道。在我所参与的一些中美合作谈判中，最让高情境的中国工作人员局促不安的事情，就是合作双方需要讨论可能出现的冲突、误解和纠纷等问题，以及解决这些问题的策略和方法。对于中国人来讲，这些事情都是不方便直接地或公开地讨论的，而是具有合作诚意的双方之间应该达成的默契。而对于低情境的西方谈判者而言，他们觉得必须将双方未来可能遇到的问题及解决方案——阐述清楚。

这两种沟通风格的差异，主要有如下六个方面的表现。

第一，沟通双方是否能推测到对方的意思。高情境文化中的人能够相对容易听出对方的弦外声音，"锣鼓听声，听话听音"，这是高情境文化中成长起来的人的优势。但低情境文化中的人就需要对方把话讲透，否则等于没说。

第二，具体的表达方式不同。高情境文化中的人使用委婉的表达方式，低情境文化中的人使用直接的表达方式；高情境文化中的人很少使用直接、坦率、评价的语言，而倾向于用一些礼貌、间接和委婉的语言。因此，高情境文化中的人往往会觉得低情境文化中的人在沟通时显得过于莽撞和粗鲁。比如，在评价一个学生的表现时，特别是当这个学生不是自己学生的时候，高情境文化中的人会说，"你的研究做得很不错，也许还有可以做得更好的地方"；而低情境文化中的人一般都会直截了当地指出学生的不足，并同时指出可以改进的地方。东方人的委婉表达方式往往会使低情境的西方人感到迷惑，甚至不解，因为西方人需要的是直接的表达

丁绍光用跨文化融合的方式绘出一种既体现西方现代艺术前沿又充分表达东方人温婉气质的画作
——选自《天堂鸟：丁绍光艺术范式》

法国新古典主义画家詹姆斯·提索的油画作品中展现了西方女性热情浪漫的性情

方式。这一点在异性之间表达爱慕之情时体现得较为明显，两种不同的风格往往会成为双方文化冲突的来源。徐志摩可以从日本女性的低头、微笑看出对方的爱意和温柔，"最是那一低头的温柔，像一朵水莲花不胜凉风的娇羞……"（徐志摩《沙扬拉娜》）；而西方人的爱情表达就一定会是直接大胆的追求。

第三，对人际关系的敏感程度不同。高情境文化中的人比较敏感，能够快速地从双方交流的方式和结果，以及对方的态度、表情、姿态来判断双方关系的亲密程度。相对而言，低情境文化中的人则不太能够从沟通方式中判断出与对方关系的亲密程度。

第四，使用的词汇不同。低情境文化中的人更倾向于直接的沟通，因此往往喜欢用一些夸张的词汇来强化所要表达的意义。高情境文化中的人对双方的关系和要表达的隐藏意思相对比较敏感，因此不需要用直接或夸张的词汇来表达所要传递的信息。中国的领导在表扬下属，或是父亲夸奖孩子的时候，一个简单的点头和微笑，或者是某一种赞许的姿态，往往就把意思表达得非常清楚。而美国人就会毫不犹豫地用热烈的词汇来夸奖自己的下属或孩子。

第五，指导行为的方式不同。高情境文化中的人会较多地利用自己的情感来指导行为；相对而言，低情境文化中的人往往用直接的语言来指导行为。比如说对沉默的理解和反应，高低情境文化中的人会有不同的理解和反应。在高情境文化中，依据情境的不同，沉默既可以表示对方对你意见的默认，也可以表示对方不认同你的意见；它可以反映对方对你的意见深思熟虑，也可以反映对方对你的意见毫无兴趣。对它的准确把握依赖于你对双方关系、沟通背景、沟通议题的了解。而在低情境文化中，沉默的意义往往代表对方对你的不满和否决。

有两位哈佛大学的经济学家专门研究了日本和美国的贸易谈判，最让美国谈判者不舒服、拿不准、反感的是日本贸易谈判代表的沉默，因为美国人不了解这其中到底代表什么意思，所以谈判最终以妥协告终。在朝鲜板门店进行的朝鲜停战谈判中，中国的谈判代表经常用这种方式对付美国的谈判代表，我们称之为"沉默的战斗"，对低情境文化中的人来讲，沉默是一种无法理解和应对的情境。

第六，对辩论和对话的兴趣不同。这也是区分高低沟通情境的指标。低情境文化中的人强调对话和争论，要对所讨论的意义有比较直接的理解、比较详细的分析和区别；而高情境文化中的人则厌恶争辩，强调双方之间的和谐、礼貌。因此，对于高情境文化中的人而言，低情境文化中的人往往好斗且霸道；而相对于低情境文化中的人而言，高情境文化中的人往往比较虚伪和懦弱。这些印象实际上是沟通风格的差异造成的，并不反映双方之间真正的人格差异。

从这个意义来讲，美国是地地道道的低情境沟通文化，它强调直接的评论和详细的解读，强调表达内容而不是表达方式，而且不能够很好地区分不同的表达风格和方式。美国人的沟通风格也是以自我感受为中心的，强调自己的体会、意见、看法和要求，因此他们的沟通和表达往往比较直率、决断，甚至让人觉得咄咄逼人，这很容易被来自高情境文化中的人理解为霸权主义。美国人的交流和沟通风格往往还有一些自我吹嘘的倾向，习惯强化和夸大个人的知识、身份和作用，也经常过分夸大自己的独特性，表现出过分的自信和自大。低情境的沟通风格也使得美国人习惯使用夸张的表达方式，如在公共场合讨论个人的感受，有时并不顾及他人的反应。

强调"沉默是金"的中国文化恐怕是最典型的高情境文化之一。在这种高情境的沟通中，一般强调的不是说了什么，而是没说什么；强调的不是内容，而是形式；强调的是言外之意。中国人的沟通风格不是以自我为中心的，而是强调"我们"和集体，因此，中国人的表达往往是间接、委婉而有礼

中国人沟通时强调"我们"，多传达一种集体的概念

貌的，多是意会，而不是言传。中国人沟通时往往停顿相对较多，欣赏"一字一顿，有板有眼"。但是，在低情境文化中，停顿是缺乏自信的表现，或者说明你对这些问题根本没有任何看法和意见。中国人的沟通也使用了较多的自我批评和谦虚，但是，这种批评和谦虚的精神在对外沟通中往往有负面的作用，因为对方的沟通风格与我们不一样。在高情境文化中，谦虚的辞藻没有意义，但是做

出谦虚的姿态很有意义；而对于低情境文化中的人来讲，他会把你的谦虚当作事实，误认为你没有信心、能力、水平与资格，因而会认为不值得与你打交道。在一种文化中会被认为是美德，在另一种文化中往往有可能会被认为是弱点。

那么，在不同的情境文化中进行社交和商务活动时，有哪些需要特别注意的地方呢？在高情境文化中，我们要注意沟通的方式、方法与策略。这就要求：

第一，强调沟通方式。在高情境文化中，人们关注的往往不是你说了什么，而是你如何说，因此选择一种适当的、容易被人接受的沟通方式就显得尤为重要。比如说，在高情境的文化环境中建立商务合作关系，往往都必须遵循由易到难、由间接到直接的沟通转换过程，双方最初的接触可能通过间接的或者是第三方的信息传递建立起沟通关系，甚至有可能先是从一个电子邮件或者一封信开始，只有到了双方比较了解和熟悉的时候，才会直接给出商务沟通的目的和要点。在双方最初沟通时直截了当地提出自己的要求和希望，会被高情境文化中的人认为是一种缺乏修养和文化底蕴的行为表现。

在正式的商务沟通中，高情境文化中的人发言时往往要做很多铺垫，开场白通常都是些问候和致谢的话，自己的优点和强项通常要以小心翼翼、谦虚的方式表达出来，而且一定要强调对对方的尊重和双方合作的互利目标，尤其不能过分地炫耀和强调自己的特色和优点，因为这是高情境文化沟通方式中很敏感的一个问题。

高情境文化沟通

第二，谈判时要察言观色。高情境文化中的商务交往要看对方的表情和心情，而且高情境文化沟通要尽量满足对方的心理需求，在这一人际关系技巧上，中国人比美国人似乎更胜一筹。值得注意的是，尽管中国人在人际关系技巧上似乎更长袖善舞，但中国人有时候却并不了解应该怎么做。比如，非言语技巧的使用，高情境文化中的人较多地使用姿态、手势、目光、面部表情等非言语的方式来传达信息。相对于低情境文化中的人，高情境文化中的人对于非言语行为的关注更多，因而也更加敏感，这就使得他们比较关注对方的非言语行为，而不仅仅是对方的言语。

高情境文化中的人，通常也会注意一些含蓄、引申的意义。换句话说，对方言语和意图之间的差异往往容易被高情境文化中的人察觉。甚至有些细微的情境因素都会给高情境文化中的人一些敏感的信息，比如商务会谈中的整洁、有条理和热情，都会被高情境文化中的人理解为合作的诚意和准备状态，而对低情境文化中的人来讲，这些细节一般不太会被解释为与商务沟通的任务直接相关的意义。

第三，换位思考。尽量站在别人的立场上看待整个问题与局面。每种文化中都有个体差异，即便是在高情境文化中，也并非所有的人都是高情境沟通者，相反也有很多人是低情境沟通者。遇到这种情况时，我们要善于理解，改变对策，多从他人的角度去思考问题。比如在高情境文化中，虽然有很多规则规定了哪些事情不应该做、哪些事情可以做。但实际上，对于高情境文化中的人来讲，规则背后的含义可能更有意义，那些没有规定的事情有可能才是真正的信息。再如，对商务合同的认识问题，高情境文化中合同是可以变通的，而非死板的。但是，在低情境文化中合同是不可以变通的，它规定的内容往往也不可以改变。

同样地，在低情境文化中也有很多方面是需要注意的。

第一，低情境文化中人的特点是以自我为中心。他们往往喜欢吹嘘，但是，这只是一个文化上的差异，我们也可以称之为特点，却不代表这个人本质不好。因为低情境文化中的人，比较强调个人的主动性、个人的决策和个人的成就，因为他们试图把自己作为个人与他人区别开来，期望自己在没有外在监督的情况下做出决定。我在美国教书时，就经常体会到这样的文化冲突。我指导了很多学生的研究报告。作为仍然具有东方传统思想的华人教授，我有时会把报告中自己的署名划掉，以表示对学生的鼓励。但是，我的很多同事却认为这种做法是对自己也是对学生的不公平，因为他们认为，如果不写上老师的名字，别人就不会知道老师的工作及贡献。西方的管理人员很愿意在部下的工作成就中列举出自己的贡献，因为他们理所当然地认为这些工作及贡献是在自己的领导下完成的。你自己不说出来，别人是不会知道的。而高情境文化中的人，则容易从学生和部下的成就中领会和推测到领导的贡献和作用。不直接表达出来的贡献，更容易赢得高情境文化中的人的尊重。

第二，低情境文化中，人们惯用直截了当、开门见山的说话方式。这只是他们的文化使然，尽管这在东方文化中是不礼貌的。低情境文化中的人，从小就被要求直截了当地表达自己的意见，怎么想就怎么说，直来直去，不绕弯子，他们对含蓄、间接的表达方式有着天然的反感。我的小孩在美国的中学读书时，他的老师最常讲的一句话就是："你怎么想就怎么说（Speak Your Mind）。"而我们高情境文化中的人，从小就被要求不乱说话，因为"祸从口出"。

在西方，克林顿与美国总统可以是两个分离的概念，而中国人认为这是一码事

第三，个人任务与具体表现分离。即便是最直接的批评，也不代表对个人的不尊重。

曾经有这样一个故事，美国的一个电台主持人林博（Limbaugh），是一个保守派的批评人，经常在电台上责骂克林顿。一次白宫宴请爱尔兰后裔，邀请他也去白宫赴晚宴。他很乐意地去了。面对听众的不解，他说："这是总统在邀请我，不是克林顿在邀请。"中国人很不了解他说的话，因为总统与克林顿是同一个人，是一码事。但是在西方克林顿本人与总统职务是分开的，如果代表职务来邀请的话，这样的国宴应该参加。

第二节　沟通风格的文化差异

我们研究发现，在东西方，尤其是中国和美国的沟通过程中，有两种明显的风格差异。

一种是与东西方的思维差异有密切关系的沟通风格差异，具体是指东方的沟通风格不喜欢争辩的表达方式，而西方的沟通风格倾向于争辩。我在美国时的导师尼斯贝特教授就对我说过，最好的文章一定要有一个假设的辩论对象，如果没有争论的论点和证据，那么你的交流和沟通就没有依据，就不能达到沟通的目的。而我们东方人在很大程度上不愿意与人争辩，因为我们的文化背景与习惯要求我们的沟通风格强调平和、理性和意会。

另外一种东西方文化引起的沟通风格的差异，即是使用整体性、系统性的表达，还是使用具体性、个案性的表达。我们中国人习惯于采用高屋建瓴、纲举目张之类的由上而下的沟通风格，喜欢声称"全体同学""全体市民"等来营造团体的声势和压力。而西方人的表达往往更愿意从个人的角度出发，采用个案来喻示他要表达的意思和信息。

喜好辩论或者是厌恶辩论的跨文化沟通风格差异，是与不同的思维方式相关联的。我们对东方人和西方人思维方式的差异做过系统性研究，这种研究集中体现为东方人偏好辩证的思维方式，而西方人倾向于逻辑分析的思维方式。这在沟通风格上具体表现为东方人较多运用比喻、比拟和意会的方式，而西方人则较多运用分析、批判和逻辑思辨的方式。

我们可以分别用东西方著名的"劝学篇"来看看双方不同的沟通风格。

荀子的《劝学篇》中写道：

> 君子曰：学不可以已。青，取之于蓝，而青于蓝；冰，水为之，而寒于水。木直中绳，揉以为轮，其曲中规。虽有槁暴，不复挺者，揉使之然也。故木受绳则直，金就砺则利，君子博学而日参省乎己，则知明而行无过矣。

这段话讲得非常优美，使用了很多比喻、对照，比如以青蓝之青、冰水之寒等来喻示学习带给人的变化，从而强调学习的重要性和可能性。这是非常典型的中国式表达和沟通方式。

西方最有名的劝学篇应该是英国哲学家培根的《论求知》，其中有：

> 求知可以作为消遣，可以作为装潢，也可以增长才干。当你孤独寂寞时，阅读可以

荀子，战国时期赵国著名的思想家、文学家、政治家，儒家学派代表人物，其《劝学篇》采用了大量的比拟、比喻等修辞手法，是典型的中国式的沟通和表达方式

消遣。当你高谈阔论时，知识可以装潢。当你处世行事时，求知可以促成才干。有实际经验的人虽能办理个别性的事务，但若要综观整体，运筹全局，却唯有掌握知识方能办到。

显而易见，培根的论述谈到的是学习的功用，可以把学习当作是消遣、娱乐，也可以把学习看作为点缀、装潢，学习还可以增长才干。从这两篇文章我们可以看到，在论述同一观点的时候，二者表现出了不同的表达风格。

不同的表达风格是否会产生不同的效果呢？我曾对来自北京大学和美国密歇根大学的大学生做心理学研究，选择的是科学史和哲学史上最有名的两个论述观点，分别采用西方的逻辑思辨和东方的比喻辩证思维，将其陈述给来自两个不同文化背景中的被试。我们想了解这两种不同的表达方式对不同文化的人会产生什么样的效果。科学史上的例子采用了著名的伽利略悖论，这个悖论的西方逻辑思辨方式是这样的：

培根是英国著名的唯物主义哲学家、政治家、英语语言大师，他提出"知识就是力量"的口号，被马克思和恩格斯称为"英国唯物主义和整个现代实验科学的真正始祖"

亚里士多德认为，物体越重，那么它降落到地面的速度就越快，但是这种假设可能是错误的。假设有两个物体，一个重一个轻，把两个物体放在一起，重物体在轻物体之上，那么根据亚里士多德的假设，这两个物体的下降速度就会比单一的重物体本身的下降速度要快，因为它有两个物体的重量。但是由于轻物体比重物体的下降速度要慢，它就有可能减缓重物体的下降速度。

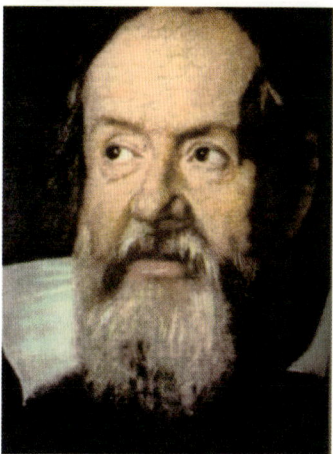

伽利略是意大利文艺复兴后期伟大的天文学家、力学家、哲学家、物理学家、数学家，也是近代实验物理学的开拓者，被誉为"近代科学之父"

因此这两个物体的下降速度有可能就比单一的重物体本身的下降速度要

慢，这是一个显而易见的悖论，由此可以看出亚里士多德最初的假设是不正确的。

根据我们所理解的东方思维的特性，我们编出了一个可能适合于中国人思维习惯的逻辑推理方式。这就是我们所称的辩证思维方式，那么在这个问题上，我们编写的论文是这样的：

亚里士多德认为物体越重，那么它降落到地面的速度就越快，但是这种假设可能是错的。他假定物体下降的速度不受到外界因素的影响，而这种假定在现实生活中是不可能存在的。假设有两个物体，一个重一个轻，但是把重的物体放在有风的环境中，轻的物体放在无风的环境中，这两个物体下降的速度就会受到

亚里士多德，古希腊哲学家、科学家，在他逝世后几百年中，没有一个人像他那样对知识有过系统考察和全面掌握。他被称为古希腊哲学家中"最博学的人"

环境的影响，而不是由它本身的重量来决定的。由于环境的影响总是存在的，由此可以看出亚里士多德最初的假设是不正确的。

我们研究发现，相对而言，中国被试喜欢辩证的表达方式，而美国被试则更喜欢逻辑推理的表达方式。当然我们还发现学科的训练对这一具体问题的反映有着很大的影响。但是总而言之，不同的表达风格产生的影响是不一样的。

还有一个著名的辩论，就是对上帝是否存在的证明。除了盲目信从的观点外，西方学者希望可以找到理性的证据。例如英国哲学家休谟（Hume），他说如果科学证明有效果，那么就一定有原因，有作用就有反作用。如果任何事物存在都有原因的话，原因是可以从结果推论出来的。追根究底，人类存在的最终原因来自大爆炸。大爆炸是由什么引起的呢？科学上并没有解释。又如，西方宗教认为上帝存在，因为这在科学上没有做出解释，而我们又需要一个最初原因，那么这个最初的原因就只可能是上帝，这是一个非常线性的逻辑推理。为什么牛顿会认为上帝存在，相信上帝？因为只可能是上帝利用这个杠杆。这个研究分别在中国和美国展开，美国人很容易接受这个推理，但是中国人却不是很明

白。在上帝存在的证明中，中国采用的是辩证的辩论，是一种千手观音、千眼观音式的辩论，认为每个人看事情都有片面性，但是我们都知道事物有全面性。谁能证明这一点？只有上帝或是上天。**东方学者喜欢的是辩证的辩论，西方学者偏好的是线性的辩论。**

中西方在表达方式上的差异还表现在中国人喜好整体的描述，惯用笼统、夸张、宏大的开场语句。而西方人喜好个案的描述，惯于先谈细微处，再谈宏大的部分，最后立足于具体的内容。

喜好整体的描述和喜好个案的描述之间的差别在报道相同事件的新闻中表现得很明显。我们不妨以 2008 年 8 月北京第 29 届奥林匹克运动会开幕式的报道为例来了解跨文化沟通风格的差异。新华社以北京时间 8 月 8 日发电（记者孙承斌、汪涌、高鹏）报道奥运会的开幕，它是这样开始的：

> 百年奥运梦，今夜终成真。2008 年 8 月 8 日晚，举世瞩目的北京第 29 届奥林匹克运动会开幕式在国家体育场隆重举行。具有两千多年历史的奥林匹克运动与五千多年传承的灿烂中华文化交相辉映，共同谱写人类文明气势恢宏的新篇章。

然后介绍参加开幕式的领导人，再接着描述开幕式的过程，运动员入场时介绍金牌运动员，等等。

> 一道耀眼的光环，照亮古老的日晷。体育场中央，随着一声声强劲有力的击打，2008 尊中国古代打击乐器———缶———发出动人心魄的声音，缶上白色灯光依次闪亮，组合出倒计时数字。在雷鸣般的击缶声中，全场观众随着数字的变换一起大声呼喊：10，9，8，7，6，5，4，3，2，1……在一片欢呼声中，迎来了开幕式正式开始的时刻：20 时整。
>
> …………
>
> 8 名火炬手高擎火炬，在体育场内进行最后的传递。摘取中国奥运史上第一枚金牌的许海峰、中国第一位奥运会跳板跳水金牌获得者高敏、第一位夺得体操世锦赛个人全能金牌的中国选手李小双、中国举重史上唯一得

过两枚奥运金牌的占旭刚、中国奥运史上第一枚羽毛球混双金牌获得者张军、中国首枚 67 公斤以上级跆拳道奥运冠军获得者陈中⋯⋯曾经创造一个个辉煌的著名运动员，手举圣火在体育场内慢跑，受到全场观众热烈欢迎。

⋯⋯⋯⋯

最后，以优美祝福的语言结束报道。

欢歌劲舞庆盛事，火树银花不夜天。这是 13 亿中国人民永难忘怀的时刻，这是现代奥林匹克运动又一辉煌的瞬间。历经 7 年的精心筹备，中国向世界奉献一个共叙友情、同享和平的盛大庆典。

今夜，北京不眠！

今宵，世界同庆！

我们再看看 2008 年 8 月 8 日的《纽约时报》国际版对这件事情是如何报道的（记者金·亚德莱）。一开始它也是对开幕式做了介绍，不过大部分为数据类介绍。然后，就是大街上随机遇到的普通人的感受⋯⋯

马杰，一个 53 岁的出租车司机说："任何想破坏奥运会、煽动社会骚乱的人，都必须受到严厉的惩罚。还有什么事情比这样的行为更可恶呢？"

⋯⋯⋯⋯

尽管有如此明显的安全限制，很多在奥运村附近行走的中国人，都非常兴奋和骄傲。

他们其中的一个人，杨斌，一名音乐 DJ，从 1800 公里之外的重庆来到北京，在北京著名的王府井商业大街免费播放摇滚音乐。

杨斌说："我昨天晚上才赶到北京，来庆祝奥运会的召开，尽管我一张票都没有。今天是我们中国最光荣的日子，全世界都在关注我们。"

⋯⋯⋯⋯

从这里节选的两篇不同的报道中，我们能够看到报道风格上的差别。

其一，中国的报道中有很多伟大而振奋人心的言辞，这一方面反映了我们中国人的自豪感，另一方面也可能是我们中国人整体和笼统的表达习惯的体现，如

"世界同庆"，而在《纽约时报》的报道上，基本上没有这种方式的表述。

其二，中国的报道带有很强的历史背景，一般从大历史的角度去报道；而西方的报道往往就事论事。

其三，中国的报道相对正式，而西方的报道则没那么正式。

其四，西方的报道经常会借用一些身份很具体的普通人的言语来反映自己的观点与看法。而在中方的报道中，这种风格是很罕见的。比如说，在有关奥运会开幕式的报道中，新华社的报道很少出现普通人的名字及其看法；而在《纽约时报》的报道中，有名有姓的、非官方的中国人就有三个，其中的马杰和杨斌可能是我们中国记者根本不会采访的普通人。我们甚至都觉得中国读者对以这些个人的言行来作为报道的内容会有根深蒂固的反感，因为中国人会认为他们的看法不具有代表性，即使他们所说的都是正面的、积极的、每个人都喜欢听的发言。这也是跨文化沟通的差异。

其五，西方记者认为理所当然正确的表达风格会被我们中国人看作是不全面的、带有偏见的表达方式。我们中国人认为正常的、正确的表达方式也会被西方读者看作是不正常的，甚至是有负面意义的表达方式。这就需要中西双方对彼此的表达风格有更深的了解。

最后，从两篇报道的整体结构来看，中国的报道遵循单维历史观，强调叙述故事就是叙述历史，遵从单一的发展脉络，从头到尾，有始有终，所有的人物、活动和事件都在这条时间脉络上逐次展开。美国人的叙述遵从多维历史观，强调以个人为主体的历史叙述，所以不同的人会从各自的角度看历史，叙述是平行推进的，有多重中心和角度，包括精英，也包括平民。中西方报道风格之差异在同一个重要的历史事件上反映得淋漓尽致。

问 题

1. "直肠子"与"婉约派"分别代表哪种情境的沟通风格？
2. 读完此章，请举例说明"辩证"与"思辨"如何区分？

第七章

认同感的障碍

我们人类是社会性动物，并且生活在团体中。我们的进化历史使得那些适应存在于团体中的祖先得以较多地生存下来。因此，社会团体对我们来讲，具有先天的保护作用，这种进化产生的偏好在人类的基因中被选择下来，并得以推广。我们身为团体的成员，会为自己的团体感到骄傲和自豪，甚至也可以为自己的团体做出一些牺牲。

因此，爱国的感情与民族的感情是人类与生俱来的、自然的心理反应，它的积极意义是不言而喻的，但是也要注意它对跨文化沟通的负面作用。

比较一下在想到"我们""他们"时，我们所能联想到的概念、词汇、事物有什么不同。与"我们"相联系的，很可能是大家、同胞、同学、同事、具有共同爱好的人，或者是正面的形容词，比如说优秀、自豪、伟大等；而与"他们"相联系的可能是敌人、外国人、竞争对手、外族、异类等，或者是距离、差异、变异、低级、弱小、失败等负面的词汇。

想到"我们"的时候，正面的联想往往要多于负面的联想，想到"他们"的时候，一般都很难想到正面的事物。这种实验的结果正好反映了认同感的心理作用——我们很难超越自己团体的局限，而很容易从负面的、猜疑的甚至是敌意的结果来判断他人的行为。

团体认同除了影响我们思考问题的方向，更重要的是容易使我们将自己的团体与他人的团体进行比较。而且，这种比较的方向往往倾向于夸大自己团体和他人团体之间的差异，美化自己的团体而贬低他人的团体，这样的社会比较是一种相当普遍的心理现象。同时在跨文化的沟通中，也容易产生本文化中心主义和本文化的优越感，这是人性的普遍现象。团体认同的优点是可以使本民族的成员在民族存亡的关键时刻更加团结一致，共同抵抗外族和外敌，尤其是在遭受民族磨难的时候，这样的民族精神是值得赞许的。

但是，在和平时期以及在一般的社会、经济和文化交流中，在需要彼此平等合作的时候，这种现象就会导致沟通出现障碍。这种障碍就使得人们对于外族和外文化的成员存在某种恶意偏见或者刻板成见，容易出现感情、行为和观念上的歧视和敌意。一个具有文化偏见的人，不太喜欢与其他文化的人进行交流，并且容易做出歧视其他文化和文化成员的行为，会认为对方的意图很危险，人格也有缺陷，甚至会认为对方智商不如自己高，道德也不如自己高尚，而在实际生活中，这样的判断往往可能与事实大相径庭。

第一节　社会认同感理论

心理学家特纳（Turner，1981，1987，1991，1999），霍格（Hogg，1992，1996，2000）以及他们的同事提出了著名的社会认同理论，以解释与认同感相联系的社会心理与行为。他们发现，人们对自己的认识，即通常所说的自我概念，不仅包括个人的身份（我们个人的特点和态度）和特性，也包括社会认同。我们愿意将自己归属于某种社会团体和社会成员，如一个女企业管理者的自我概念包括"我是女性""我是公司的老总""我有一个女儿"等对自我的认识，也包括"我是中国人""我是清华大学的毕业生"等对社会团体的认同。我们的研究表明，中国人的自我概念中所包括的社会认同可能远远超过西方人的自我认识中的社会认同。

与英国社会心理学家塔杰菲尔（Tajfel）一起，特纳提出了社会认同理论。这种理论包括如下几个重要观点。

第一，我们有分类的需求。也就是说，我们很容易把人分成不同的类别，而且这种分类往往是以自己的团体作为参照点。因此，我们很容易把别人归类为美国人、英国人或是埃及人等，或者是我们很容易把别人分为东方人、西方人，或者是中国的北方人、南方人等。这种分类能帮助我们简化对他人的理解和描述。

我们倾向于将人分类，而且这种分类是以自己为参照物。比如，在拔河比赛中，我们是一队，他们是一队

第二，我们倾向于认同我们所归属的团体，容易把自己与自己的团体紧密地结合起来，用这种纽带关系获得自尊，感到骄傲。比如，很多人都具有"名校情结"，就是因为如果将自己归属于某一个名校，那么，社会大众对这个名校的尊崇，就会在一定程度上提高名校成员的自尊心和骄傲感。学校的名声越好，其学生的自豪感就会越强。我们读书的时候，就发现一个很有趣的现象：一流大学的大学生喜好穿着标志鲜明的校服以标榜自己的名校身份，二流大学的大学生则情愿戴着自己学校的校徽，三流大学的大学生可能就不太愿意显示自己学校的身份。这些微妙的心理差异，就是社会认同的心理基础。

第三，我们有将自己团体与其他团体进行比较的冲动，从而产生对自己团体的偏好，以及对他人团体的蔑视甚至敌视。"名校情结"有一种负面倾向，就是不愿意承认和接受别的学校有可能会比自己的学校要好。其中的一种下意识冲动，就是贬低和诋毁其他学校，夸大自己学校的优势和影响。很多相邻的两个差不多层次大学的学生，相互之间就会产生对比的冲动，有意无意地夸大对方与自己的差距，以满足个人的自尊心和团体认同感。这就像通常所说的"瑜亮情结"——既生瑜，何生亮，殊不知没有"瑜"则无"亮"之光彩，没有"亮"则无"瑜"之美丽，其二者相辅相成矣。

第四，我们有自我评价的需求，即通过团体成员的身份来评价自己，这种心理感受强化了自我概念，让我们觉得舒服和骄傲。将自己的团体看作优于他人的团体，从而间接地让自己觉得比他人团体的成员更加优秀和高贵，由此产生良好的心理感受。

缺少正面个人认同的人，通常需要通过对某个团体的认同来提高自己的自尊心。这就能够解释参加帮派和黑社会组织的年轻人，往往是有个人缺陷的，比如说家庭地位较低或者本身缺少有吸引力的品质。但是，通过与某种帮派的联系，

中国人的社会认同包括我们都是中华儿女，都有节省、坚忍的特质

他们会得到某种认同，从而找到骄傲的权利或者一定的社会接受度。

在跨文化沟通中，我们往往很容易对对方的一些突出行为或者特性做出过分的反应和评价，同时，我们也会误认为对方会对我们自己的独特行为或者特性做出反应。我认识的很多中国人，总是以为自己的蹩脚英语会影响对方对自己的评价，而实际上这种影响很可能是不存在的。

心理学家克莱克和斯特伦塔（Kleck & Strenta，1980）曾经做过一个非常有意义的实验，就是让被试误认为自己的脸部由于某种原因而出现了缺陷，而这种缺陷可能会影响别人对自己的评价。实验是这样进行的，挑选一些漂亮的女大学生被试参加实验。这些被试被告知出于研究的目的，她们的脸上被化妆出一个伤疤，这个伤疤可能是在脸上、耳朵上或鼻子上。心理学家在做实验前，假装给每个学生化妆，然后给她们一个很小的面镜，看一看自己化妆后的伤疤。心理学家还告诉被试需要用一些喷雾剂，使这些化妆伤疤不扩散。实际上喷雾剂的作用是抹掉脸上、耳朵上、鼻子上的伤疤，因此，这些伤疤最终不存在。但是参加实验的学生并不知道，她们以为自己脸上的化妆伤疤依然存在。这些知觉到的"伤疤"

对被试会有什么影响呢？

那些认为自己脸上有"伤疤"的被试，往往会对自己的行为过分关注，或者误认为别人的行为是对自己"伤疤"的反应。当对方表现出一些局促不安的行为时，被试往往认为对方是在歧视或者嘲笑自己。实际上，对方并没有看到这些被试的伤疤，因为伤疤根本就不存在。也就是说，我们自认为存在的缺陷实际上对我们的影响要超出对他人的影响。在跨文化沟通中，我们自认为的特性会影响我们的行为，而不一定会影响对方的行为。而且这一研究还发现，自认为有某些特点、特性或者缺陷的人，往往对自己的行为也表现出很多过于敏感的反应。比如说，表现出非常强烈的自我防御意识，表现出对他人的歧视和批评倾向。

第二节　认同感的心理基础

认同感的心理学基础一直是心理学家感兴趣的问题。在 20 世纪 90 年代主流的心理学杂志上，就有 2100 多篇文章与认同感的心理学基础有关。这些研究的基础看法就是认同感所产生的沟通障碍在很大程度上反映的是人类思维的局限性、人类情绪的社会反应、人类社会的不平等和个人的人格缺陷等。

一、认知的特性

认同感带来的问题首先是由我们的认知局限造成的，这种认知局限主要体现在以下四个方面。

1. 归类

归类是我们快速认识周围环境的一种方式。因为我们的生存环境复杂多样，我们就需要对周围的环境进行归类。一个生物学家可能将世界分为植物世界和动物世界，一个人可能把所有人进行不同的归类。通过归类，我们就可以较容易地对信息进行不同的加工。如果我们知道一个人的团体归属，就很容易从他们的归属中推测这个人可能具有这一团体的共同特性，比如说知道某个人是篮球队员，我们就容易推测这个人身材比较高大；如果知道某个年轻人是清华大学的学生，我们就很容易假设他是一个优异的学生。这种归类及其认知的倾向性，能帮助我们以最少的认知努力来获得最多的信息判断，这就是认同感的认知基础之一。

2. 知觉的差异和相似性

我们有一种强烈的倾向性，就是容易把某个内部的事物看得比其外部的事物更加相似。比如说苹果是红的，椅子是直背的，想想苹果和椅子，所有的苹果是否都是红的？所有的椅子是否都是直背的？它们之间的差异很可能比我们所知觉的差异要大很多。这与我们对人的归类也是一致的，当我们将人归成某一种类别的时候，比如说篮球运动员、数学家、政府官员，我们就可能倾向于夸大这些团体内部的相同性，同时夸大他们之间的不同性。仅仅将人分成不同的团体，就能够引起一种对外团体判断一致的心理效应。这种感觉就是他们之间都很相似，但他们与我们又很不相同。这样的结果就是我们会认为别人的团体成员很相似，而我们的团体成员是有差异的。比如说我们容易认为欧美的国家很相似，而且与我们亚洲国家之间的差异很大。同样，很多美国人认为，日本人、中国人和韩国人都属于东亚人，而不知道这些国家的人们却普遍认为彼此之间是有很大差别的。

一般来讲，我们对某一个社会团体的熟悉与理解程度越高，那么我们越容易看到该团体内部之间的差异；反之，我们的理解程度越低，就越容易夸大该团体内部之间的相似性。例如，我们很多人觉得好像所有的外国人都长得差不多，很多外国人同样也会认为所有的中国人长得一样。我个人就有这样的经历，在去美国之前，我分不清楚我所遇见的外国人长相上的差别，经常错认我所遇见的外国朋友，因此，我遇到过很多令人尴尬的场面。到了美国之后，我逐渐认识到每个外国人长相上的差异。在对人的心理认识上，我们也容易出现这样的知觉特性，容易将不熟悉的团体看作"铁板一块"。

3. 显著性

你是不是遇到过这种情况，当你是一群人中唯一的男性或者女性的时候，你就很容易变成引人注目的对象？通常这可以让你变得更加突出、更有影响力，你的优点或者是缺点也有了被夸大的可能性，而且你也很可能变成本性别的一个代表人物，人们很容易将你的行为解释为受你的突出特征的影响。同样的道理，当你是一群文化中唯一的代表时，你也往往被看作是文化的代表，容易被人用你的文化来解释你的行为。

哈佛大学心理学家兰格和因贝尔（Langer & Imber, 1980）很巧妙地研究了突出特征对人们判断的影响。他们请哈佛大学的学生观看一个读书人的录像，当这些

显著性可能让人变成焦点

学生认为自己是在观看一个非同寻常的人的录像时，比如说一个癌症病人，或是百万富翁，或是同性恋者，学生就容易对这个人的行为更加关注。这个人的一些不太引人注目的特点也容易被这些学生注意到，而且学生对这些行为的评价也不够客观。例如，当某个人被说成癌症患者时，这些学生就容易注意他的面部特征或行为特点，而且容易判断这个人与别人不一样；如果这个人被说成一个普通的哈佛学生时，这些特点和特征往往就会被忽略。我们对突出人物的过分关注甚至可以让我们产生一些幻觉，认为他们与其他人不一样，而这种差异可能是并不存在的。

4. 鲜明的案例

我们的头脑中有时会引用鲜明突出的例子作为我们思维的捷径。黑人是不是有运动的天赋？"当然了，乔丹、威连斯、科比、老虎伍兹都是黑人，黑人当然有运动天赋。"由于我们与某一个社会团体有比较少的接触，我们就会从该团体的个例推广到整个团体。这种从个别例子推广到整体的方式是有问题的。鲜明的例子虽然在头脑中容易被想起，但通常是不能代表一个团体的。优异的运动员虽然很突出且令人难忘，但这并不能作为判断一个团体的运动才能的最好依据。有时候我们对例子的认识很有可能是错误的，比如高尔夫球大师老虎伍兹就有一半的亚洲血统，那能说亚洲人都有打高尔夫的天赋吗？

二、情绪的反应

虽然认同感与知觉有很大的关系，但人类的情绪因素也是社会认同感产生的原因之一，挫折所带来的痛苦和愤怒往往也是对外团体仇视和产生敌意的主要原因。

心理学家很早就发现，当人类因为追求某种目标而遭遇挫折的时候，人们就会产生痛苦的感受，这种痛苦往往让人们产生愤怒的情绪，这种愤怒的情绪需要找到发泄点，而这个发泄点往往就是那些与自己不一样的团体和人。德国在第一次世界大战中的失败以及德国后来的经济困难，使得很多德国人感到痛苦和愤怒，因此，他们需要找到发泄敌意的目标。很多德国人就把犹太人作为自己的发泄对象，于是犹太人就不幸地成为这种强烈的民族情绪的替罪羊。

米勒和布吉尔斯基（Miller & Bugelski，1948）做了一个很著名的实验来确认这种挫折与攻击的替罪羊理论。他们请参加夏令营的美国大学生表达自己对日本人和墨西哥人的态度。有的被试是在看了一场戏后，再做这种调查；有的被试是在看一场戏之前做这种调查，这两组被试都非常希望去看这场戏。结果发现，那些要求看戏之后做实验

替罪羊有时成为愤怒情绪的发泄对象

的学生,对日本人和墨西哥人的看法要明显好于那些看戏之前做实验的学生。因为那些很想看戏的学生不得不在看戏之前做实验，这就是一种自我意愿的挫折，在挫折之后，人们很容易对外团体表达敌意。那些看完戏之后做实验的学生，自己的意愿已经得到了满足，挫折感明显消失，相对而言对外团体更加宽容。因此，仇恨来自挫折和失败，羞辱让人愤怒和极端，这些反映的都是挫折与攻击的关系。

挫折感还有可能来自竞争，当两个团体在争夺社会资源时，双方之间就容易产生敌意和仇视。相对而言，那些受挫折的人会表现出较高的偏见和敌意。西方社会中对少数民族的敌意，往往与失业率的比例有关。在中外跨文化沟通中，西方人的某些敌意很可能来自与中国贸易竞争带来的挫折感。同样的道理，我们中国人也有可能在国家遇到挫折时，表现出较强的对竞争对手的愤慨。

三、不平等的社会地位

社会认同感产生问题的第三个原因来自不平等的社会地位。马克思曾经指出，社会存在决定社会意识，在某种程度上对不同社会团体的认同和敌意往往是出于双方社会地位的不平等。当这种不平等存在的时候，双方必须用某种方式去合法化自己的经济和社会优越感，或是合法化自己的敌意和反抗。这就是为什么富人往往认为穷人的贫穷是由于个人的懒惰、不负责任和缺乏雄心壮志。而穷人则认为富人是由于贪污腐化、违法犯纪和家庭背景才占有更多的财富。

马克思曾经指出，社会存在决定社会意识，对不同社会团体的认同和敌意，往往是出于双方社会地位的不平等

国际关系中的不平等也容易导致跨文化沟通中对自己的认识和对他人的认识不一样。在冲突产生的时候，人们往往会采用某种态度来合法化自己的行为。

四、人格的弱点

并不是所有的人都会因认同感而产生问题，有些问题是由于个人的特性而产生的，这表现在以下两种人格特性上。

第一，对社会地位追求较高的人，往往有更强烈的社会认同需求。因为地位是一

贫富差异可能会让人产生敌意

个相对的概念，为了感受自己有地位，我们需要与比自己地位低的人进行比较，从而让我们自己产生心理上的优越感。心理学研究已经发现，社会地位比较低的团体，相对而言，容易去攻击那些社会地位较高的团体；长相不好的人，容易对那些长相漂亮的人产生妒忌或是敌意。也许当人们的社会地位比较稳定或让人满意的时候，那种追求优越感的需求可能要相对低一些。

妒忌是人格的一个弱点，会影响跨文化沟通

受过羞辱的人或自尊心受到伤害的人，也容易对他人产生较多的敌意和仇恨。我们大家都知道马加爵这类的案例，这些学生出现敌对甚至残害行为的部分原因是他们自己感到自尊心受到了伤害。因此，他们很容易对比自己地位高、条件好的人产生敌意和攻击行为，而对那些比自己地位低的人，往往可能会有比较友好的态度。这种个人特性在跨文化沟通中的影响就是，这类人可能会对强势的外团体的人员产生莫须有的仇视和敌意。

第二，具有强烈的权威人格倾向的人，也容易对外团体人员产生敌意和攻击倾向。20世纪40年代，加州大学伯克利分校有两个研究者是从纳粹德国逃难出来的心理学家，他们决定做一个关于反犹太人的心理学基础研究：他们发现反犹太主义通常与对其他少数民族的敌意是共同存在的，不是仅仅针对某个特定团体而表达出敌意，而是对所有与自己不同的人采用同样的判断方法。这些人通常都具有所谓的权威人格，表现为对弱者的轻视和蔑视，以及对自己团体内权威的顺从、尊重以及对惩罚性方法的依赖。

权威人格强的人，在儿童时期通常受到很严格的纪律教育，这种教育使得他们经常不得不压抑自己报复的冲动，并将这些敌意和冲动投射到不同的外在团体身上。权威人格强的儿童，容易产生不安全感，从而过分地关注权力，过分地服从那些有权力的人，或者是攻击那些社会地位比自己低的人。这也就不难解释为什么在跨文化沟通中，那些倾向于排斥和仇视外团体的人，通常具有较强的权威人格和比较僵化的思维方式，因为他们难以接受和容忍与他们具有不同思想的人。

第三节　认同感的心理后效

认同感对跨文化沟通的影响主要表现在它会产生某种特定的情绪、特定的分析事物原因和结果的方式，以及特定的行为倾向。

一、特定的情绪反应

社会认同理论发现认同某一个团体不仅定义了你所在的团体特性，也定义了除此以外的团体特性，例如我们在说"我们是谁"的时候，同时也定义和排除了"他们"。这样仅仅将自己归结为某一团体，反过来就会推动对本团体的偏好，并且排斥其他团体。很多学生会说自己的学校比别的学校要好，北大的学生可能会认为北大要比清华好，清华的学生也可能会认为清华要比北大好，实际上这两个学校的学生应该是很相似的。山东人一般会认为山东比山西好，而山西人则会认为山西比山东好，这种简单的分类会引起本团体内部人员之间

清华、北大都是中国的一流学府，但是由于社会认同理论所引发的特定情绪反应，两个学校的学生很可能会认为对方的学校不如自己的学校好

的信任和偏爱。

对本团体的偏好也是人类追求正面自我概念的一种方式。我们如此关注本团体，是因为它给我们带来了正面的自我认识。

塔杰菲尔（Tajfel，1970，1981，1982）和比尔戈（Billig，1974）发现一些随机的甚至是毫无意义的团体区分都可能造成对本团体的偏好和对外团体的敌意。比如，仅仅将人根据驾照的最后一位数字，分为奇数组和偶数组，就可以让奇数组的人更喜欢本组的其他人，偶数组的人更喜欢偶数组的人，而不喜欢奇数组的人。

在一个实验中，他们请英国的青少年评价现代抽象派绘画，然后告诉大家其中有些人喜欢达利，不喜欢康定斯基的绘画；另外一些人喜欢康定斯基，而不喜欢达利的绘画。然后让大家见面，并分配一定数额的奖金。结果发现这些青少年倾向于给那些与自己具有相同绘画偏好的人更多的奖金，而给喜欢另一位画家的孩子更少的奖金。

康定斯基 1910 年的作品《第一幅水彩抽象画》

设想一下，如果我们的团体比较小，或者社会地位相对较低，我们是不是更容易表现出对自己团体成员的偏爱？当我们是一群被大团体包围的小团体时，我们可能更容易意识到自己团体的特性；当我们的团体人数众多时，我们则有可能不会轻易想到自己的团体特性。因此，在跨文化沟通中，那些处于弱势群体的沟通者可能更容易意识到自己团体的特性，从而做出相应的反应。

二、特定的行为倾向

当我们与外团体的成员进行沟通时，团体间的差异就容易受到社会偏见的影响，这种影响往往通过心理的惯性来维持。特别是当这种影响是被社会所接受和提倡的时候，很多人会追随这种影响而没有任何犹豫和反抗。这种从众的倾向性，并不代表对其他人有什么特别的敌意，而是仅仅表示一种被自己团体的人喜好和认同的愿望。

三、特定的思维方式

社会认同的影响，也就是我们在解释其他团体成员的行为时，通常会忽略社会环境的影响，而过分夸大它的内在特性。这种误差的产生，可能是因为我们的注意力集中在人的身上，而不是环境。一个人的文化和种族特性，往往是鲜明的、引人注目的；而环境的影响，往往是隐秘地产生作用，因此，不容易引起注意。比如，在解释男性和女性社会地位差异的时候，我们就很容易将二者的社会差异归于生理特征，因为这些特征是鲜明突出的、显而易见的。而社会的文化和规范对男性和女性的影响和限制，往往容易被人忽略。

个人的文化特性往往是鲜明的、引人注目的

另外一种认知倾向性，就是容易认为社会的不公平是由不同社会地位的人本身造成的，而不是由社会的不公平造成的。人们对社会不公平的冷漠，不是因为他们不关心公平，而是因为他们没有看见不公平。所有这些思维的特性，使得那些具有较高社会地位的人，容易认为自己的成功是由自己的原因造成的；而别人的失败，也是由他们自己的努力得到的。我们有时候容易把好的命运与品德高尚相联系，将坏的命运与品德的败坏相联系。有些走运的人很容易认为自己的成功是由自己的高尚品德造成的，这使得他们不觉得自己应对不幸的人有任何责任感，因为他们也可能是品德有亏。

四、刻板成见

强烈的社会认同感所产生的另一个心理效应，就是对外团体成员的刻板成见。刻板成见是一种泛化的、对外界团体成员的概括，我们经常泛化我们对外团体成员的印象，比如说英国人有绅士风度，法国人浪漫，美国人外向，德国人严谨。这种

刻板成见：英国人有绅士风度，法国人浪漫，美国人外向，德国人严谨

刻板印象的存在，很大程度上是因为我们不太愿意为获得更多信息而花费过多的时间和精力。有的时候，我们没有时间对一个外团体的成员进行深入了解，或者是因为我们还有其他的事情要做，无法认真思索。当我们年轻时，我们也不太了解人的多样性；当我们太疲劳的时候，也可能不愿意做出过多的努力。这就能够解释为什么警察往往会根据自己的刻板印象去搜查某些特定的团体成员，而不是其他人。在疲劳、愤怒、焦虑时，我们会错误地将外团体的某个成员的个性误认为是该团体的普遍特性。

这种刻板成见所带来的负面影响，很有可能伤害那些被刻板印象化了的人。社会心理学家阿尔伯特在其著作《偏见的本质》一书中，总结出 15 种偏见受害者可能出现的心理反应。他相信这些反应可以简化为两种：一种是对自己责备（退缩、自我厌恶和对自己团体成员产生敌意等），另外一种是对外部原因责备（攻击、怀疑他人和夸大本团体的优越等）。心理学家发现，那些受到刻板印象威胁的人，有时还会产生某种焦虑情绪，从而影响自己的行为。斯坦福大学心理学家斯蒂尔（Steele）发现，成绩优异的女生，如果相信男生和女生在数学成绩上有差异的话，那么她们在做数学测验时，往往会产生一种被评估的焦虑，这种焦虑增加了不必要的心理负担，并会影响考试成绩。又如，黑人学生如果相信自己的考试成绩不如白人学生，他们在考试时会产生某种被评估的焦虑，从而影响考试成绩。

这就是说，当刻板成见的问题被人们熟悉和接受的时候，刻板成见就会真的变成会实现的预言，人们的行为也会变得与刻板成见所描述的一样。

如果刻板成见能影响人的行为，那么，正面的刻板成见是不是能让人受益呢？研究表明，这种可能性是存在的。哈佛大学的亚裔女生，如果被提醒到她们的种族认同感时，她们的成绩就会提高，因为对亚裔的刻板印象就是亚裔的数学成绩都很好。当这些女生被提醒到她们的性别认同感时，她们的数学成绩就会变差，因为对女生的刻板印象就是女生的数学能力不如男生。由此可见，刻板印象会影响人的行为，而行为的表现与刻板印象的方向基本是一致的。

我的研究方向主要是对中美文化的比较，所以我很关心大家对对方国家人们的印象，结果发现很多印象是刻板的，很多看法是泛化的、不正确的。比如，美国人对中国人的刻板印象有如下七点。

第一，所有的中国人都会一点功夫。然而实际上会武术的中国人只是少数人。这种刻板印象，在现实中有很多有趣的故事。我的一个朋友曾经和他的英国朋友一起在中国乘坐高铁旅游。他们刚上车时车厢里人非常少，因此，大家很快就离开自己车票上的座位，找了更宽松的位置坐下，英国朋友也找了一个三个人的空座位坐下玩 iPad。火车到了下一站，英国朋友远远看到有人走进车厢时，面露极其恐惧的表情，以闪电般的速度回到了自己的原座位。这让我的朋友很不解，赶紧问他出了什么事。英国朋友说，万一有人发现他坐了别人的座位，一定会用功夫打他。原来他以为每个中国人都会功夫，而他看过的电影告诉他，被中国功夫打的人会有多惨！现场听懂英语的中国人都爆笑不已。事实上，每个中国人都知道，这种事情是不可能发生的，如果你占了别人的座位，人家走到你面前的时候，你立刻让座就好了。用中国功夫打人这种事情，绝大多数中国人可能一辈子都不会在现实中遇到，和外国人一样，几乎只能从影视剧中看到用中国功夫打人的镜头。

对不起，您占了我的座位。

不少外国人认为中国人都有一身功夫，并且可能会将这种刻板印象带入现实情境，产生恐惧或者崇拜心理第二，中国是个古老的、神秘的国家。这种看法可能是由于我们的自我封闭或者我们的对外宣传不够。"神秘"在汉语里是个褒义词，但是在英文中有可能是贬义词。

第三，中国的文化几千年没有变化。这与历史事实不符合，中国文化的变迁和发展，恐怕连我们中国人自己都说不清楚。

第四，中国人说话都是代表官方态度。这与现在的中国现实不符合，中国的民间言论和非主流言论越来越多，影响也越来越大。

第五，中国人的数学很好，是因为中国人有数学天赋。这忽略了中国教育对数学的重视，以及中国人学习数学的积极性，实际上，相当多的中国学生对数学也是非常畏惧的。

第六，中国、日本和韩国都属于东亚国家，因此文化都是一样的，国人的行为都是亚洲人的行为。恐怕中国人、日本人和韩国人都不同意这样的观点，日本人和韩国人倾向于认为自己和中国人有根本的区别，中国人也不会认为日本人和韩国人与自己一样。

第七，亚洲的妇女都很温顺，听丈夫的话。这恐怕与我们大家常说的"河东狮吼""野蛮女友""妻管严"相矛盾。亚洲丈夫可以举出反例来。

我们中国人对美国人也有刻板印象。

第一，美国人不关心家庭。实际上美国人关心家庭的程度不一定比中国人低，有些政策更是突出鼓励家庭团聚和稳定。

第二，美国人的性生活很混乱，有性病的人很多。其实由于美国的宗教观念，一般的美国人性生活并不放荡、随意，美国的女性也不像《欲望都市》中的女主角那样随意。

第三，美国人都很有钱。实际上美国的穷人有很多，美国的中产阶层在生活上是很节俭的。由于美国的税收和高福利政策，美国家庭可支配的现金是有限的。

第四，美国的犹太人控制了政治、经济。实际上犹太人在美国是受到基督教和天主教的心理抵制的，反犹太人的思想在美国并非没有。

第五，美国学生都不爱学习。这与现实不太相符，美国很多优秀学生对学习的热爱甚至已经到了痴迷的程度，看过美剧《生活大爆炸》的人，对里面的科学家们有多热爱自己的专业和学术一定会印象深刻。

第六，美国人都有枪。实际上美国人的枪支拥有率不到 20%。

第七，美国人都喜欢吃麦当劳、肯德基和必胜客。实际上这些在美国都被称为高热量食品（也许这一刻板印象近年来正在消失），很多美国人并不喜欢。

问　题

1. 为什么一群人中有特性的人会成为大家关注的焦点？
2. 认同感的心理后效有哪些？

第八章

文化心理的障碍

跨文化沟通最大的障碍恐怕源自文化心理差异所造成的误解和敌意，这种障碍会因文化之间交流的增加而与日俱增。越来越多的国际贸易、商务往来、国际旅游和访问，越来越多的电影、电视、网络的交流和对话，都让我们越来越容易观察到其他文化人们的心理和行为差异。这种差异与我们的文化和心理有很大的不同，因此，往往很难被我们理解和接受，这就造成了跨文化沟通的困难。文化心理差异也存在于同一国家的不同民族之间。当这些民族处于疏远和隔离的状态时，人们对它们的认识很可能只是书面的和间接的，不太可能出现沟通的问题，但是随着人口迁徙和经济发展，很多同一国家内的不同民族也越来越成为跨文化沟通所涉及的领域。

真正的社会和谐，包括对不同民族和文化的沟通和互相尊重

20 世纪的另外一个现象就是国际间的大量移民。19 世纪英国作家吉卜林（Kipling）说："东

方是东方，西方是西方。二者永不相遇。"但是，现在东方和西方、南方和北方随时随地都在相遇。一些韩国人把中国当成第二故乡，中国人移民到美国，德国成了很多土耳其人的第二故乡，这些都反映了每个国家都有可能成为各种文化的混合体，这就使得跨文化沟通即使是在同一个国家中也很有意义。真正的社会和谐，恐怕也应该包括对不同民族和文化的沟通和互相尊重，这种尊重包括对不同文化的人的特有心理和行为有较深的了解和理解。中国人应该这样做，其他国家和地区的人也应该这样做。

第一节　行为的异同

很多人类的行为是由社会因素决定，而不是由基因决定的，因此很多行为不能单从生存需求的角度来理解和解释，而只能从文化差异的角度来比较。

美国社会学家罗伯逊（Robertson，1987）曾经风趣地写道："美国人吃牡蛎，但是不吃蜗牛；法国人吃蜗牛，但是不吃蚱蜢；祖鲁人吃蚱蜢，但是不吃鱼；犹太人吃鱼，但是不吃猪肉；印度人吃猪肉，但是不吃牛肉；俄罗斯人吃牛肉，但是不吃蛇……"

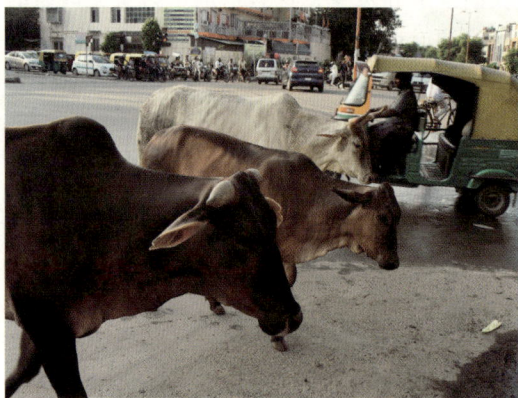

在印度，牛被奉为至高无上的生灵，随意让它干重体力活或杀了它吃肉都是大逆不道的行为

被印度人奉为神灵的牛，却是俄罗斯人餐桌上的美味

在我们中国也有很多区域性的文化差异，如一些广东人喜欢的美食，其他区域的人可能就不容易接受。这种食物的偏好很难找到生物学的意义，有时候文化的偏好反而有助于理解一些生物学问题。此外，这种食物偏好的文化差异可能会成为国际纠纷的导火线。在1988年汉城（今首尔）奥运会之前，韩国人所遭受的最大争议就来自"狗肉"。

为了了解我们自己文化对行为的影响，我们只需要去接触另一种文化并观察其文化成员的行为差异。当一位中东的国家元首以亲吻脸颊的方式来欢迎一位美国总统时，美国的男性包括总统本人（如果正好是位男性的话）可能会感到不舒服，甚至愤怒。当一个中国学生习惯于对受尊重的老师敬而远之时，他就会觉得美国大学里学生对待教授的态度非常奇怪和不礼貌。我刚到加州大学伯克利分校的时候，慕名参加了诺贝尔化学奖获得者李远哲教授的一个报告会。我很吃惊的是，当另一位德高望重的诺贝尔化学奖获得者走进教室的时候，没有一个美国人把自己的位子让给他，而这位美国教授很自然地站在教室后面的角落里听完了这个报告。这些行为对于很多来自东方的师生来讲，都是不能接受的，我很明显地感觉到当场有很多中国学生坐立不安，很想让位，但是迫于当时的情势，都不敢站起来把自己的座位让给这位老教授。

对于宗教领袖的敬畏和尊重，各个国家相差不多。但是，对于科学家和学者的态度，中西方在文化上差别很大。

一般而言，中国课堂气氛比较认真、严肃，美国课堂气氛活跃、随性

《陈景润传》一书中对数学家闵嗣鹤的描述是这样的："闵嗣鹤祖籍江西，1913年生于北京，1935年毕业于北京师范大学。在学生时代，闵嗣鹤就发表了4篇论文，展示了他的数学才华……闵嗣鹤是一位杰出的数学家，著名数学家陈省身称赞道：'闵嗣鹤在解析数论中的工作是中国数学

的光荣。'著名数学家华罗庚写道：'闵君之工作占非常重要之地位。'闵嗣鹤还是一位优秀的教育家，他讲课生动幽默，深入浅出，常常把十分艰深的内容让学生在轻松的气氛中化为自己的知识，听他讲课是一种艺术享受。"对数学家陈景润的描述是这样的："他过早地消耗了自己的生命，过度支出了自己的能量，'油尽灯枯'不外如是。最后，他紧握妻子的手，安详地离去。他虽然没有摘得皇冠上的那颗明珠，但'陈氏定理'至今仍是无人超越的高峰，他对中国乃至世界数学的发展做出的贡献是不可磨灭的。他就是陈景润。"

显而易见，中国人对科学家是极为尊重的，甚至说是溢美之词都不为过。很多人熟悉的美剧《生活大爆炸》（*The Big Bang Theory*）中，科学家们被描述成类似于"疯子"的"怪胎"。若不是添加了大量幽默情节，可能很多中国观众不喜欢这样诋毁科学家形象的电视剧，即使它描写的不是中国科学家。

那么，西方作者是如何描述科学家的呢？我们从文化的视角比较一下。

《科学的终结》（*The End of Science*），对中国读者来说，有两大难以接受的疑惑。一来，这个书名就令人反感，因为在中国，科学是极受重视的，也是重点发展的领域，何来终结之说？前面我们说过，中国人不喜欢进行反事实思维，这本书的内容实际上是作者带着"科学是否会终结"的问题对科学家进行的访谈。然而大部分中国人认为就不应该提这样的问题。二来，书中作者对于科学家性格和为人处事的描述，在中国读者看来，对科学家是很不尊重的，而对于美国人来说并非如此。

书中有这样的描述：

斯蒂芬·霍金是位爱跟宇宙开玩笑的家伙。是不是英国文化中存在着某种特殊的品格，使得它孕育出的科学家们对形而上学的焦虑有着如此强大的免疫力呢？

罗杰·彭罗斯竟无法判断自己对终极理论的信仰究竟是乐观的还是悲观的；史蒂文·温伯格在"易于理解""毫无意义"之间画上了等号；戴维·玻姆在这种心理的压迫下，既想澄清现实，又把它搞得一团糟；

爱德华·威尔逊既想追求关于人类本性的终极理论，又对可能到达这一理论的想法感到惶惶不可终日；马文·明斯基，对于单一心智（Single Mindedness）的想法莫名惊恐；弗里曼·戴森，坚持认为焦虑和疑惑本就是存在的基本要素。这些真理追求者对于终极认识的矛盾心理，反映出上帝——或"欧米加点"，如果你喜欢这样称呼它的话——对于其自身困境的绝对认识的矛盾心理。

（摘自《科学的终结：用科学究竟可以将这个世界解释到何种程度》）

这本书在美国也很受争议，但是，焦点与中国读者完全不同，美国普通读者很喜欢这样的思维挑战，不认为这样的描述是不尊重科学和科学家的。他们质疑的是书中对"复杂""弦理论"等具体科学领域的评价。在前沿科学领域探索的科学家们之所以反感这本书，是因为书中科学家的回答诚实得让他们无法反驳，但是，那些在宇宙物理学前沿探索的科学家又怎么可能会喜欢对前沿科学探索前景的茫然无措？

在美剧《生活大爆炸》第 11 季里有一个情节把科学家这种难以表达的焦虑非常直白地演出来了。实验物理学家莱纳德在一个非常火爆的科普节目中，口无遮拦地对听众说，物理学界十几年来花了大量纳税人的钱，以及数不清的科研资助，却几乎没有任何新发现和新成果，并且似乎也看不到未来有可能有任何新发现的端倪。这让他的同事兼好友理论物理学家谢尔顿非常生气，因为这会导致大学研究机构很难得到更多的经费支持。可是，当莱纳德要求谢尔顿帮他写一篇声明，说自己在节目中说错话时，谢尔顿又说他不能撒谎。

总之，无论是《生活大爆炸》还是《科学的终结》，可以说在美国，几乎没有人会认为这样的电视剧和图书是不尊重科学家，或者不重视科学的，而是更多地关注或者焦虑

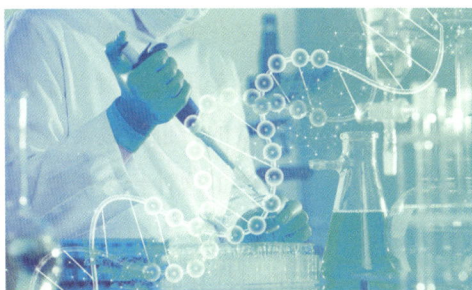

美国的沃森和英国的克里克在 1953 年提出了 DNA 双螺旋结构分子模型。《科学的终结》的主题之一就是质疑："为什么半个世纪以来，人类再也没有可以比肩 DNA 的伟大发现了？"

已经几十年没有像 DNA 那样伟大的、可载入史册的科学发现了，他们更加关注前沿科学研究的前景以及这些奋勇前行的科学家的前途。

在世界上很多地方，你所认为好的行为与对方所认为好的行为可能是完全不一样的。很多社会游戏的行为规则，只有在该文化中生活了较长时间的人才能真正体会到。

例如，在中国文化里，爱情中最重要的情操就是忠贞。古代有妇孺皆知的《王宝钏苦守寒窑十八年》，现代都市爱情剧也有很多多年相守、情比金坚的故事，金庸最受欢迎的武侠小说《神雕侠侣》的高潮也是杨过和小龙女守候爱情十六年的情节。而这些对于西方人尤其是美国人来说，简直是不可思议的，美国夫妻连续三个月以上不见面就属于严重影响婚姻稳定的行为了。二战时期有一个美国大兵和一位中国姑娘相恋，不久大兵要上战场，中国姑娘决心坚守自己的爱情，并给美国大兵讲了王宝钏的故事，没想到美国男友听后完全无法理解，坚决反对女友苦守十八年这样的观念。这在中国姑娘看来简直就是"你不爱我"的变相表达，而事实上，美国大兵认为作为一个上战场的士兵，让姑娘等自己很多年，才不是真爱。体现东西方不同的爱情观的例子比比皆是，这也是不同文化一个非常重要的差异。

总体来说，中国文化更注重人的感受，而西方文化更注重事情的发展。

还有另外一些文化差异，例如，送主人一个礼物，主人是否马上打开，也有很大的文化差异。美国人必须当着送礼的人打开礼物，并表示感谢，即使这个礼物不是自己喜欢的，也得微笑感谢对方的好意。心理学家发现，即使 5 岁的美国孩子，都学会了这种行为规范，当别人送给他一件他不喜欢的礼物时，他也会微笑地表示感谢。在中国文化中，接受礼物的行为规范正好是相反的，你不能当着客人的面打开他送的礼物，这会被认为是缺乏教养的体现。

所有的文化都有它们自己认为可以接受的、合适的行为。经常会有人将这些社会期望或者规范看成限制人的、让人盲目服从传统的负面力量。规范确实限制或控制着我们，但是，规范不总是负面的，因为人类的很多规范有它存在的必要

中国人一般不会当着送礼的人打开礼物

美国人当着送礼的人打开礼物，并表示感谢

性，这也是提高人的社会性的重要机制。从某种意义上讲，规范是水，人类是鱼，脱离了水的鱼是无法生存的。

同样的道理，我们每一个人都浸染在文化中而不自知，只有当我们跳出已有的文化"大海"，才能意识到它的存在。因此，了解我们文化规范的最好方式就是去了解另外一种文化，去观察他们的成员如何行动。

美国心理学家莱文（Levin）有意识地对不同文化的生活节奏做过观察，他到世界上31个国家做了实证的行为观察，并主要采用了三个观察指标：第一，各个国家的人走60英尺（相当于18余米）的平均速度，以及不同国家的人走60英尺的平均速度；第二，不同文化的邮局工人贩卖邮票的速度；第三，每一个国家里随机挑选的银行墙上钟表的准确程度。

结果发现每个国家在这些指标上的得分指数都很不一样。一般而言，工业化程度越高的国家，生活的节奏越快，这表现在行人速度相对更快，时钟的准确性更高，公务员的办事效率也更高。另外，这些行为的差异也与人口密度有关。人口密度越大，生活节奏越快；人口密度越小，生活节奏越慢。同时，这还与气温有关，气温越高，生活节奏越慢；气温越低，生活节奏越快。

由于人类对不同环境的适应，文化因而出现了差异。同样，在文化差异之下，心理学家也发现一些根本的跨文化行为的普遍性。作为同一个物种的不同文化的成员，在我们不同的行为背后，实际上有很多心理机制是相同的。

行为的规范因文化的差异而不尽相同，人类社会确实也有很多共同的规范。最有名的是对乱伦的禁忌：父母不能与自己的孩子有性关系，兄弟姐妹也不能有性关系。这个规范是普遍性的，每一个社会都反对乱伦。由于与同血缘的人交配会产生生物性的伤害，进化心理学家很容易理解为什么世界各地的人都自然地反对乱伦。

不同地方的人好像也会有相同的友谊规范。通过在英国、意大利、中国香港、日本所做的研究，阿格耶和亨德森（Argyle & Henderson，1985）观察到虽然定义朋友的文化规范有差异（比如说在日本，一个很重要的规范就是不要公开批评一个朋友），但是，还有很多明显的普遍规范，比如尊重朋友的隐私，在谈话时与朋友的眼睛接触，要为朋友保密等这些都是有关友谊的普遍规则。破坏这些规则，友谊就会破裂，所有的文化基本上都遵循这一友谊的行为规范。

布朗等人（Brown，1965，1987；Kroger & Wood，1992）注意到另一种跨文化行为规范。他们在 27 个被研究的语言文化中发现，人们不仅有等级差异，而且在与高社会等级的人谈话时采用的都是尊敬的言辞，很像他们在与陌生人谈话。而当他们与低社会等级的人谈话时，通常是以比较随意的、直呼其名的方式，就像与朋友谈话一样。病人称呼大夫为"某某医生"，而大夫通常直接称呼病人的名字。学生和教师通常也是以这种不对称的方式来称呼彼此，学生尊称教师"某某老师"，而老师通常直接称呼学生的姓名。

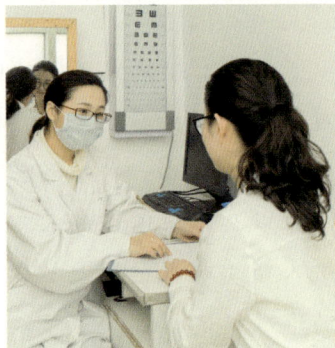

病人一般都比较尊敬医生，很少会对医生直呼其名

布朗发现跨文化称呼规范的第一个原则是称呼别人的方式。这不仅反映了社会距离，也反映了社会等级差异。第二个原则是亲密关系的发展通常是由占位优势方来引导的。这两个原则是相关的。在欧洲，很多二人关系是从礼貌性的正式称呼"您"开始逐渐进化到更亲密的"你"。如果一个人希望增强同他人之间的亲密关系，你认为谁更应该是主动者呢？在很多亲密环境下，年老的、较富裕的或者地位相对高的会首先建议说："我们为什么不用'你'来称呼彼此呢？"

这一规范不仅在语言上有所体现，在任何形式的亲密关系的发展上都有所体现。相对而言，人们从下属或者朋友那儿借一支笔，比从上司或陌生人那里来得更加自然和容易。从这个层面上，我们可以说，高社会层次的人是亲密关系发展的控制者。

也许我们最重要的相似性就是我们这个物种的标志性特点，即学习和适应能力。进化使我们能够在一个变化的世界中创造性地生活，促成了文化差异的出现。它使得那些在一个文化中的人去强调守时，赞美坦率，或者接受婚前性关系，而在另一些文化中，这些都是不能想象的。我们是否将美丽与苗条的体形等同起来，完全取决于我们在什么时代或者什么地方生活。我们是否需要夸夸其谈或者谨言慎行，是一本正经还是任性妄为，在很大程度上取决于我们的文化，因此，文化差异是恒久不变的文化一致性。

第二节　情感活动的异同

情感是人类表达内心体会的一种方式。这种方式的主要作用就是进行社会沟通。当我们环顾四周时，会发现有的人在微笑，有的人面无表情，而有些人则在哭泣。所有这些不仅是个体的主观感觉，或沮丧，或伤心，或痛苦，也作为一种社会信号，以引起别人的同情或共鸣。因此，情感提供了一种社会信号，以便与我们周围的人进行沟通并获取反馈。

情感信号可能比说"没什么，我很好"之类的话更能准确地反映一个人的真实感觉。情感的缺陷还可以反映一个人的精神问题，如忧郁或精神分裂等。在跨文化沟通中，情感活动不仅是组成沟通的场景因素，也是判断沟通成效的一个重要指标。如果沟通顺利，我们就会有好的情绪体验；如果沟通不顺利，我们就会有负面的情绪体验。而这些情绪体验，反过来又会影响沟通的过程、方式和效果。

要想了解情感活动的文化差异，我们得先了解人类为什么会有情感，情感活动有哪些具体的过程，以及情感有哪些作用等。达尔文（Darwin）认为情感活动具有个体生存和适应价值，认为我们具有相同的遗传神经结构和生理学特性，以表达自己的经历和情感。这种相似性甚至在不同的

达尔文，英国博物学家，进化论奠基人。他认为情感活动具有个体生存和适应价值，认为我们具有相似的遗传神经结构和生理学特性。这种相似性甚至在不同的物种之间存在

物种之间存在，比如哺乳动物具有很多与人类一样的表达情感的生物学基础。因此，有一些基本情绪可能一样，比如快乐、恐惧、愤怒、厌恶、悲伤等。这些情绪具有进化的意义，能帮助我们适应环境并解决那些对我们生存来说至关重要的问题。

关于情绪表现具备生存价值的例子有很多，比如：恐惧的面部表情，可以向我们的同伴传递一种"有危险"的信号；恶心的面部表情，通常能够表达因食物变质等引发的不舒服，因此减少这种食物对我们同伴的伤害；哭喊通常能够表达需要帮助；愤怒通常能够表达我们严守领地范围和财产拥有权，以驱赶意欲入侵者。

日常生活中，各种各样的情感表情给我们提供社会信号，以方便沟通与反馈的顺利进行

情感在现代生活中，同样具有生存价值，这是因为它能够表明我们对外在环境做出怎样的反应。我们会用微笑表示友好并愿意加入一个新团体，我们在和同伴进行竞争时会表现出受到伤害或心生嫉妒。事实上，所有动物都具有最基本的情感表达能力，这一事实能够支持我们的观点：情感是进化的产物，因为它具有适应价值和生存价值。如果它是进化产物的话，那就表明人类无论来自何种文化，都会具有相同的情绪或情感表达的生理基础。很多基本的情绪或情感活动，可能表现出跨文化的一致性。

　　通常而言，情感活动有四个阶段：首先是评估阶段，指个体对所处的环境特别是其中的刺激物（事件、目标、想法）进行解释和估量的过程，其次是主观感觉阶段，也就是对这些刺激做出自动反应，是高兴还是不高兴；再次是生理反应阶段，如心跳变化或呼吸变化等；最后是行为表现阶段，如微笑或哭喊等表达情绪的行为活动。

　　举个例子，想象一下你正在大海中游泳，突然看到一条大鲨鱼正奔向你，这一事件包含某一情感的四个组成部分：你首先解释这一刺激，即看到的是一条鲨鱼而不是其他事物；然后你产生了一种情绪感觉，如体验恐惧；之后你会产生相应的生理变化，如心跳加速；最后你再表现出自己的行为，如流露出害怕的面部表情或者尖叫并逃跑等。

　　为什么文化会影响人类的情感活动呢？不同的理论对于情感受文化影响的程度和方式进行了不同的解释。我们认为主要体现在四个方面。

一、情感活动与社会情境

　　情感活动需要考虑社会情境，而社会情境则是文化的产物。梅斯基塔（Mesquita）和弗里达（Frijda）提出了焦点事件概念，指出不同文化的人所关注的特定事件也不同。这些特定的典型事件决定了不同文化的人所建立的情绪体验可能不同。比如，个人主义和集体主义的文化背景，决定了这两种文化中的人所关注的焦点事件有差异。因此，在回顾、编码和加工这些事件时，他们的判断不同，由此产生的情绪体验也不同。

　　个人主义和集体主义理论认为，个人主义文化和集体主义文化之间的情感差异，主要表现在涉及个人与群体关系的社会情境下，情绪的意义是不同的。但是到目前为止还没有足够的证据说明哪一类的情感意义是个人主义文化所常有的，哪一类的情感意义又是集体主义文化所常有的。虽然有些人类学家发现一些文化特有的情绪活动，但是他们所涉及的文化往往是遥远、陌生的文化，很难将他们的结果与世界主要文化进行比较。因此我们无法判断他们的结论是否正确。

根据个人主义和集体主义的理论观点，个人主义文化，如欧洲和北美文化，强调自治、独立和与众不同并强调个人内在独特的重要作用，而集体主义文化，强调集体成员互相依赖的关系方式，强调集体的归属感，那么，他们所欣赏和接受的情绪活动可能就会有比较大的差异。有研究表明，美国人所欣赏的积极情绪通常是与个人的独特性和成功相联系的，而东方人所产生的积极情绪往往是与集体关系的维持相联系的。所以，美国人的好心情常常伴随着自信、骄傲和得意扬扬，而日本人表达的好情绪往往伴随着和谐、被他人接受和团结一致。让被试回顾一周内的情绪变化，西方人表现出来的情绪波动往往与个人的内心体会相一致，而东方人的情感波动往往较容易出现合拍的倾向性，与亲密的伙伴、朋友和同事之间的情绪变化契合。在东方国家，有较多的同步倾向，而这种同步现象在西方文化中很少出现。

二、文化特定的情感

很多研究者描述了某一特定文化所特有的情感活动。早期记录下来的例子包括马来西亚文化中的杀人狂状态和拉塔病状态，这在西方文化中是找不到对应的情绪活动的，它是一种由恐惧、杀人冲动和性满足相结合的情绪体验。到现在为止，心理学家还不能准确地描述这种情绪状态到底是什么。日语和汉语中的一些情感描述，例如日文中的情感定义"甘え"，没有明显的英语解释，它指的是一种被保护的放纵情绪，就像孩子想要

我真的好惨啊！

有些成人通过卖惨来获得别人的谅解

通过故意惹母亲生气或者烦恼而赢得母亲的关爱。近几年来，这种特殊的情绪体验越来越多地被报道。很多人类学家和语言学家相信，人类的情感完全是由语言决定的。但是，心理学的研究还是认为这种观点过于绝对，因为人类的情绪体验还是有很多共性的，即使语言不同。

三、面部表情的文化差异

虽然有大量的证据表明，面部表情具有跨文化的一致性，但是在不同的文化中，表达方式有很大的差异，人们对面部表情的反应也是有差异的。比如与美国人相比，人们更难区分日本人害怕、厌恶和愤怒等负面情绪的面部表情，因为日本文化不提倡直接表达这些负面情绪，久而久之，使得日本人对这些负面情绪没有精细的区分能力。有些偏僻地区的人也经常分不清惊讶和恐惧，因为令他们吃惊的事物，往往都是一些危险的事物，所以这两种情绪经常一起出现，让人难以分辨。

四、情感表达的文化规则

情感的表达强度，也有很大的文化差异。任何文化都有自己的规则，决定了在什么时候、什么条件下该文化的成员如何表达情绪。这些规则在心理学中被称为情绪表达规则（Display Rules）。心理学家发现，这种规则是随着年龄的增长而逐渐获得的。相对而言，儿童的情绪表达是比较自发的，而成人的情绪表达则更多地受到社会文化的影响。由于社会文化的多元化，人们所掌握的情绪表达规则也越来越多。许多情绪表达规则不仅具有文化差异，还具有情境和对象方面的差异。例如，同样的愤怒情绪，在有些场合下的表达是可以被接受的，而在另外一种情境下则很可能是不应该的且不能够被人接受。性别也对情绪的表达有影响。例如，有些情绪女性是可以表达的，而男性则是不能表达的，反之亦然。"男儿有泪不轻弹"，就是限制男性表达悲伤情绪的一种规则。而强忍悲痛的女性，则可能被误解为过于冷漠和铁石心肠。

在因纽特人中，愤怒的表达是不被允许的；但是在某些阿拉伯文化中，不表达愤怒则是错误的。在日本文化中，在公众面前表达强烈的情感，是不受人欢迎的；而美国人会习惯上夸大他们的情感表达，以达到影响和沟通的效果。因此，情感的表达原则是文化对人类情绪活动的影响因素之一。

即使在同一种文化中，不同区域和不同社会阶层的人在情绪表达上也有所不同。

尼斯贝特对美国南方人和北方人的情绪反应做过一系列研究。他发现，在受到个人侮辱的时候，比如在被人骂娘或者自己的女朋友被人调戏的情况下，美国南方人表达出更加强烈的情绪反应，产生报复心理的冲动要远远大于美国北方人。他认为，这些情绪反应的差异，也许能够解释为什么美国南方的报复杀人案的数量是美国北方的 2.3 倍。

另外一项研究则比较了中产阶层的美国人和普通的美国人在家庭内部情感交流上的差异。中产阶层的美国人，与孩子之间有更多的情感活动、情绪交流，谈到的个人体会也很多。在遇到负面状况的时候，中产阶层的美国人采用的是转移的策略，而普通的美国人则更多地采用强制策略。当孩子要哭的时候，中产阶层的妈妈会鼓励孩子多想想快乐的事情，而普通的美国妈妈则会直接冲着孩子喊"别哭了"或者"闭嘴"。

文化对人类情绪表达最极端的影响，就是有时候要求本文化的成员戴上一种"情绪的面具"，以维护自身的文化价值和行为规范。在美国，很多服务行业要求自己的员工始终面带微笑，尽量控制个人的情绪体验对商业行为的影响，这是一种由企业和组织所要求的"情绪的面具"表现。文化所要求的"情绪的面具"，相对没有如此生硬。我们从小就习得了这种文化要求，所以，运用起来就很娴熟、自然。即使是很小的孩子，都会微笑地和长辈说"再见"。

在听到别人的赞扬和恭维时，美国人和中国人的回答是不一样的：美国人一般接受赞扬并坦然地表示感谢；而中国人十有八九会不知所措，表示自己受之有愧，甚至反复地予以否认。这是因为中国的传统文化中，谦虚谨慎是一种美德，对别人的赞扬和恭维应当推辞。这就是我们中国人在听到赞扬时戴有一种"情绪的面具"。

比如，一位中国青年妇女在美国，身上穿着一件漂亮的服装。当别人对她说："这件衣服真雅致，颜色美极了。"这位中国青年妇女很高兴，但有些不好意思，就按中国习惯回答说："这是件普通的衣服，我在中国国内买的。"这位青年妇女的回答在我们中国人看来是无可厚非的。但是她却被美国人误解了，因为对方会认为青年妇女的意思是说对方不识货或鉴赏能力有问题，对于一件普通衣服如此大惊小怪。这在美国人眼里也许有责备赞扬者的意思，这样说话人的意图和她实际所传达的信息之间就有了很大的差距。

中国人在接受礼物时，多会客气地"埋怨"对方不该破费，有时竟让对方把礼物拿回去；有的则是先客气一番，然后将礼物搁置一旁，转入其他话题，待客人走后，才把礼物拆开。在接受礼物时一般会说："哎呀，还送礼物干什么？""真是不好意思，下不为例！""让您破费了！"看似很不在意，甚至拒绝礼物，但是，大部分中国人会把对礼物赠送者的感激埋在心里，礼物可能

中国的旗袍美不胜收，但即便是来自对方最真诚的赞美，也会让中国女性不好意思

被退掉，但是心意却接受了。美国人在接受礼物时，一般会当着客人的面马上打开，并会立即说"它很漂亮"（It's very nice），"正是我想要的"（That's just what I wanted），"谢谢你的礼物"（Thank you for your present）之类的赞美话以示感谢，不辜负送礼人的一片心意，不过，一般来说，这一轮的情谊交流就算告一段落了。这两种文化对礼物的不同反应，体现了两种不同的"情绪的面具"。另外，一般而言，中国人送礼物多用于感谢或者请求帮助，表达情意还需要更实际的行动，而西方人送礼物常用于在生日或者节日时表达情意。

第三节　思维方式的差异

广义来讲，思维指人处理信息的过程。我们每个人每时每刻都在处理信息，而对于信息的需求是人类的普遍属性，这一属性是超越文化差异的。我们不妨先来看看思维具有哪些跨文化的一致性。

第一，不管是哪种文化的成员，都必须处理从感知器官获得的信息，因此，基本的感知过程应该是不受文化差异影响的。

第二，不管是哪种文化的成员，都必须对感知器官和所获得的信息进行分类，

亦即对于我们周围世界的许多事物，可能要给出一些相同的名称。可以根据事物之间的相似性或者事物之间的功能一致性来归类。无论我们采取哪种归类方法，我们都需要利用归类这一思维过程来减少我们的认知负担。

第三，不管是哪种文化的成员，都必须记住大量的信息。记忆这一心理过程本身是不应该有文化差异的，否则，我们就不可能对我们生存的环境形成稳定的认识。即使犯有失忆症的人，也记得自己的爱好，虽然他们很容易忘掉经历过的事情。

第四，不管是哪种文化的成员，都必须具有思考问题、理解问题和判断问题的能力；不管哪种文化的人，都会思考事物之间的因果关系。根据因果关系和自己的思考，成员会做出适合自己目的的行为。

第五，不管是哪种文化的成员，我们都会对我们认为重要的事情、关系和人做出积极的反应和偏重，如我们会根据与他人的亲疏远近和事情的轻重缓急做出恰如其分的反应和选择。

虽然思维具有很多跨文化的相似性，但是思维方式有很大的文化差异，这种差异会对跨文化沟通产生障碍。文化差异主要体现在以下四个方面。

第一，在思维方式的应用过程中，文化会起到决定性的作用，也就是说，思维的过程会受到文化背景的影响，而思维本身的机制在跨文化中可能是相似的，就像语言一样。语言本身的功能可能是一致的，但每种语言的表达过程是不一样的。因此，虽然不同文化的人都会对因果关系的分析有同样的要求，但如何进行因果关系分析，特别是在侧重点上，会产生跨文化的差异。

第二，文化差异也体现在思维所处理的内容上。因此，虽然我们都进行思考，但是思考的问题绝对不会是一样的。中国人可能会倾向于思考中国文化的特殊问题，而美国人倾向于思考感兴趣的美国文化热点问题。

第三，文化对思维的影响还体现在某种思维活动产生的情境中。维果茨基就曾经谈到过，"思维从来不是产生在真空之中的，而是产生于人的

维果茨基，苏联著名的心理学家和教育家、社会文化历史学派的创始人

社会活动之中"。我们的思维不是简单的思维游戏，而是与我们的生活、工作和生存紧密相关的。而我们生活、工作和生存的情境，在很大程度上又是具有跨文化差异性的。很多情况下，思维的情境差异就是文化差异的重要来源。

第四，文化还会对那些高级的感知过程、更复杂的心理能力产生巨大的影响。人往往不是对感知过程简单地做出反应，而是做出有意义、有价值、有意图、带情感的加工。"感时花溅泪，恨别鸟惊心"，就不仅是看鸟、闻花这样的简单感知，而是要把自己更复杂的心理体会加在简单的感知过程之上。这些简单感知之上的复杂心理能力，往往是由不同的文化经历造成的。因此，人的心理能力越复杂，他所受到的社会影响就越大。

一、经验对感知的影响

对人类感知的不同认识有两类哲学思考。一种是自然主义的哲学，认为人的感知是人类的神经系统对外在世界的反应。外在事物作为信息输入人的神经系统之中，被人脑接受、加工并呈现出来，因此，意识是人对外在的客观反应。而感觉的经验主义则认为，人对客观世界的认识是受人的经验和感知者的心理及生理状态影响的。柏拉图就曾经以洞穴人来说明感知的经验主义思想，他认为，住在洞穴里的人可能不会看到洞外的大树，但是可以看到大树在洞内墙上的阴影，久而久之就会把阴影当作客观存在的现实。但是如果有一天人走出大山，那么就有可能把亲眼所见的树看作虚假的存在，而把那些反射在墙上的树影当作真实的存在。人的经验所认识的世界，可能比客观的存在更有意义、更有价值，可能更容易被认为是客观的、实在的。

柏拉图，古希腊最著名的唯心论哲学家和思想家，是西方哲学史上第一个使唯心论哲学体系化的人

人对客观世界的认识是受人的经验和感知者的心理及生理状态影响的。例如，久居洞穴里的人会把洞内树的阴影错当成真实的客观存在

英国哲学家贝克莱（Berkeley）提出了一个有名的悖论来证明客观现实其实并不完全客观，它会受人们经历的影响。比如，从传统的哲学观点来看，一个物体在同一时间内不可能既是冷的又是热的，它们必须共同作用来对应人对现实的认知。贝克莱认为假设我们将一只手在热水里泡过，另一只手在冷水里泡过，再将这两只手放入同一个容器里，那么我们对水温的判断，就会受到之前经历的影响。这个容器里的水，对一只手而言是冷的，而对另一只手而言是热的，这就产生了贝克莱悖论，即同一个事物在同一时间内既可以是冷的，又可以是热的。这一悖论成立的根本依据就是经验的影响。

英国经验主义哲学家贝克莱

经验对知觉的影响，不仅表现在对事物的物理特性的判断上，还表现在对人的心理活动的判断上。比如，西方人认为个人的情绪表达属于个人的行为，因此，它不应该受到别人的影响。对一个事物是否喜欢和赞同，应该由自己判断，而不应该受他人的影响，或者由他人来判断。中国人则会认为，个人的情绪反应是随环境的变化而变化的。因此，寻找环境的线索来了解和判断一个人的情绪反应，是东方文化所欣赏的技能。当一个中国人看到别人微笑的表情时，并不单纯认为这个人的情绪反应是正面的，而是会从正反两个方面去考虑并判断其正确与否。中国人习惯隐藏自己的情绪，倾向于根据不同环境来表达自己的情绪。有时候，面子、礼貌、等级、关系亲疏等外在因素都会影响中国人的情绪表达。所以一个中国人对外在情绪的判断会较多地受到外在因素的影响。因此，文化背景不同，人们对情绪的判断也很可能不同。

二、文化与归类判断

康德在《纯粹理性批判》中对分析判断与综合判断进行了区分。以主词（假定为 A）和谓词（假定为 B）的关系来划分，人类的判断有两种类型（这里只探讨肯定判断，否定判断可由此类推）：一种是从属关系判断，即 B 属于 A，隐含在 A 的概念中，这就是一种分析的判断，也就是强调 A 与 B 的逻辑隶属关系；另一种是相关关系判断，即 B 完全处于 A 的概念之外，但二者有联系，这就是综合的判断。

最近跨文化研究发现，东西方文化的被试对这两类的判断有不同的偏好，东方的被试偏好相关关系判断，关注的是两个概念之间的相关联系。而西方的被试偏好的是从属关系判断，关注的是两个判断之间的逻辑隶属关系。

不妨试一试美国心理学家尼斯贝特发明的一个心理测试。鸡、牛、草，你认为哪两个事物更应该归类在一起？如果你把鸡和牛归类在一起，那可能就是关注于具体对象的从属关系，是比较接近喜欢分析判断的西方式回答；如果你把牛和草归类在一起，那你可能就是更专注相互关系，偏好综合判断的归类。

康德，德国哲学革命的开创者、德国古典哲学的奠基人，是近代西方哲学史上二元论、先验论和不可知论的代表，对自然科学有着巨大的贡献

当然，人类在归类上还有一些共同性。其中一个共同性就是不管我们来自什么文化，我们好像对每个类别都有一个基本的形象概念。例如谈到椅子，我们头脑中椅子的形象就可能非常相似。另外一种跨文化的相似性，就是儿童归类水平的顺序。人类似乎都是顺着同一种发展趋势来形成归类的风格。比如说，儿童最早都是根据颜色进行归类，再根据形状进行归类，接着是根据功能进行归类，再往后是根据关系进行归类，最高的水准是根据本质来进行归类。如果根据这种理论来判断东西方的文化差异，有可能得出错误的结论，即西方的归类水平高于东方的归类水平。

文化心理学家吉丽君和尼斯贝特曾经做过这样的试验，让美国被试和中国被试判断，哪两个事物应该归成一类。如，猴子—香蕉—熊猫、香波—空调—头发、教师—医生—家庭作业、胡萝卜—兔子—茄子，他们发现中国被试倾向于根据事物之间关系的亲疏程度进行归类，就是喜欢把猴子—香蕉、香波—头发、老师—作业、兔子—胡萝卜归类在一起；而美国被试则倾向于根据事物的本性进行归类，如将熊猫—猴子、香波—空调、教师—医生、胡萝卜—茄子归成一类。这样的文化差异很容易让外国人认为中国人的归类水平不如美国人的归类水平高。

我们觉得这个问题可以进一步探索，到底根据关系归类还是根据本性归类，是属于较高级的分类？从逻辑隶属关系分类的角度来讲，根据本性的归类当然要比根据相互关系的归类要高级得多。但是，从人类生存和进化的角度来讲，根据关系的归类同样具有生存的价值和意义。我们还可以举一个例子来说明到底哪种归类更有利于人类的生存和发展。假如要将"小汽车、婴儿车和妈妈"中的两个归在一起，可以按照西方式的归类方式将小汽车和婴儿车归类为所谓的运输工具，也可以根据东方式的相互依赖关系将妈妈和婴儿车归类在一起，显然，妈妈和婴儿车的归类对人类而言更有生存的意义。

三、文化和记忆

记忆的文化差异会给跨文化沟通带来一定的困难，虽然记忆本身是跨文化普遍存在的心理过程，但是如何记忆、记什么、怎样组织记忆，这些都会受文化背景的影响。

在如何记忆方面，心理学家发现，非洲被试的记忆方式主要是以口头传述为主，而西方被试的记忆方式主要是以书面记载为主。这样不同的记载历史和文化的方式就造成每个人在记忆事物方面的差异。中国人讲"好记性不如烂笔头"，实际上反映了我们的记忆在很大程度上是依靠书面记载的形式进行的；而在非洲文化中，口头记忆方式则催生了很多非书面记忆方式，比如舞蹈、歌唱、咏颂。

记什么也受到文化背景的影响。康奈尔大学的心理学家王琪曾经对中国学生和美国学生的最初童年记忆进行比较，发现中国学生的最早记忆很多是以与家庭成员的互动和关系为主的。例如，我能记住最早的童年记忆，是我外公挑着箩筐带着妹妹和我去乡下避乱；而西方人最早的童年记忆是与个人的成就和进步有关，如第一次打棒球或者第一次感觉到赤身裸体。

组织记忆的方式也受文化的影响。心理学家鲁特丝（Lotus）曾经给阅读交通事故记录的人不同的指示语，一组被试被告知有两辆车"撞"在了一起，另外一组被试被告知有两辆车"碰"到了一起。然后，这两组被试观看同一个交通事故的录像，在看完录像之后，请他们分别描述交通事故现场的情况。结果发现，那些认为自己看到了两个车"撞"到一起的被试，描述了很多血淋淋的场面，比如玻璃的破碎、人的受伤等混乱的场面。而实际上，有些情境是根本没有出现的，人的期望可以改造人记忆的内容。文化的差异可以让人产生不同的期望，而这种期望可以导致人组织记忆材料时存在差异。

四、相关关系的判断

从 20 世纪 30 年代开始，心理学家就一直认为人对周围环境中刺激的相互关系的认识是一种与生俱来的基本的思维活动。人们看见乌云就联想到下雨，看见白雪就联想到寒冬。由于对这种相互关系的认识非常普遍，心理学家一直认为，在这种判断相关关系的思维能力上应该没有差异，但是，我和我的同事尼斯贝特比较了中国人和美国人对相关关系的判断，发现其中存在着很大的文化差异。

我们给中国被试两组随机分布的图像和数字。所有的图像都呈现在计算机屏幕的右边，所有的数字都呈现在计算机屏幕的左边。数字和图像的相关对应程度都是由计算机随机控制的。被试的任务是估计这些图像和对应数字的相关关系。然后我们发现，中国被试对环境中的刺激十分敏感，相对于美国试对而言，能够更为准确地估计相关关系的强弱。

中国被试比美国被试更确信自己对相关关系的判断，而且这种确信度较好地反映了这些数字和图像之间实际的相关关系。相反，美国被试显然受到很强的首因效应影响，他们对于相关关系的判断更多地受到最初几对刺激出现次数的影响。而中国被试基本上没有受到首因效果的影响。

中国被试唯一的错误之处在于容易把一些毫不相关的对应认为是有意义的相关关系。在心理学中，这是犯虚假相关的错误，即我们倾向于将本来并不相关的事物判断为相关。我们总是认为，世界上没有无缘无故的事情，因而倾向于将一些实际上无关联的事物判断为有关联。例如，我在买东西时候，总是想排到比较快的队伍以便早点付钱，结束购物，结果却常常排到那个费时最久的队列中去。

我常常批评自己每次总是挑到最慢的队或者"我将最快的队变成了最慢的队"。而实际是不存在这种相关关系的。挑选的队伍的快慢，不是由你决定，而是由前面排队的人数、所购商品的数量和收银员的速度等因素决定的。这是一个典型的虚无相关。

虚无相关的判断在中国非常常见。另外一个常见的例子就是，很多父母教育孩子，如果好好学习就能考上名牌大学。好好学习是上名牌大学的必备条件，我们很多人都认为两者之间确实存在相关关系。但要从科学概率上证明两者之间的相关关系，需要考虑四种情况的概率，即两个事件同时发生，两个事件同时不发生，或者一个事件发生而另一个事件不发生。而我们往往只考虑了两个事件同时发生的概率（如某学生好好学习从而考上名牌大学的概率），或者两个事件同时不出现的概率（例如，某学生没有好好学习也没有考上名牌大学的概率）。但是在判断相关关系时，也应该考虑某学生好好学习了却没有考上名牌大学的概率，以及某学生没有好好学习却考上了名牌大学的概率。

五、因果关系的判断

首先我们来看中国人因果关系判断的社会特性和影响因素。休谟认为，因果关系是宇宙最基本的组成，我们对外部事物的了解和认知建立在对其因果关系的判断上。在现实生活中，相关关系的判断往往显得十分重要。但是，更为重要的是对因果关系的分析。这种因果关系的分析在心理学中被称为归因研究。我们通过研究发现，归因在很大程度上是受文化影响的。美国社会心理学家长期以来都认为西方人的归因特点是把人的行为归结于其内在特性造成的，例如性格、动机、意愿等内在因素。这种误差后来被定名为"基本归因误差"。所以说，对因果关系的分析是人最基本的需求，也是人最基本的行为活动。

我对因果关系的研究始于一个悲剧。1991 年，我认识的中国留学生卢刚精神失常后，提枪闯入其指导老师的办公室，开枪打死指导老师和系里其他几位教师，并在枪杀了其同学和副校长后开枪自杀。这个悲剧为什么会发生，便是一种因果关系的判断，行为科学中称之为归因，即如何理解一种行为的原因。我为这名学生感到惋惜。同时，我认为，如果他和我认识的一位女性朋友结婚的话，也许悲剧就不会发生。我将这个推论告诉我的美国同事，他们的反应却令我非常吃惊。他们认为，应该为那个没和他结婚的女性感到庆幸，因为如果她与之结婚，恐怕也会惨遭毒手。

这是一个非常有意义的文化差别，我和我的美国同事都对这一事件进行过反事实思维，即根据与事实相反的假设来进行推理和判断。例如，假设克林顿仍是美国总统，他是否会发动反伊战争？克林顿已经不再是美国总统，这一假设与事实是相反的。在进行反事实思维时，我认为，如果这名留学生已经结婚，他会是另一种状态，而不会走到自我毁灭的这一步；而我的美国同事则认为，即使他已经结婚，他仍然会开枪杀人，而且就连他的太太也会惨遭杀害。这个现象暗示我们：也许我以及其他中国人对情境的变化更加敏感，而美国人则对情境变化不那么敏感。

过去的行为科学研究一直认为，我们在进行因果关系判断时常常关注个人原因，而不是情境原因，这被我们称为最基本的归因误差。比如在领导决策中，我们往往认为领导的成功来自其个人特质，而一般不会将其归因为时势造英雄，这便是一种基本归因误差。基本归因误差是行为科学中的一个经典假设，而刚刚所提到的现象，则是对这一经典行为学假设的挑战，说明在一些文化中可能并不存在这种基本归因误差。当然这只是一种假设，还需要用科学的方法来证明，为此我们特地选用一些反事实思维的实验来证明这一假设。其中一个实验就是对这名留学生所处的情境进行变化，例如，如果他已婚，其杀人的概率是多少？如果他有孩子，其杀人的概率是多少？如果他在中国，其杀人的概率是多少？而如果他是在加利福尼亚州，其杀人的概率又是多少？我们假设出所有可能的情境，请中国人和美国人对各种假设分别做判断，观察他们是否会因为情境的变化而做出不同的概率判断。

另一个实验则针对这名留学生的个人特性来进行，例如，如果他是一个开朗的人，其杀人的概率是多少？如果他没有精神失常，其杀人的概率又是多少？同样请中国人和美国人对各种假设进行判断。实证结果与先前假设完全相同，相对于美国人，中国人对情境的变化非常敏感。中国人普遍认为，如果他在中国就肯定不会杀人，因为他无法获得枪支；另外，如果他有孩子，也肯定不会去杀人。

这是一个很大的文化差别，但这一研究存在一个较大的方法缺陷，那就是我们假设的对象是一个特定的人——一个中国人。通常当我们自己犯了错的时候，我们倾向于认为这是环境导致的错误，而不是个人的原因。因此中国人可能更倾向于认为当事人的悲剧是因美国特定的文化和环境造成的，而不是他自身的问题。如何控制和排除这种可能性？我们发现一个与该留学生事件十分类似的美国枪杀案，凶手枪杀了六个同事和老板，我们把这两个案件同时呈现给被试，让其进行反事实思维，观察中国人和美国人对两个案件的概率判断是否会不同。结果发现，无论对于留学生案件还是美国枪杀案，中国人都认为情境非常重要，大部分人认为如果凶手已经结婚或是已经有小孩，就不会杀人。这说明，中国被试并不因为是中国人就做出这样的判断，而的确是因为我们非常注重情境因素，注重情境与个人的交互作用，而相对不注重个人内在原因。这一发现改写了行为科学有关基本归因误差的假设。

但即使如此设计，这一实验仍然存在一些问题，因为人的社会特性和外表特性可能会影响他人对其的判断。实验的两个对象——留学生和美国凶手，长相都还不错，并不像坏人，中国人在判断时，可能会受到他们面相的影响。因此，我们决定用动物来进行实验以排除这种可能性。我们用鱼进行实验。鱼是一种较为特殊的动物，我们一般通过水平面来观察鱼，所以，我们能通过二维平面图像来认识其三维图像。因此，我们可以在计算机二维平面上模拟鱼的真实状态，提供给被试进行判断，而这样模拟其他动物则有困难。

我们通过计算机模拟出鱼的运动轨迹，让被试判断不同运动轨迹所代表的意义。第一幅图是一群鱼游向一条鱼，第二幅图是一条鱼游向一群鱼，第三幅图是一群鱼离开一条鱼，最后一幅图则是一条鱼离开一群鱼。

我想大家理解这些图并没有困难，因为在日常行为中我们已经形成了对这些情境的认知模式，因而能够充分理解这些鱼的运动轨迹。我们要求被试判断每幅图中，那条鱼是高兴还是不高兴。例如，第一幅图中，一群鱼游向一条鱼，这条鱼是高兴还是不高兴。75％以上的中国人认为这条鱼高兴，而75％的美国人则认为它不高兴。因为中国人会联想到家庭聚会中，大家簇拥着家中的长者，或是一群下属簇拥着他们的领导，这个长者或者领导肯定是高兴的。而美国人则联想到，个人空间被侵犯了，因此它是不高兴的。这说明，我们对日常行为的了解和认识已经形成了一种认知模式，并会影响我们对事物的判断。

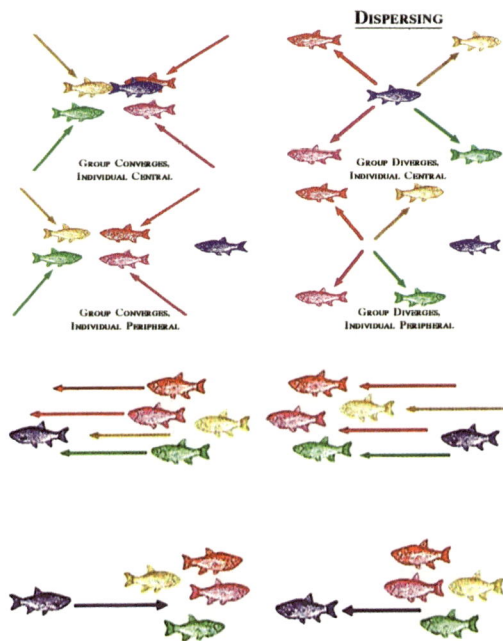

鱼的运动轨迹实验

对中国文化和美国文化的归因研究，在某种程度上也是在研究这种认知模式对人的判断的影响。

我们发现，一些文化中的人对一种模式的联想较多，而另一些文化则较少。比如，对于一群鱼游向一条鱼和一条鱼游向一群鱼的图，中国人想到的故事更多，反应更快。而对于一群鱼抛弃一条鱼和一条鱼离开一群鱼的图，美国人想到的故事更多，反应更快。因为中国人更加熟悉前者，而对后者则较为陌生。这一研究的意义在于，我们第一次将文化变量变成了一个可以客观测量的时间变量，即用反应速度来测量人的内隐的文化价值。有的人可能宣称自己受中国文化的影响很大，但如果他在实验中表现出对"离开的鱼"反应更快，那么他受美国文化的影响更大。我们进行的这些实验都论证了这一点，即中国人在因果关系判断中更加注重一些外在的情境因素。

六、概率判断和决策

一项与大家的文化成见相矛盾的研究发现中国人在对一般知识的判断方面过分自信。比如说，问中国人是长江更长还是密西西比河更长。不管中国人的答案是哪一个，他对自己判断的自信心相对于欧美人而言会高出很多。

菲利普和怀特（Philps & White）比较了英国被试和中国被试对一般知识正确性的概率判断，他们询问：①第三世界国家的人口是多少？②土豆是在冷的温度下生长得快还是在热的温度下生长得快？请他们判断答案正确的概率。结果发现英国被试更喜欢用不确信的表述来描述他们的回答，而中国被试更容易用两极化的概率估计（例如"百分之百肯定是"或"没有一点可能性"）来描述他们判断的自信心。

这些研究得到了密歇根大学耶茨（Yates）教授的证实。耶茨认为中国被试在概率判断上的过分自信可能与中国人缺乏证伪的思维习惯有关。他的这种假设得到一项研究的支持。在这项研究中，中国被试和美国被试都被要求对每一个判断问题提出它可能不对的证据。耶茨发现，中国被试在这项测试上较落后于美国被试。

概率的另一种特殊判断是风险知觉。

韦伯和奚凯元比较中国被试和美国被试对风险偏好的差异时，发现与大家的文化成见存在一些相矛盾的现象，中国人其实在经济决策方面更敢于冒险。但在社会决策方面，中国人就显得更为小心谨慎。

他们同样对中国和美国的谚语进行了分析，发现中国的谚语在金钱方面的冒险性虽然更多一些，但在社会风险偏好方面要少很多。他们提出了一个"安全垫"理论，认为生活在集体主义社会的人，比如中国人，更可能在遇到困难的时候得到家庭和朋友的帮助。因此，集体主义文化就给在其文化下成长的人一种心理上的保险或安全垫，以防备经济上的损失。这样，中国人对同样的风险判断就和美国人不一样，一般不太看重经济风险。但是，在社会风险判断方面，由于关系的重要性，中国人就很不愿意在社会风险判断上冒险。

西方心理学家一直认为理性的选择是建立在概率判断基础之上的。但是我们发现不同文化中的人不完全是根据利益的概率最大化来做出选择的，有时候被试所做的选择反而会影响被试的利益。最起码选择和控制并不一定总能够提高人的工作效率和心理健康。几年前，我们做了一项棍棒测验和相关关系判断测验，发现中国被试在能够控制刺激的条件下反而不如在没有控制的条件下做得好。与之相反的是，美国被试在能够控制刺激的条件下比在没有控制刺激的条件下更加自信。

因戈尔和莱帕尔（Iyenger & Lepper）在斯坦福大学幼儿园观察美籍华人儿童和美国白人儿童玩计算机游戏的成绩。在一种条件下，儿童可以选择这个游戏的设置，比如说飞船的颜色或者是宇航员的姓名等。在另外一种条件下，儿童被告知他们的妈妈已经选择好了最适合他们的设置。研究发现，美籍华人儿童在妈妈选择的条件下成绩最好，而美国白人儿童在妈妈选择的条件下成绩最差。很显然，对一些很小的事情的控制不能够提高美国白人儿童的成绩，但能够提高美籍华人儿童的成绩。

在另外一项研究中，因戈尔比较了中国工人和美国工人对工作条件和工厂环境的意见，发现很难与中国工人讨论个人选择的问题。在回答每天工作中做了多少次选择时，美国工人报告的选择次数要比中国工人所报告的多出50%。当问到什么情况下他们不会或根本不想做出选择时，30%的美国人回答说他们根本不可能想象这样的情形，而100%的中国人都能想象出不愿意做出个人选择的情形。

人的道德和责任判断受到结果的影响。如果某一事件的结果非常明显，那么道德判断相对来讲就非常明显。这在法律上被称为道德走运错误，是一种不理性的判断。举例来说，有个人不远万里地去听一个讲座，却发现演讲人完全是胡说八道，他非常生气并决定要杀了演讲人。于是他到农贸市场买了斧头，打听到演讲人的住址后企图谋杀这个演讲人。这是有动机、有准备的谋杀，但是可能因为斧头的质量并不好，杀人未遂。当不存在结果的时候，这个人是否有罪？虽然从法律上来讲，即使没有结果也是有罪的。但是为了证明中国人的道德判断是否理性，是否会受到文化影响，我们设计了一个2×2的实验来验证这一假设。我们让被试阅读如下案例。

有一名中国女子，发现其丈夫与其他女人偷情后非常愤怒，跑出家门，上了自己的车子，丈夫立即追出去解释。这时可能出现两种情况：一种是她看见丈夫在车后，故意开车去撞他；另一种是她伤心过度而没有看见丈夫在车后，不小心倒车撞了他。

这可能会出现两种结果：一种是丈夫被撞死，另一种是丈夫没有被撞死。实验发现，中国人的判断受到结果的影响。如果人没死，一切都好商量；如果人死了，不管其动机如何，都是有罪的。而美国人的判断相对来说不受后果的影响，而受意图的影响。这说明，中国人的道德和惩罚判断很大程度上受结果决定论的影响，并不十分理性甚至不符合法律规则。

言为心声，也就是说，文化的沟通根本上是思维的沟通。因此，不同文化在思维方式上的差异，一定会导致沟通上的差异，而这也正是跨文化沟通中最大的障碍。语言的障碍可以通过学习、经历或者专家的帮助来克服，而思维的障碍则通过学习跨文化沟通心理学来克服。

问 题

1. 当别人赞扬和恭维时，中国人和美国人一般会如何回应？
2. 你如何理解"情绪的面具"？这在跨文化沟通中会有什么影响？
3. 为什么有些外国人中文非常好，却无法和中国人深入交流？
4. 合上书，你是否可以简单画出本章提到的鱼的实验的四种情况？请复述。

爱之浪漫

美国音乐家梅纽因说，20 世纪为人类兴起了所能想象的最大希望，却也摧毁了所有的幻想与理想。夏加尔的艺术创作生涯几乎与 20 世纪的历史重叠。

夏加尔出生于一个犹太人的家庭，经历了一战、二战、俄国大革命等无数的磨难和逃亡，但是，他的画作却表达了唯美浪漫的爱情。

他的妻子贝拉是夏加尔进入美丽的绘画世界的心灵之门，他从看见贝拉的第一眼，就认定她是自己一生的妻子，夏加尔的画是他＋贝拉＋浪漫时空神形三位一体的绝世之作。

当时的超现实主义诗人阿波利奈尔，曾经有个全新的艺术理论叫作"纯艺术"，他认为艺术应该是完全纯粹的，不应该为任何意义而存在，就像植物一样。他以这个理论为起点，撰写了很多文章宣传当时并没有多少人认可的立体派以及超现实主义画派，可以说立体主义大师毕加索的成功，与阿波利奈尔对他的理论研究和支持有关，夏加尔也是因为阿波利奈尔称他为超现实主义艺术家，才以此光辉形象永远留在了艺术史上。善良的夏加尔为了表达对阿波利奈尔的感谢，特别画了一幅画——《致敬阿波利奈尔》。

夏加尔说，他的内心世界就是真实，可能比外面的世界更加真实。把一切不合逻辑的事称为幻想、神秘和怪诞，实际是承认自己不理解自然。

东晋是中国历史上极为动荡的时期，各种内部和外部斗争不断交织。在那个艰难的时代，顾恺之竟然在《洛神赋图》中将超乎人性的灵性至爱表现得淋漓尽致，成为传世至今的最美中式爱情。作为那个时代最杰出的艺术家，顾恺之的画"意存笔先，画尽意在"，因而享有"画绝、才绝、痴绝"之称，也是开创中国人物画的鼻祖。唐代张怀瓘对其画作评价甚高："张僧繇得其肉，陆探微得其骨，顾恺之得其神。"在《洛神赋图》中，我们可以看到顾恺之用眼睛所表达的神色之美，其有如神助的点睛之笔对中国画影响至今。

《洛神赋图》虽现仅存摹本，但仍可从侧面感知原画的艺术面貌。整幅画面洋溢着强烈的神话气氛和浪漫主义色彩。山川树石富有自然野趣，展现一种空间美；衬景中对车船、女娲以及怪诞神兽的描绘生动鲜活；人物安排疏密得宜，在不同的时空中自然地交替、重叠、交换。随着情节的展开，顾恺之在画面中描绘了曹植与洛神的多次相见，最终洛神于云端渐去……留下来千古不能言尽的浪漫之爱。

　　我曾在美国加州大学洛杉矶分校医学院见到了著名心理学家西格尔（Siegel），并和他进行了两个小时的对话，还意犹未尽地共进了晚餐。关于这场对话的详情可以参考《吾心可鉴：澎湃的福流》中"探索和培养'第七感'"一节。如今再次回忆这段对话，发现顾恺之的《洛神赋图》，从画作名称到画中人物的眼神传递，以及画中描绘的《山海经》中的仙境、神灵与怪瑞，都是激发人类第七感的绝佳艺术，而夏加尔的《七个手指的我》（1912）可以说揭示了他用七个手指隐喻的第七感在当时的悲惨现实中创造另一个超现实的平行浪漫时空的奥秘，所以说，观赏顾恺之和夏加尔的画可以帮助我们体验《吾心可鉴：澎湃的福流》中阐述的西格尔关于第七感的理论研究。

第 3 部分

跨文化沟通影响力与说服力

天行健，君子以自强不息；地势坤，君子以厚德载物。

——《周易》

绅士就是对世界的付出多于索取的人。

——萧伯纳

第九章
跨文化沟通是人与人之间的影响

从本质上讲，跨文化沟通就是人与人之间的影响，和其他的社会影响一样，它也遵循影响的心理学原则。只不过在跨文化沟通中，受影响的对象和试图影响别人的沟通者来自不同的文化背景。

从某种程度上讲，我们都是有影响力的专家，因为我们生活在一个充满社会影响的世界。我们不妨做一个简单的心理学试验：数一数每天所遇见的、企图对你的思想和行为进行控制的人和事物，你会意识到你本身的存在就是社会影响的产物。这些影响源包括要求你做某些事情的人，强迫你做某种选择的客观条件，暗示你买东西的广告，指引你去某个地方的标志，告诉你如何考虑某一问题的宣传，等等。我们生活在多元文化的世界，这些影响源在某种程度上是跨文化沟通的影响源，很多这样的社会影响实际上也是跨文化的影响。

跨文化沟通中的影响源普遍存在，比如对你提出要求的人

第一节　影响的过程

亚里士多德是公认的影响研究大家，他的《修辞学》在人类历史上首次记录了说服和影响的原则。人们总是在不断探索、发现、定义和创造成功的社会影响的方法和技巧。社会影响可以说是任何社会都关注的技巧，因为影响他人的能力以及抵制他人影响的能力的高低与一个人的成功与否紧密相关。

知道如何说服别人和与人沟通的人，在社会活动中的收益也较多；能有效地与自己伴侣沟通的人，往往会有快乐的婚姻生活；成功的沟通者往往会成为成功的管理者，成功的管理者通常会把 80% 的工作时间用于与上下级进行沟通；能够流利、鲜明、自信地表达自己看法和思想的政治家，往往更容易激励下级以实现自己的政治目的；影响力大的广告往往更能够吸引人的注意，打动人心。总而言之，对影响技巧的研究与我们的生活密切相关。

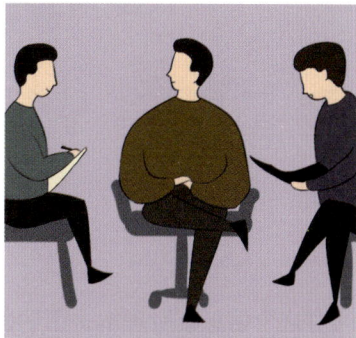

一个优秀的管理者通常把主要工作时间用于与上下级的沟通上，同时他清楚地认识到赞扬对于提升执行力的重要作用

对影响的系统性科学研究，始于耶鲁大学的霍夫兰（Hovland et al., 1949）。他于 20 世纪 50 年代建立了一个宏大的耶鲁沟通研究计划，并取得了丰硕的研究成果。霍夫兰用心理学的学习理论来解释影响的过程，他坚信如果一条信息的论据能够让别人相信，那么，采纳该信息的立场就会得到强化，信息就能比较成功地改变受众的态度。信息中的论据可以表示为什么所提倡的观点是正确的，采纳这一立场为什么会带来好处，比如，得到社会的承认，受到人们的拥戴。那么，影响的产生到底有哪些过程呢？

日常生活中，我们每天都会收到无数的信息，但是，真正起到影响作用的信息很少。霍夫兰的研究发现，一条信息对人的行为产生影响，一般要经历六个心理阶段。当然，各阶段之间不一定是明确区分的，有些阶段也可能不会发生。第一阶段，我们接到这个信息；第二阶段，必须要注意到这个信息；第三阶段，必

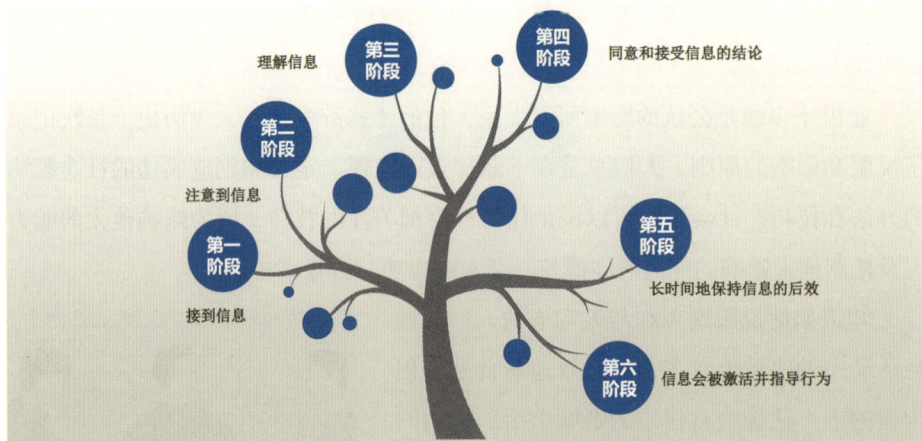

第三阶段　理解信息

第四阶段　同意和接受信息的结论

第二阶段

注意到信息

第一阶段

接到信息

第五阶段　长时间地保持信息的后效

第六阶段　信息会被激活并指导行为

影响的六个阶段

须对这个信息有所理解；第四阶段，至少同意和接受它的结论；第五阶段，要长时间地保持这个信息的后效，即使这个信息不再重复时，它也能影响我们的行为；第六阶段，在某一情境下，该信息会被激活并指导我们的行为。

一、接收信息

如果我们不能收到某一信息，那么这一信息的影响就不可能存在。这就是说在跨文化沟通中，如果己方的信息不能被对方接收，那么沟通就没有意义。通常情况下人们都是匆匆忙忙的，不可能注意或者接收所有信息。这就要求在跨文化沟通中，一定要在第一时间让对方接收信息。

但是，让对方接收信息，会经常受到信息传播心理学中一个障碍的影响，这个障碍就是选择性接收，也就是说，我们通常只接收已经认同的信息。这种选择性接收与我们生活和社会结构中的信息过滤系统有关。在某些情况下，由于这种信息与我们固有的价值观相矛盾，就会令我们出现认知上的不协调，使我们有意回避那些不愿意了解的信息。

日常生活中，这种信息过滤系统的存在是非常广泛的。我们的生活方式导致了信息的选择性曝光，社会体制、所受教育、生活方式、语言等都制约了我们所能接收的信息。生长环境决定我们会接触什么样的朋友，孟母三迁，因为她知道环境的变化能改变人们所接收的信息。我们的生活经历也决定了我们会遇见什么样的人，了解到什么样的观点。

更为普遍的是，我们的生活经历、朋友都是自我选择的结果。在某种程度上，我们的背景，包括社会背景、家庭背景、价值观念，都决定我们会选择什么样的生活方式。我们当下所接收的信息，很可能是与我们已经接收的信息相关联的。因此，具有自由主义思想的人，就很难接受保守主义思想。同样，我们的生活环境决定了我们所接收的信息是自己所能理解的信息，而别人所接收的信息是别人所能理解的信息。

还有一些过滤信息的生活方式，其中之一就是无意识和下意识的自我审查。社会体制会对一些信息加以审查、排除，政府与媒体经常排除与我们观念不一样的信息。即使在崇尚言论与思想自由的西方国家，也有很多信息的自我排除和审查制度，把与大众或者与社会价值相矛盾的信息或多或少地排除。这样的审查制度在集权社会中表现得更为明显。

除了选择信息，对信息的管理有时候也会影响我们。这种信息管理通常采用一些评价的方式或者是舆论宣传的方式。例如，在报道信息的时候，不同的价值观念会下意识地对信息加以评价、分析。舆论的引导者在很大程度上决定信息的接收程度，他们能够控制新闻的内容及传播，这在很大程度上影响了信息被受众接受的程度。再如，教育的意图和目的也会影响对信息的评估，各种文化中的教育系统、体制在某种程度上其实都是对信息的自我选择的界定和限制。

二、注意信息

在跨文化沟通中，不同文化的人所关注的信息是不一样的。广告从业人员知道，在广告中通常用关键词、概念或者事物引起受众的注意，这是信息影响过程中的一个关键阶段。如果让人们开始注意并能保持注意且延长注意，那么，在信息的影响过程中就有了一个好的开始；如果没有让别人注意到，这个信息就丝毫起不到影响作用。在现实中，大量信息会穿越各种障碍呈现在我们面前。虽然有些信息是令人不愉快的，而且有些信息即使暴露在我们面前，我们也不可能完全注意到。但注意是决定性的,也是最重要的影响过程。在广告商的宣传中,他们经常用一些漂亮的人和一些具有煽动性的广告词来吸引受众的注意,这是产生影响的关键。

在早期,模特界的内衣秀是有机会走T台的名模大多不愿意加入的,普通大众也觉得看内衣类服装秀很尴尬。而"维多利亚的秘密"年度内衣大秀,却创造了非凡的影响力。优美的天使造型和梦幻般的舞台效果,让每年的年度大秀不仅成为国际时装界的盛典,也成为春节期间中国人最关心的话题之一,由此也让一个本来只属于特定人群的内衣品牌成为男女老幼皆知的著名品牌。随着中国在国际上受到的关注度越来越高,2017年伊始,"维多利亚的秘密"启用中国模特,以此引发了更大范围的中国观众的注意。

过去海报大都在电影、服装和化妆品等商业气氛浓厚的行业使用,近年来,在出版业也兴起了海报热,海报上不再只有刻板的内容简介,还有精美细腻的插画、二维码等拓展资源。丰富美观的海报,吸引了更多的读者购买图书。清华大学出版社打破《山海经》插画一向直接使用或者模仿古画再创作的传统,还突破了《山海经》图书一向以文字为主、以插画点缀的常态,出版了一本插画占据大量篇幅而文字相对较少的《山海经》读本。起初书店不敢进货,担心销路,后来图书推广人员制作了非常美观大气的海报——灵魂在观览山海图中诗意栖息,让本来对《山海经》的图并没有太多要求的读者,注意到丰富想象力的图片可以将《山海经》诠释得更好,从关注到购买并口碑相传,最后成了令人瞩目的畅销书,并引发出版等文化产业的广泛模仿和跟风。

越来越多的广告让我

《山海经》图书海报

们惊艳不已。但也有一些广告天天暴露在我们面前，我们却视而不见。我有时候会询问有电梯广告的住户，他们是否注意到了家门口电梯的广告，这时候往往会看到他们一脸茫然地回答："没有注意啊。"

三、理解信息

信息传播的学问，就在于要对市场、受众进行分析，掌握市场和受众所关注的事物及特点。在跨文化沟通中，我们经常遇到的问题大多源自对文化市场缺乏研究，我们不了解人们关注的热点问题。如果不能给受众以足够引起注意的材料，我们的宣传就达不到预想的效果。电视广告商在这方面做得很成功，他们知道人的注意是有限的，因此，在播放广告时尽量让人们注意到他们的广告和宣传。在信息爆炸的社会，商家每年花费在广告上的费用数额巨大，如果你计划花很多钱做一则广告，那么，就应该了解人们所关注的热点。

一项测试表明，电视观众对无聊内容的容忍时间是6秒钟。YouTube上的视频广告常常会这样提示："5秒之后你就可以跳过广告了"，然后就是倒计时，计时结束后可以单击"跳过"按钮，进入想看的内容。这种情况下，观看视频的人通常不会因为广告而离开。6秒钟也是对视频节目制作者的要求，必须把视频制作得每6秒钟都能牢牢抓住观众，这样的电视节目才能霸屏，电视剧也是这样，这就导致现在的广告片做得越来越像电影大片。

让人知道的成本是很高的。这句广告界盛传的至理名言，告诉每一个客户，不花费足够的时间成本、金钱以及脑力，产品是不可能让人知道的。

四、同意和接受结论

在注意心理学方面，很重要的一点是选择性注意。比如有两组人，一组有较丰富的环境保护经历，而另一组环境保护经历比较少。让他们阅读关于环境保护的文章后，两组人会有非常不同的反应。前者更多地坚持他们自己的立场，甚至通过有力的反驳抵制影响，用他们的相关知识来挑战信息；而后者容易受到负面信息的影响，倾向于中立的立场（Wood，1982）。

这就说明态度明确、坚定的人不太可能受信息的影响而轻易改变自己的判断。总体原则是，如果清楚自己的立场，外界的压力就很难改变你的看法和态度。但是，坚定的态度总会导致人们对影响抵抗吗？顽固的态度一旦形成，就没法改变吗？这也不尽然，相对于经验较少的人，那些有更多直接经验的人，其实更容易受到特定信息的影响。如果某些信息与他们的观点不一致就会遭到他们的辩驳，但是在比较极端的时候，也可能会改变他们的态度。比如，"我同意你的看法，但是你了解得还不够深入，在我看来，还有如此这般的理由……"这样的陈述很容易影响那些态度比较顽固的人。一般来讲，这些人对信息有着特殊的思考和认知过程，而且能够利用很多信息、经验来进行判断，如果我们有针对性地进行沟通与宣传，往往能够改变这些极端顽固的人的态度，为他们提供新的信息和帮助。

对对方的深刻了解，是保证沟通信息能够产生影响的关键。有一项研究，把被试分为两组，一组是尊重法律的人，另一组是信奉宗教的人，然后观察不同的信息对他们支持堕胎态度的影响。结果发现，尊重法律的人比信奉宗教的人更容易相信那些从遵守法律的角度来讨论堕胎问题的信息，但如果这个信息用的是宗教的态度，它的效果正好相反（Cacioppo et al.，1982）。因此，在确定影响方式之前，一定要很好地了解受众，包括其价值观、态度、希望和志向等，这往往都是达到良好沟通效果的关键。

五、保持态度

在跨文化沟通过程中，如果我们所施加的影响不能在受众那里得到保持，信息就无法在将来产生作用。如何让影响和宣传效果保持下去，是这一阶段所要关注的问题。心理学研究发现以下三个重要心理学原则可能影响沟通和宣传的效果。

第一，熟悉导致喜欢。一个事物在我们面前曝光的次数越多，我们就越倾向于喜欢它，社会心理学家已经在这方面积累了很多证据。

扎荣茨（Zajonc, 1968）对此做了一系列研究，他把一些平淡的、新颖的、复杂的刺激短暂地呈现给被试。其中，一些刺激只呈现一次，一些刺激呈现几次，一些刺激呈现十多次，每次呈现时间为两秒钟。给美国被试所呈现的刺激，有些是美国人不熟悉的汉语词汇，有些是毫无意义的、生编乱造的音节或者是一些无意义的符号。他把不同的汉语词汇呈现一次、两次、十次和二十次。呈现结束后，要求被试在贬

人们更容易喜欢自己熟悉的抽象画，西方人比东方人更喜欢抽象画，如图为毕加索画作《小提琴》

义、褒义这一维度上猜测汉语词汇的含义。结果发现，汉语词汇呈现次数越多，被试评为褒义的概率越大。对于很多不同的刺激来说，这种评价是存在的。

再如，人对艺术品的评价，尤其是一些抽象的艺术作品，熟悉的程度决定了人们喜欢的程度。

当然，这里还有另一种心理过程在起作用，这一过程有助于理解人们对问题态度的改变。人们对已经持有的相关态度刺激物的感受也可以说明这一过程，这就解释了一个有趣的心理学现象——极化现象（Polarization）。重复呈现人们先前喜欢的事物可以导致比较积极的评价；反之，重复呈现人们先前不喜欢的事物可能导致更加消极的评价。实验中，他们把一些抽象的艺术品分别呈现给被试一次、两次、五次和十次。在艺术品首次曝光的时候，被试报告是否喜欢这幅画。随着观看次数的增多，研究者发现被试对喜欢的抽象画的喜欢程度提高了很多，而对不喜欢的画变得更加不喜欢（Brickman et al.,1972）。对其他刺激物的研究，比如单词中的积极词汇和消极词汇，也存在这种倾向性（Grush, 1976）。当刺激物变成一些讨人喜欢的男性或者是一些不

讨人喜欢的男性形象时，这种反复的曝光也导致了极化现象的发生。人们变得更喜欢他们先前喜欢的人物，也更加不喜欢他们先前不喜欢的人物（Perlman & Oskamp，1971）。

极化现象产生的原因是重复的曝光增加了人们对刺激物心理联想的数量，大多数联想与人们对刺激的初始态度具有相对一致的评价倾向性。一项情绪性刺激的研究证实了这一点，就是将一些情绪型词汇作为刺激呈现给被试，在呈现每个单词的时候，被试需要对这个单词进行言语联想，写下他们可能联想到的任何单词。例如，饺子可能让人联想到美味或者面包，麻风病可能引起对"可怕的""肮脏的"之类形容词的联想。向被试呈现刺激词，让他们进行联想，再要求其在贬义和褒义的量表中对自己的联想情境进行评定。研究者发现，随着呈现刺激的数量增加，被试对言语联想的评价变得更为极端。对先前就喜欢的单词的联想变得更加积极，对先前不喜欢的单词的联想变得更加负面。

第二，影响保持程度的另一个相关因素是思考。对某一个问题进行简单的思考后，大多数被试会出现极化的现象。最初的赞同者在思考后变得更加赞同，而最初的反对者在思考后变得更加反对。因此，可以看出思考往往可以让人产生比较极化的态度。

第三，与影响保持有关联的是一致性原则。不论刺激是否被呈现，对信息的思考都有两种情形：一种是与已有的态度在评价上相一致，另一种是与已有的认识变得更加一致。这种趋势产生的原因是我们的每一个态度都部分地反映了我们在理解客体方面形成的一个心理图式。那么，关于客体的思考，很大程度上是在已存在的图式引导下完成的。这一思考过程进而引发了那些知识所能带动的记忆和联想，这些记忆和联想又与心理图式相匹配。因此，我们思考和联想得越多，一致性的思维就会积累得越多，我们的态度也会变得越极端化。这种一致性原则为引入极端态度提供了有用的策略，这一策略的诀窍在于首先引发受众对某一观点或者客体产生略微喜欢的反应，然后再想办法努力使受众对这一客体进行思考甚至反思。如果这个客体是一个社会问题，可以用包含论据的信息来取得被试的初步正面反应，再激励被试做进一步的思考和联系，通过这种方式使被试的态度更加强烈。

前面谈到了信息的重复能够使比较好的影响得到保持。对于人物、艺术品、汉语词汇以及英语单词，这种重复是有意义的。但是对于复杂的信息，重复有意义吗？有这样一个实验，分别以一次、连续三次和连续五次的频率向大学生呈现了包含八条信息的录音带。结果发现，相对于呈现一次的信息，信息呈现三次以后，被试对信息的评价更高。很明显，影响效果与曝光次数有关，这就支持了一致性原则的基本假设。对高品质论据信息的积极反应随着曝光次数的增加而影响效果加强。但是，当被试听了五次相同的信息后，就会出现变化。呈现次数从一次到三次，影响的效果是正面的，但是当信息继续反复呈现后影响效果反而降低（Cacioppo & Petty，1979）。

为什么一些复杂信息重复超过一定次数以后，对其赞成程度反而降低了？我们知道物极必反，当这个刺激呈现太多，人们不得不对其重新评估时，一件好事就很容易变成坏事。例如过度曝光（Over-exposure），信息呈现过于频繁时，人们就会对它产生一定的敌意。一种原因可能是思维的饱和，即对信息的分析次数可能会导致个体不以一致性的原则对其进行评价，从而导致被试对信息产生消极的反应。当曝光次数由三次增加到五次时，被试就会产生消极的情绪和行为，从而导致影响减弱。另外一种原因可能是厌恶感会助长这种消极情绪，人们会对过多的刺激产生厌烦，从而导致一种心理阻抗。当人们感到自己的选择自由受到外界力量的反复挑衅和威胁的时候，会自然而然地产生一种抵抗心理或者逆反心理，并通过做出与这一外界力量期望相反的选择来重申自己的选择自由。这是一种很普遍的人类倾向性，我们习惯称之为逆反心理。就像当你被别人欺负时，你内心的反应是"我才不想按照你说的方式去做"。

重复多少次才算过度呢？这没有一个准确的答案，要取决于信息本身。通常情况下，信息越复杂，需要的曝光次数越多，因为在这个信息中，有很多东西需要进行评价和反应。通过呈现一些稍微不同的信息，就可以

不听不听我不听！

人们感到自己选择的自由受到外界力量的反复挑衅和威胁的时候，会自然而然地产生一种抵抗心理或者逆反心理

避免从积极反应向消极反应的转变。我们接受信息方式的改变也可能会促使我们用自己的知识、信念和经验来建立新的联系。

除了过度曝光效应，对一个信息做出的认知反应越多，我们对这个信息的态度就会越极端，我们的心态、信念和知识建立的其他连接也就越多。

信息效应的保持，有时也取决于影响的来源是首因还是近因。如果影响是被试所能接受的第一个印象，就会产生一种首因效应（Primacy Effect）。也有一些研究发现，如果影响源最后一个出现，熟悉程度就会更高，就会产生一种近因效应（Recency Effect）。

在辩论比赛和法庭的辩论中，首先呈现观点的一方是否更有利？研究发现，这取决于被试的态度和他做出反应的时间（Miller & Campbell，1959）。当信息与被试的态度有矛盾，而且这个态度有一定的时间延迟的时候，首因效应经常发生作用。

正方，人性本善；反方，人性本恶。在辩论比赛和法庭的辩论中，我们会发现辩论的最终结果受首因效应和近因效应的影响

具体来说，首先呈现的是赞同方的意见，再立即呈现反方的意见，双方都陈述自己的观点。其中最初犹豫不决的被试在第二个信息（也就是反方信息）呈现后，立即进行投票，而另外一些被试在一周后才进行投票。研究者发现那些一周后投票的被试倾向于赞同第一个信息，这就是首因效应。但是，那些立即投票的，或者表现为没有受到信息影响的被试则稍微倾向于接受第二个信息，这就说明了近因效应的存在。

在第二个信息呈现后，立即对被试进行测量时，由于个体刚接受第二个信息的影响，第一个信息影响的程度随着第二个信息在头脑中更加鲜活而减弱，即第二个信息比第一个信息的影响更强，这就是近因效应。但是在延时测量中，这一优势就消失了，由于第一个信息建立了非常强大的联系，第二个信息就难以抵消第一个信息的影响，那么，首因效应就会重新出现。

六、改变态度

影响过程的最后一个阶段就是将态度转变为行为，最终产生影响的效果。这个影响过程受很多因素的干扰，我们的态度和行为并不总是一致的，我们并不总是根据自己的态度和信念相一致的原则来决定自己的行为。比如在从众实验中，很多被试受到团体压力的影响。当团体与自己的判断不一致时，人们很可能会服从团体的判断。内部状态与外显行为发生冲突时，人们会表现出与自己的看法、信念不一致的行为。什么样的信息可以促进态度转化为行动？一般有如下两个因素。

1. 强烈的情境因素

社会情境对人的影响非常大，如果要使被试的行为受到外界他人的影响，这个"他人"就应该是对我们有意义或比较重要的人。他人的看法和评价对我们有意义的时候，我们往往会保持这种影响作用的存在。如果他人的看法与我们的看法不一致，保持自己态度和行为的一致就比较困难。

强烈的情境因素可能导致我们的行为与态度不一致，这种现象在著名的旁观者干预研究中表现得更明显。在这类研究中，态度和行为的不一致往往很有戏剧性。

在达利和巴森（Darley & Batson, 1973）的研究中，被试从一栋大楼走向另一栋大楼去录制一段演说，而演说的素材是他们在第一阶段的研究过程中思考过的内容。被试对自己到达录音棚所需时间的预测，受主试的指示语的操纵。研究者把被试随机分为三组，告诉第一组被试有足够的时间到达录音棚，告诉第二组被试需要加快速度才能到达录音棚，告诉第三组被试已经迟到了，需要快速跑到录音棚。路途中，每一个被试都会从一个衣衫褴褛、不停咳嗽的人身边经过，这个人明显需要他人的帮助（此人实际上是研究者的助手）。我们感兴趣的是被试是否会停下来帮助这个人。结果研究者发现，那些不着急的被试中，有63%的人会停下来帮助他；那些已经迟到的人中，只有10%停下来帮助他；那些能够准时到达的被试，在这个研究中处于中间位置，45%的人伸出了援助之手。如此看来，很多情况下，行为与态度并不完全是一致的，这倒应了我们常说的"情势逼人"。

2. 强烈且清晰的态度

要使人的行为与态度一致，除了情境要支持这种行为以外，还要求个人的态度是强烈且清晰的。强烈且清晰的态度的形成条件是人们思考过的一个问题，也是经过反复试验过的。也就是说，它应该暗示比较明确的行为倾向。一般而言，由人的经验所形成的态度，对人们的行为有更加准确的预测作用。有研究发现，那些有过母乳喂养经历的母亲，对母乳喂养的态度能够预测她们将来是采取母乳喂养还是奶粉喂养。而那些根本没有过母乳喂养经历的年轻女性，对母乳喂养的态度基本上不能预测她们将来是否会以母乳喂养自己的小孩。这就是为什么电视商业广告往往采用让观众身临其境的图像来提高商品的吸引力。例如，展现海南三亚沙滩蓝天、白云、碧海、细沙的图像，就比简单的文字宣传更有吸引力。

人们的态度有时候是整体性和概括性的，这种态度有时候不太能够预测特定条件下的特定行为，但它能够预测人们的一般行为。比如，如果你倾向于采用民主选举的方式来挑选人才，虽然不一定能够预测你在某次选举中的偏好，但一般而言，你的行为是与你的原则一致的。再比如，你对中国男足持基本的否定态度，那么，可以预测出你可能会抵制观赏男足的各种赛事或者宣传活动。但是，如果电视台决定封杀男足的电视转播时，你不一定会支持电视台的行动，因为其他的态度这时候也会出现，你可能觉得电视台的行动违反了一般公众的知情权和欣赏男足比赛的权利。虽然你本人有抵制的倾向，但是你不想侵犯别人观赏的权利。

还有一个影响态度与行为一致性的因素，就是它是不是人们关注的问题。道理非常简单，如果涉及的问题对人们的生活非常重要，那么，他们的态度与行为就会有很强的一致性；如果问题不是那么重要，那么，情境因素就会起更大的作用。所以，在跨文化沟通中，要影响对方的行为，一定要先强调问题的重要性。由于问题的差异，不同文化的人对问题的重要性判断很可能是不一样的，这就需要我们在沟通中发现和强调各种问题的自我攸关性，使得态度能够变成直接的行为。

第二节　影响的两条途径

前面我们谈到影响的过程，尤其是接受和理解的过程在很大程度上受影响策略的影响。采用什么样的影响策略，与影响的信息和目的有很大关系。选择人际影响策略的时候，首先要知道的是自己的信息是否有足够的吸引力和正确性。如果你觉得沟通、交流的信息不具备足够的说服力，你可能要想方设法使自己的信息与其他讨人喜爱的边缘信息结合起来，从而达到影响效果。两位社会心理学家贝迪和卡乔波（Petty & Cacioppo，1986）对这一问题做了一系列研究，他们发现影响是通过两条途径来起作用的，一条是中央路径的加工途径，另一条是边缘路径的加工途径。当人们主动、系统地思考一个问题时，主要使用中央途径（也可能会使用边缘途径）。中央途径促使人们对信息观点、论据、证据、理论更加感兴趣，但如果这些信息很弱，人们就很容易找到反对理由，从而达不到影响的效果。

有时候一个论点的证据可能不够强，或者人们对这个信息论据的强弱不感兴趣，或者人们对信息不太关心，不主动进行思考，或者他们受到干扰，或者太忙，这就需要我们使用影响的边缘路径。边缘路径不需要人们关注论据本身，而是关注那些不需要动脑的线索。广告牌和电视广告通常使用边缘路径，因为受众只有很短的时间对宣传和影响做出反应，这些广告通常使用以视觉形象为基础的边缘线索。很多产品，比如食品、饮料、衣服、香烟，都没有足够强的证据和理由需要人们对它进行思考。在这种情况下，它需要的是人们的一些感受，而不是逻辑分析，比如香烟的广告，它绝对不会谈一些支持吸烟的观点或者是反对吸烟的观点。但是，它又需要人们对它进行反应，即购买香烟，这时候它就不得不采用一些边缘路径，将香烟与美丽、苗条和快乐生活联系起来。又如饮料的广告，采用的也是这些边缘信息，比如可口可乐、百事可乐，商家没有足够的理由要求人们一定要喝，甚至在某种程度上，真正理性的行为应该是不喝可乐。但是，它需要人们对它做出正面的评价，因此，往往会使用边缘途径来影响人们的行为。这些边缘途径通常是用一些年轻、快乐、积极、活泼的人来拍摄广告。

另外一个与众不同的是计算机的广告，它需要人们花较多的时间去想品牌、功能和配置等问题，这些广告通常不会使用好莱坞明星或者是著名运动员做代言，通常他们要给人们提供足够多的关于计算机功能的信息和性价比，当信息的种类与信息接受者采用的路径相匹配的时候，通常能够最大限度地增强信息对人们的影响。

即使那些愿意花时间来思考问题或者是对某些问题有个人看法的人，他们也会接受边缘信息的影响，因为实际上，我们习惯使用一些简单的思维捷径，听专家的有隐含内容的报告不是很多人喜欢的影响方式。相对而言，人们更喜欢一些简单明确的答案。在很大程度上，这些简单明确的影响路径实际上是边缘路径的影响方式。

一个很重要的边缘信息就是人们的心情或者情绪。

研究者发现，当我们高兴的时候，我们受到信息的影响就大；当我们不太高兴时，我们就会思考为什么会有这样的信息出现。比如说，人们发现在听音乐或者吃饭的时候，我们相对容易接受对方的影响（Janis et al.，1965）。这也解释了为什么很多生意人愿意在餐桌上，或者在有轻松音乐伴奏的环境下谈生意。

有时候，负面情绪也能让影响变得更加有效（Banks & Salovey，1995）。比如，当人们希望劝阻他人停止做一件事情时，如停止吸烟、定期刷牙或者禁止酒驾，有时候人们会用一些恐怖的形象来提高它的影响能力，比如用一根香烟点燃肺部来警示那些吸烟的人，但这只是一种非常微妙的影响作用，一般来讲只能够稍微引起恐惧，因为过多的恐惧反而会让人们的反应更加强烈，而使影响效果更弱。最近的一些研究发现，在禁烟或者是禁止酒后开车方面，呈现恐怖信息还是有很大作用的，被试通常会受到这些形象的影响而改变自己的行为方式。

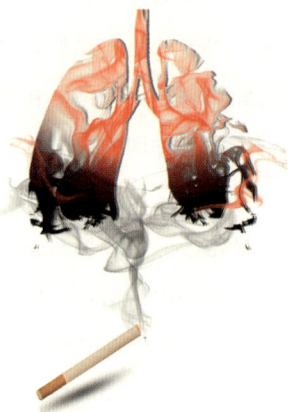

禁烟海报

在什么情况下中央路径与边缘路径分别起主导作用，主要取决于人们的动机和能力。如果讨论的问题不能激起受众的个人兴趣，或者受众没有足够的动机去进行系统分析，这时省时省力的直觉就会起主导作用。另外，当信息难以获得，或者信息太复杂而难以自信地对其进行判断，或者缺乏系统分析的技能和相应的能力训练时，我们可能不得不采用边缘路径来决定是否接受这个信息。多数情况下，如果我们发现某条信息来源于某个领域的著名专家时，会无意识地使用"专家是可信赖的"这个捷径，从而接受该信息的结论并受到它的影响。这些都是在没有进行系统分析的情况下发生的，很多时候我们受到的是边缘信息的影响。例如，专家的观念是可信赖的，大多数人相信的事情可能是有道理的，老师可能比学生更正确，这些都是使用边缘信息而获取的直接经验。

贝迪和卡乔波用一些实验来验证信息的两个路径的存在性。一个实验中，被试坐在一间屋子里，听到学校管理层正在讨论是否实行让学生通过一个高级综合考试才能最后获得学位的政策。被试的任务是，要对"陈述这一政策的人的传播质量"做出评估，陈述者是一位支持学校做法的人，而其他人是反对这一政策的学生。一半的被试听到的录音信息是比较令人信服的、强有力的论证，另一半被试听到的是毫无根据的、很容易被反驳的报告。一组被试得知反对的意见来自专家，是由一位德高望重的普林斯顿大学教授担任主席的卡耐基高等教育委员会提出的；另一组被试得知反对的意见来自当地的一群高中生。被试一共听到四种版本的信息：基于专家的强有力信息、基于专家的软弱信息、基于非专家的强有力信息和基于非专家的软弱信息。在听取这些报告、信息之前，一半的被试被告知，大学管理层明年开始实施这项高级综合考试，另一半被试则被告知十年后才可能实施这一政策。不同的被试对这项政策与自己的相关性有不同的评价，一些被试可能在不久的将来受这项政策的影响，而一些即将毕业的被试则不会受到影响。

研究结果发现，这一相关性对人们受影响的程度是很重要的。被试在听完录音后，给出了各种不同的回答。从他们的回答来看，高相关组的被试认为强有力的信息远比软弱无力的信息更有说服力，但是信息源的权威性对高相关组几乎没有影响。政策对自己有影响的被试，受到好的信息的影响要大于坏的信息，而不在乎信息的提供者是否是专家。但是，低相关组的结果恰好相反，信息的质量对他们态度的影响非常小，而信息的权威性却有很大的影响，对于他们而言，专家的信息比非专家的信息更有说服力。

这个研究表明，高相关组的被试有一定的动机去仔细考虑信息的内容，因此对论据的强弱更为关注。如果是较强的信息，他们会比较赞同；若信息比较幼稚甚至愚蠢，就容易引起一些消极的反应，最后信息中的建议会遭到抵制；相反，动机比较低的低相关组的被试，可能根本不理会信息的质量，他们采用的是影响的边缘路径，完全根据信息的发布者是谁来决定是否接受这一信息，更相信专家而不是学生。

那么，在什么时候软弱无力的信息会对被试产生影响效果呢？两位研究者还做了一些研究，证明了软弱无力的无效沟通有时候也会产生影响力。只要被试没有足够的动机去对论据进行系统分析，信息源的可信性就可以使一些低水平的信息具有影响力。

使一些软弱无力的信息产生作用的另一种方法就是干扰被试分析信息的能力。如果信息没有受到斟酌，它的弱点、无效性就不会被人们注意到，也就不会引起受众的消极反应。因此，只要信息论证的表面要点被人理解，就会引起态度改变的正面效应。一种干扰的方法是分散受众的注意力，比如播放背景音乐或者举办其他可以让人分心的活动，当然这种干扰不能太过分，不能妨碍受众的理解，应该是刚刚强到让受众没有办法反驳的程度。

为了检验这一观点，研究者让一半被试听一段学校主张上涨学费的强有力信息，让另一半被试听一段学校主张上涨学费的软弱无力信息。在聆听信息的同时，研究者还要求被试注意在屏幕上快速闪现的"X"字母的次数。为了在不同水平上操纵注意力的分散程度，研究者变换了字母的闪现频率，一组被试从来没有看到闪现的字母，是没有干扰的实验组；另一组被试看见字母每五分钟闪现五次或者十次，是较低或者中等干扰程度的实验组；最后一组被试看见字母每分钟闪现二十五次，是高干扰实验组。听完信息或数完字母"X"后，研究者让被试回答在多大程度上赞同涨学费的提议。

结果发现，当没有干扰时，强有力的信息要远比软弱无力的信息更有影响力，但是这种优势随着干扰程度的加强而消失。干扰越强，软弱无力的信息就越有影响力，而强有力的信息则变得越来越没有影响力。这一结果与注意力的分散可以瓦解被试的反驳相矛盾。为什么会有这样的结果呢？因为注意力的分散阻止了一种深度的心理加工，这种心理加工通常由强有力的信息激发积极的思维和反应，与注意的分散恰好成了一个平衡期，它可以把好与不好的观点都隐藏起来。

边缘信息对人的影响有很深远的意义，那么，对于那些很少有时间、有意愿、有能力去对信息进行系统分析的人来讲，任何直觉信息都可以成为精细加工的替代途径。

第三节　下意识的影响

跨文化沟通和文化内部沟通一样，有些人际影响的技巧通过下意识或者无意识的方式来进行。很多销售人员使用这种影响方式，它的影响往往是被试意识不到或者注意不到的。相对于有意识的、受到注意的影响，那些无意识的影响往往会产生比较长远的影响，而且不容易让人们觉察到。

什么是有意识的影响？什么是无意识的影响？一般来讲，意识指人对事物的觉察。在清醒或正常的条件下，意识产生的途径包括视觉、听觉、其他感知觉、情绪和思维活动等，我们对这些活动和过程的觉察就是意识。意识流指的是日常生活中我们不断地对周围的事物进行觉察，继而形成一种不间断的感觉和思维源流。在意识到自己的心理活动时，我们往往会有下意识的活动去控制它，因此意识的影响是我们能控制的，是我们能够进行分析、理解、批判的。

有些情况下，我们会有无意识的心理活动，或者是没有觉察到那些心理活动的存在。在心理学中，这种有意识与无意识的心理活动同时存在，通常我们也把它称为平行加工问题。大多数的注意和全部觉察通常会被一些非常明显的环境刺激吸引和消耗。还有一些信息依赖于无意识的分析和觉察，我们有时候也对这些信息进行心理加工，使其进入觉察和记忆中，但是，我们可能不能明确地意识到这些加工的存在。当你读一本书时，有些章节对你比较有吸引力，但你可能没有意识到自己对这些章节的注意。你周围的环境里可能有些音乐让你觉得非常耳熟，这也是无意识产生的反应。

很多心理学家认为，信息并不一定要被觉察到和注意到才对人的行为和思维产生影响。人类的判断、评价、问题解决和信息加工等高级的心理过程也可能发生在意识之外。因此，有时候我们可能意识不到对我们产生影响的、难以觉察的刺激，甚至都没有察觉到这些刺激是怎样进入行为和判断中来的。

心理学家早就注意到人的意识并不是形成心理反应的一个必不可少的要素。巴甫洛夫的经典条件反射是一个很好的例子。把一种中性的刺激（条件刺激）与一种能够自然激发情绪的刺激（无条件刺激）进行足够的匹配后，中性刺激就会获得诱发相同情绪反应的能力，甚至在它单独呈现时，也能产生同样的情绪反应和生理反应。因此，可以推论出这样一个心理学原则：通过合理安排条件刺激和无条件刺激的呈现，我们能够觉察到的任何刺激都可能诱发任何反应。

行为主义学家华生（Watson）曾经运用这一思想使一个根本不知道害怕的婴儿变得害怕任何带有皮毛的事物。他的研究表明，任何中性刺激（如白鼠）与一个无条件刺激（如刺耳的噪声）进行匹配，都可以迅速地使恐惧的强烈情绪条件化。一旦这种条件化的恐惧建立起来，就可以幻化成猴子、皮毛大衣甚至是带有胡须的面具等，而这些并没有与令人害怕的事物直接建立条件反射。

经典的条件反射，是广告商们特别喜欢的一种技术，他们常常是在富含强烈感染力、情绪化刺激（如有吸引力的性感的人、怀旧的歌曲）的背景中呈现他们要展现的产品。研究表明，这些条件反射策略特别有效，而且效果持久，

华生，美国心理学家，行为主义心理学的创始人。华生受巴甫洛夫条件反射法的启发，研究生物学、生理学和动物行为。之后通过对儿童行为的研究，他认为人类只是在某种程度上比动物要复杂，二者遵循同样的操作原则

通过将一些中性的词语或无意义的音节、名词、概念与一些具有情绪倾向的刺激重新配对，可以使人们喜欢或者不喜欢这些中性的词语。

在一项著名研究中，与消极词汇（比如痛苦）反复配对的民族概念和与积极词汇（比如高兴）同时出现的国家概念之间，人们更倾向于那些与积极词汇配对的国家概念，而不喜欢与消极词汇配对的民族概念。

然而，很多被试不一定能意识到自己的态度（如对某个民族的评定）受到这些匹配的影响。在跨文化沟通中，如果某种文化经常与一些负面消息、报道相联系，就会很自然地引起人们的负面反应。这就是为何在跨文化沟通中，要经常使本民族的文化与一些正面的词汇和报道、一些能引起人的自然反应的条件与刺激紧密结合起来的原因。

通过做一些简单的自由联想实验，我们可以意识到很多熟悉的概念被赋予的下意识意义。如果这些联想是正面的，这个概念本身就能对我们产生积极意义；如果是负面的，说明这些概念恐怕会在心理上给我们带来负面意义。

还有一个经常被利用的联想刺激材料——音乐。当我们将某种音乐与恐怖事件相联系时，音乐可能引起我们的恐惧与不安。电视与电影经常使用音乐来激发我们的情绪，它可能产生正面的、积极的情绪，也可能产生负面的、消极的情绪。广告也大量使用音乐来激发我们的联想和反应。

在一项心理学研究中，研究者让商学院的学生观看一则与圆珠笔相关的广告，一部分学生观看的画面伴随着引起积极体验的音乐，另外一部分学生观看的画面伴随的是引起消极体验的音乐。实验还附带另一个特性，出现在广告中的圆珠笔有淡蓝色和棕色两种，在观看并判定这些广告后，学生被告知作为评定这则广告的报酬，他们将免费获得一支自己喜欢颜色的圆珠笔。结果发现，学生们的选择与音乐有很高的相关性，无论广告中的圆珠笔是什么颜色，当配有令人喜欢的背景音乐时，近80%的人选择了广告中的圆珠笔；70%的人拒绝了与不受欢迎的音乐相匹配的圆珠笔颜色，而选择另一种颜色的圆珠笔。尽管音乐影响了选择行为，但是后来研究者要求被试列出自己的选择理由时，在205名被试中，只有5人提到了音乐的影响。

音乐并不是能够在影响与积极反应之间建立条件反射的唯一刺激。研究还表明，在被试聆听某种信息时给他们提供可口的快餐，他们会变得更容易受到信息的影响。进食体验的积极特色被泛化到与之相伴的信息评价上，即便信息本身与事物或者进食毫无关系。

无意识不仅出现在条件反射的条件下，还可能出现在人们的高级心理过程中，这是由密歇根大学的尼斯贝特从所做的一系列研究中发现的。他发现，当被试做出非理性决策时，他们实际上不知道什么东西对自己产生了影响。

美妙的音乐、可口的食物可以让被试更容易受到信息的影响，因为这种积极的体验已被泛化到与之相伴的信息评价中

在一项研究中，研究者要求逛商店的人参加一个消费者调查，要求他们对从左到右摆放在桌子上的 4 双长筒袜进行比较，并选出他们认为质量最好的一双，实际上这 4 双袜子都来自同一品牌。研究者发现这些购物者的选择有一个明显的趋势——放在桌子最右边的袜子最容易被认为是质量最好的袜子，选择最右边袜子的购物者人数是选择最左边袜子人数的 4 倍。购物者都没意识到物品摆放位置对他们的选择产生的影响，甚至当被告知物品摆放的位置可能会对他们的觉察有影响时，他们仍拒绝相信这个影响作用的存在。

在另一个实验中，研究者给被试看一位大学教授的采访录像。采访录像有两个版本：一个版本中，教授微笑着热心地回答学生的问题，并不时地夸奖学生的表现；另一个版本中，同一个教授对学生的态度非常粗鲁，而且很不耐烦。可以想象，观看热情版的学生对教授的喜爱肯定高于观看冷漠版的学生。在两个版本中，这位教授的穿着完全一样，有着相同的举止习惯和相同的欧洲口音。但被试对两个版本中教授的评价有明显的区别，对于他的外表、举止习惯和口音评定完全不同。绝大多数观看热情版教授的被试认为，这位教授年轻、英俊，而且口音非常动人；观看冷漠版教授的被试一致认为，这位教授不帅，举止粗鲁，声音难听。相同的特性输入，却产生了不同的印象输出，这就是关于人们的态度和行为受到无意识影响的一个典型例子。

这种现象在心理学上称为"月晕效应"（Halo Effect）。也就是说，一旦我们对要评价的目标人物形成了一个总体评价，不管是积极的还是消极的，我们很可能会用与总体评价相一致的方式来评价其他的具体物性。

这个实验的巧妙之处在于被试是根据他们喜欢或者讨厌这位热情或冷漠教授的联想来进行对这位教授外貌体征的判断。大多数被试认为这个教授的外貌体征导致了他是受人喜欢还是受人讨厌，而不是被试喜欢或讨厌这个教授而导致了他们对教授外貌体征的不同判断。当然，也许教授的外貌体征在热情或冷漠条件下可能是不同的，比如说我们可能对喜欢的教授有较多的观察，对不喜欢的教授有较少的观察。但是在这个条件下，被试对教授的观察实际上在某种程度上是被影响的。

同一个教授，用热情的态度授课（左）和用粗鲁的态度授课（右），学生的反应是不一样的

尼斯贝特的这项研究表明，在很多情况下，我们实际上并不知道受影响的原因和过程，但是我们往往认为自己知道这一过程，因此很容易把一些无关的或者是不存在的影响源当成真正的影响源。在跨文化沟通中，这种主动地、创造性地构造影响源的过程，可能导致我们做出错误的判断。

另一种下意识的影响是一些自动化的行为对我们的影响。汽车驾驶是一个很好的例子。在初学驾驶时，我们必须全神贯注，专注于自己在做的每一件事情，而一次最短暂的分心都可能会导致严重的错误。但是，一段时间后，驾驶本身就

初学驾驶时，全神贯注；驾驶熟练后，会分心做其他事情，不安全的因素也可能同时存在

变成小菜一碟，我们可以与别人聊天、哼歌，改换收音机的频道，甚至可以打电话，驾驶成了下意识的事情。当另一辆车突然冲到我们面前时，我们会自然而然地踩刹车。这一系列过程中，我们的行为完全被自动化了，这就是下意识的影响。

这种下意识的影响是如此地自动化，以至于我们都没有细想它是否真的存在。哈佛大学的心理学家兰格曾经做过一个有趣的实验。兰格教授在图书馆里等复印机前排起长队时，派学生去问排在最前面的人："不好意思，我只有 5 页要复印，你可以让我先复印吗？"结果只有 60% 的人会同意。在接下来的实验中兰格教授让学生找了另一个理由："不好意思，我只有 5 页要复印，你可以让我先复印吗？因为我赶时间。"结果有 94% 人会答应这个学生的请求。这是可以理解的，因为赶时间是个很好的理由。令人吃惊的是，随后的实验，兰格教授还是等复印机前排起长队时，派学生去问排在最前面的人："不好意思，我要复印 5 页，可以让我站在你前面吗？因为我想复印。"居然有 93% 的人会同意。这显然不是个好理由，因为每个排队的人都是等候复印的。那为什么还是有那么多的人会同意呢？兰格教授认为，很多时候，一个人其实处在无意识的"潜念（Mindlessness）"状态中，并没有意识到自己的心理活动，而往往是自动地按照固定的模式对外界做出反应。所以，只是由于对方说出"因为"这个词，我们就会潜意识地认为对方有特殊的理由，尽管这个理由可能根本不成立。（摘自：《吾心可鉴：澎湃的福流》）。

上述实验中，"因为"这个单词发挥了它的作用，这个词太普遍、太明显，以至于人们想都没想这个原因是否真实或是否有意义。就像说"我喜欢这辆车，它可以飞奔"，我们可能没有意识到，很多车是可以飞奔的，或者"我喜欢这只鸟，因为它的声音很动听"，其实很多鸟的声音都很动听。在很多情况下，这些"原因"都是不存在的，但是仅仅因为"因为"这个词本身在听众身上产生了一种自动化的反应，结果一不留神就变成一个判断的误区。这也是为什么心理学家发现，很多时候这些无意识的影响是与社会行为的自动化紧密联系在一起的。

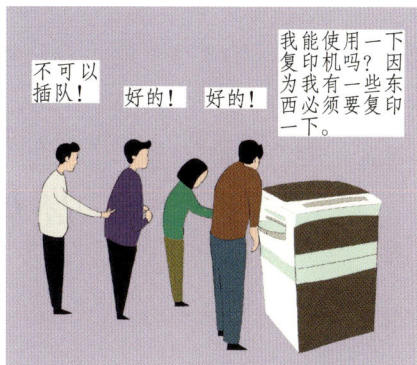

插队复印，大多数学生会给予要求者帮助

问　题

1. 在去亲友家里或者工作单位拜访时，请简单留意所乘电梯间里张贴的广告，然后在接下来的会面中适时询问亲友对广告的看法。

2. 根据第 1 题，记录下列问题并分析其原因。

（1）多少人不知道电梯里有广告？

（2）多少人对广告有模糊印象？

（3）哪些人对广告有清晰印象？

3. 下意识的影响有哪几种？

第十章
高难度说服

跨文化沟通中一个惯用的影响模式就是说服性沟通。听外国客户介绍他们商品的性价比和优势，或者是听外国人说他们眼中的中国人的性格、饮食，或者是中国的历史，都是说服性沟通。这个技巧就是说服，也就是以言辞的方式说服别人。说服包括陈述、论据、事实、推理、做结论或说明所推荐行为方式的正面效果，而所有这一切都是为了让受众相信并按照我们所期望的方式来行动。

第一节　被说服策略影响的生活和工作

说服在日常生活中应用得非常广泛，社会上很多影响都是出自说服性沟通。当前社会是一个高度语言化的社会，说服是我们影响别人的首选武器。当我们与一位外国同事交谈时，很可能的结果就是我们可以说服他，或者是让他接受某一种态度、观点和信息，或者他改变了自己的一些态度、观点和信息。研究发现，当要求人们说明如何让他人按照自己的意愿行事时，大多数人会使用说服这一策略，而不是采用谈判、奉承、强迫或恐吓的策略，因为说服能唤起或者改变他人的意愿。这是一种更为长久的且被社会接受的影响人的方式。

人们对说服力量的信奉由来已久，早在两千多年前亚里士多德在其著作《修辞学》中就指出了说服诉求的要素，这些要素在 20世纪得到了科学、系统的阐述。比如，亚里士多德谈到了演讲者的性格、听众的心理结构，以及演讲本身如何构成了听众是否接受某种说服信息的决定因素，也就是"谁对谁说了什么"的三要素理论，这恰好是现代说服研究的重点。说服听起来简单易行且研究历史悠久，但是我们对它还是缺乏足够的了解和研究。

亚里士多德是柏拉图的学生、亚历山大的老师。图为拉斐尔名画《雅典学院》中的柏拉图和亚里士多德

日常生活中，很多人对我们的说服影响很大。归纳起来，说服有如下两个方面的意义。

第一，说服可以让我们获得一些有用的信息。相对于其他沟通方式，说服沟通是比较直接的信息获取方式。在一个陌生的城市，我们通过言语的沟通和说服来获取别人的帮助，比如想找到旅馆或者厕所时。

第二，说服能够让我们获得一种社会的允许，以建立合适的社会关系。通过说服别人，我们可以得到一定的接受、允许。说服可以让别人为我们做一些事情；说服能改变别人的看法，或者是让其从事某一种行为；说服是买卖的主要手段，在向别人推销某种商品时，我们一般会使用说服的技巧和方式；说服可以用来改变现有的关系，比如说当我们爱上某一个人，可能要通过说服来传递或者交换爱，相处时间很长的情侣在影响对方时也较多采用说服的策略；说服能够改变某些人的个人习惯，最常用的说服就是对孩子的教育。企图改变人们行为、生活习惯等的宣传、公益广告，也是在试图改变个人习惯方面进行说服。说服使用不当时，可能会使别人做出一些违背自己利益的事情，这就是恶意的说服。总而言之，说服是人们最常用的影响他人的策略。

越抽越少
保护绿色资源
倡导节约用纸

传播文明之风！

倡导文明新风尚
传播社会正能量

公益广告作为说服表现形式中的一种，目的在于改变个人习惯，以促进社会的良性发展

　　一个心理学假设是我们是愿意进行社会比较的动物，因此与他人的比较和沟通往往是我们生活的一个主要方面，我们有时候会主动寻求他人的说服信息以听取他人对某一态度、事物和问题的看法，以此强化、改变和取得我们对这些事物的态度和看法，这就是社会比较（Social Comparison）。

　　社会比较理论由美国心理学家费斯廷格（Festinger，1952）提出，这一理论认为我们应该关注自己是否拥有正确的态度、信念和观点。社会比较理论认为观点就是可以用言语来表达的态度和信念，这是以预测和控制基本需求为基础的，是人类的基本需求之一，我们希望能够预测和控制周围的环境以及自己的行为。正确的信息和观点，可以使我们对人和事物进行准确的预测；相反，错误的观点会误导我们，造成比较重大的损失。确定我们的观点是否正确，需要把自己的观点与他人的观点进行比较。鉴于许多重要观点都有主观性，这种社会比较往往是对观点进行评价的唯一途径。当然，当我们拿自己与他人做比较时，并不能确定他人的观点与自己的观点是否具有一致性。因此，在通过社会比较来评价自己的观点正确与否时，我们的观点就很有可能被说服或被改变。

我们会和谁进行比较呢？费斯汀格提出，我们倾向于与自己相似的人进行观点的比较。但什么是相似性，费斯汀格并没有清楚地说明。社会心理学40多年来的研究可以证明，在进行比较的时候，人们更多地注意这两个方面：第一，在有争议的主题和事物上，是否有相同的观点？第二，关于主题和事物相关的特性的判断，是不是相似？这两种相似性都会引起社会比较。

一、观点的相似性

有趣的是，人们虽然需要通过社会比较来确定自己的观点，但常用的比较对象基本都是与我们观点相似的人。即使立场最坚定的人也会寻求社会比较，他们需要证实自己的观点，而不是评价自己的观点。通过与自己观点相似的人进行比较，忠于某一立场的人可以避免发现支持对立观念的理由，这些理由可能与自己坚守的立场相矛盾，此外，他们还可以获得一些额外的支持自己观点的理由，由此来增强自己的自信心。

二、个人相关特征的相似性

假设你认为自己喜欢百货商店在最近的一场时装秀上展出的时装，但是你不完全确定是否真的喜欢，那么，你可以从看过时装秀的人那里寻求意见，你会选择询问那些生活方式和品位与自己相似的人。一般来讲，这种选择也是合理的，因为如果与你相似的人赞同你原本没有把握的判断，那么，你会更加相信自己的判断是正确的。假如与你有相似

相关特征的相似性决定了你对时装款式的态度，从而引入那些生活方式或品位与自己相似的人的观点

时尚观念的比较对象都喜欢这些时装，那就一定更符合你自己的真实想法，而不是心血来潮或者是不相关的环境因素（比如模特的漂亮外表）引发了你对该时装的积极心理反应。如果与你观念相似的人不赞同你的看法，并且表现出对新款式的厌恶，那么你就会仔细反思：为什么自己喜欢，而与你风格相似的其他人却不喜欢。随后你可能会发现这些时装并不是你的风格，不能突出你的优点。

如果选择的询问对象是与你相异的人，而这个人碰巧赞同你对这些时装的观点，你会得到什么样的信心呢？支持你的观点是否就代表着正确的时尚观念呢？在那个与你有着不同品位的人的意见背后，当然不会是与你相同的时尚观念。而如果这个人不赞同你的观点，你会认为这与你的态度有关，也可能无关。研究表明，在主观性问题上，我们想知道与自己最相似的人的看法。

有个研究要被试把自己已做出判断的观点与其他人的观点进行比较，比较对象中，一部分有着与被试相似的个人价值观，另一部分与被试的价值观不一致。结果发现，超过80%的被试选择的是与自己有着非常相似价值观的人进行比较。

这一发现及其背后的社会比较原则，有助于解释为什么在观看各种辩论后，我们非常希望听到那些与我们观点相似的人的评论；有助于解释为什么在经历一个重大事件，或者是观看某一部电影的时候，我们非常希望听到那些与我们观点相似的人的评论，或者登录自己所熟悉的人的博客或网站，以寻求和了解他们对这些问题的评价和看法。尽管这些人和我们一样，也带有某种立场和偏见，但我们还是愿意结合他们的信息来确定和强化自己对这一信息的态度和立场。

有没有把相异的人作为比较对象的情况呢？这种情况也是存在的。心理学家认为，有两种特定情况会促

我们习惯和生活方式或品位与自己相似的人进行比较

使人们选择与自己观点不同的人进行比较。第一种情境是当某一种观点或多或少是事实的时候（是一个可以证伪的信念，而不是简单的评价和偏好），或者与你偏好不同的人对某一事实与你有相同的看法时，会比与你偏好相似的人给你更多的自信。这是因为后者是在预期之内，而前者是你没有想到的，这就容易把相同性归结于事实，而不是归结于你和他人之间判断的一致性。和相异的人比较，可以排除你因思维定式而产生的偏差，因为一个与你思维方式不一致的人在某件事情上与你的看法一致时，你会把信念的原因归结为对象，而不是你个人的偏见。当然这种与你相异的人的吸引力，主要表现在你寻找客观事实的时候。我们倾向于与相似的人进行比较，从而获得对我们个人偏好的一种评价。第二种情境是当我们担心自己的看法不妥时，也会与相异的人做比较。心理学家在发表自己的作品之前，不仅应该向有相同观点的心理学家征求意见，还应该向有不同观点的心理学家征求意见，因为心理学家必须能够预测自己的作品能否发表，以及自己能否获得同行的尊重，这就需要一个更为广阔的视野。

　　一个有趣的研究清楚地说明了动机如何影响人们对社会比较对象的选择。在不同的动机影响下，他们是选择相似的他人，还是不同的他人？研究要求被试对两个候选人进行评定：看哪个候选人更有资格被录取为临床医学研究生。每个被试都有机会看到另一个被试对两个候选人做出的书面评价。一种实验条件下，被试被告知其最初的评价是不可更改的，他们必须在其他被试面前对自己的评价进行答辩，74%的被试选择查看那些与自己选择了相同候选人的被试所做出的解释；另一种实验条件下，被试被告知可以更改自己的评定，而且如果做出了正确的选择，将得到金钱的奖励。这种情况下，67%的被试决定去了解那些做出不同选择的被试所给出的解释。为了忠于

一种实验条件下，74%的被试选择查看那些与自己选择了相同候选人的被试所做出的解释，另一种实验条件下，67%的被试决定去了解做出不同选择的被试所给出的解释

自己的选择，第一组被试需要为自己的选择寻求支持和证实，然而第二组被试需要做出正确的选择，他们害怕犯错误，所以需要获得最佳的观点。

初步比较是人们寻找信息影响的过程，但是从广义上来讲，人们在寻找两类信息：一类是证实性信息，证明自己观点是正确的或者是接近正确的信息；另一类是评价性信息，能真正指导人们完善主观态度的信息。总的来讲，这两种信息都可以从与自己最相似的人的社会比较中获得；而与相异的人进行比较，通常只发生在评价性需求很强而且需要获得客观事实的时候。

第二节　高效能说服要素

说服包括四个基本要素，这些要素构成了说服影响的单元，因此改变这些要素的结构和质量就会影响说服的效果。这些要素包括：第一，沟通者的特质；第二，信息的质量；第三，受众的特质；第四，信息传播方式。简单来说，就是谁以什么方式说什么给谁听。

一、沟通者的特质

"谁说的"在很大程度上影响人们受说服影响的程度。同样的话，由不同的人说出来，影响的效果是不一样的。

20世纪，关于量子力学著名的"玻爱大战"中，当听到一个质疑量子力学"测不准关系"的言论，人们很容易认为这是支持爱因斯坦一派的。因此"薛定谔猫"的提出，让玻尔认定薛定谔是爱因斯坦的支持者。而事实上，随着玻尔的哥本哈根学派如日中天，很多玻尔学派的支持者常常使用"薛定谔猫"来诠释哥本哈根学派的量子理论。由此可见，同样是薛定谔猫，爱因斯坦派和玻尔派提出来时，人们的反应是不一样的。

为什么会这样呢？心理学家发现，说话者的特质很大程度上决定了信息是否被受众接受。一个实验中，如果两个来自不同学派的人使用了同样的语句，他们的成员往往倾向于接受自己学派的人的观点，而认为对方成员同样的话语没有什么说服力。因此，不是信息本身的重要性，而是说话人本身的特质，决定了受众对这些信息的判断。那么，有哪些因素使得一个信息的传播者比另一个传播者更有说服力呢？

1. 信誉

大家都会认为在有关健康和科学的问题上，如果是一个科学家，而不是一份八卦报纸或杂志来谈锻炼和节食的意义，可信度肯定会高很多。有声誉的专家往往有涵养、有知识，被信赖的程度很高，在表达的时候他们没有明显的自私自利动机。这种情况下，专家的话带来的影响效果往往会比一般人高很多，这是一个很明显的边缘线索的影响，这个边缘线索就是专家的话应该是值得信赖的。

但是，心理学家也发现，很多情况下，一个不可信的人产生的影响也可能存在。如果一个可信赖的人的信息本身是有说服力的，那么他本人的影响往往很快就会减弱，特别是当信息源被人们遗忘或者是与信息分离后，那些不可信人的信息会相应地逐渐增强，特别是当我们记住了这些信息而忘掉了最初认为它不可信的理由时。这就是我们心理学家常说的睡眠者效应（Sleeper Effect）。

2. 相貌

很多广告用娱乐明星和体育明星来做形象代言人，因为大多数人容易受到信息沟通者形象和外貌的影响。当然，这个形象不一定绝对漂亮，但一定是可以引起受众的正面情绪反应的。

美貌产生影响，尤其会对有关情绪化的信息起作用。这些情绪化的信息包括个人的偏好、衣着风格等。由漂亮的人来谈个人的情绪化问题时，影响往往会更大。另外，与相貌可亲有关系的是形象代言人与受众相一致的特性。例如，在中国做广告，其形象代言人应该与中国人的感觉相一致或相似。由中国的娱乐和体育明星来代言产品，它的影响就应该比由外国人所代言的产品更有效果。有研究发现，一个黑人做的牙膏广告通常产生的效果要大于一个白人做的牙膏广告。因此，一般而言，人们对自己认同的、与自己接近的或相似的人的信息反应要更好。

二、信息的质量

说服不仅要看"谁说的"，也要看"究竟说了什么内容""说得有多好"。

如果我们需要别人思考某些问题或者去做某些事情，我们肯定要使用逻辑性强的中央路径的说服方式；如果我们要宣传某一观点，特别是当我们的观点与受众的观点有出入时，中央路径的效果往往会更好；如果我们只是希望受众对某一事物有比较好的印象，或者是希望他们马上做出行为反应，那么，采用边缘路径的方式，效果就会更好。信息的质量主要受传播的信息内容的影响，这方面也需要做一些决策，这些决策主要涉及我们希望受众的反应是理智型的还是情感型的。如果希望受众做出理智型的反应，那么，我们的信息内容应该是比较有逻辑的。

信息的另外一个要素是受众的特性决定信息的方式。如果受众是受过教育，或者是分析性很强的人，那么，他往往对理智的呼吁更敏感；而那些没受过教育，或者分析性不强的人，一般对情感的呼吁更敏感。爱思考问题的人，或者是比较关注某一问题的人，往往更喜欢走中央路径，对理性的、理智的分析兴趣更大；而对这些问题不感兴趣的人，倾向于走边缘路径，通常会受对信息传播者的喜爱程度的影响。很多跨文化宣传要考虑受众的特色，如果受众对信息不感兴趣，那么我们可能不得不采用一些边缘路径的方式；如果信息是受众感兴趣的，我们可以尽量使用一些理性的、理智的宣传方式。

三、受众的特质

说服要考虑信息接受者（即受众）的特点，有两个特点要格外注意：一是年龄，二是思维习惯。由于年龄不同，人们可能有不同的生活经历、生活态度和社会态度。社会心理学家对此有两种解释：一种是生命周期的解释，即随着年龄的变化，人们的社会态度也随之改变，可能变得更加保守、谨慎；另一种是年代差异的解释，年长的人在年轻的时候所接受的态度大部分不会发生变化。因为他们与年轻人的态度不一样，代沟就由此产生了。

现在的证据大多数支持年代差异的解释，即老年人的态度变化较困难、较少，年轻人的变化较多。不过，在生命周期的末期，年老的人变得更容易受到影响，原因之一是态度的强度逐渐减弱。老人并不是最顽固的，很多五六十岁的人可能比三四十岁的人更加开放，更容易受到影响。青少年时期和二十多岁时通常最容易受到影响，因为这个年龄段人们经常要注意自己选择的社会影响，比如说自己的朋友、所喜欢的媒体以及自己所担任的角色的影响。

青少年时期的影响很重要，原因之一是它能对人的生活产生深远的影响。让大家简单回忆一下对自己影响最大的事件（一个或者两个国际、国内的事件），很多人回忆到的通常是他们青少年时期所经历的事件，同样地，让我们谈谈对自己影响最大的人，很多人会列举自己的父母亲和小时候的老师，这些都是发生在青少年时期的影响产生的作用。

青少年对未来充满幻想，一般而言，青少年时期的经历对人生的影响是深远而重大的

受众受说服影响的第二个特点是思维方式。被试是如何进行思维的？他们是倾向于走中央路径的思维，还是倾向于走边缘路径的思维？如果信息能够产生正面的联想和思维，它通常就容易起到说服的作用；如果它让我们联想到的是负面的论据，那么它通常就不会起到说服的效果。

思维的一个作用是预警。当你对影响和说服的人有一种戒备心理或者防御心理的话，说服就很难产生效果。什么样的条件容易对人起到预警作用？最直接的就是警告。比如，有人想说服你，如果你要告诉别人某一件事情，你可能会猜测到对方对你的观点和态度有什么样的反应，这样你就可能去仔细思考一些反驳对方可能提出的观点的对策，这样的预警作用通常会使说服的影响降到很低。另外，态度的预警提示，对那些关心该问题的人的说服效果可能会更大，比如说给几分钟的提前警告，那些关心问题的人就会准备各种防御的观点。但是，当讨论的只是一个小问题时，即使最直接的说服也会起到作用。想一想，你什么时候对两种不同品牌的牙膏做出任何反驳意见？同样，如果在一种轻松的交谈中，突然插进一个观点时，人们通常比较容易接受这个观点。试想，你在和朋友聊天吃饭、放松的时候，突然被告知，张三对李四有点过分，你通常会受到轻松氛围的影响。

干扰能够消除人们的反驳意图，口头的说服也可以因干扰受众而得以加强，特别是当干扰的事件能够引起人们注意的时候，就使得人们没有时间去思考这个信息的正反两方面。例如在政治广告中，广告主的言论是在宣传某个人，但是它呈现很多视觉形象，让人无暇细细思考这些言辞，这样我们在不知不觉中就会受到这些言辞的影响。

四、信息传播方式

信息传播方式的效果，既取决于受众的特点，也取决于传播的内容。采用中央传播路径还是边缘传播路径，既要看受众是否关注信息，也要看信息本身是否重要。不关心某个问题的受众，大多使用边缘传播路径。我们前面说到影响有两种途径，即系统的中央路径和直觉的边缘路径，它们就像城市的道路一样：中央路径有起始和终止，就像人分析某些观点和形成某种态度的过程；边缘路径通常是一个快速的路径。那些喜欢分析、认知需求高的人通常喜欢用中央路径，而那些认知需求低的人通常喜欢采用边缘路径。

问题的重要性也能够影响我们到底采用中央路径还是边缘路径。有些方式能够帮助我们增强信息沟通的作用，如启发思维的一些方法、修辞策略或者反问词语。有时候，可以涉及多个信息沟通者，而不是一个信息沟通者。三个沟通者每人谈一个观点，而不是一个沟通者谈三个观点，会让人感觉到沟通者对这个问题很关心，让人有责任要做出评价、判断和传播。有时，让人放松的坐姿，而不是容易让人紧张的站立姿势，能够影响受众对信息重要性的判断。此外，让人不断重复这一信息，也能得到人们更多的关注。任何一种技术都能刺激人们的思维，让强的信息更有说服力，而弱的信息更没有说服力。

有效的说服者，不仅会关心自己的形象和信息，同样也会关心受众会有什么反应。一个优秀的教师真正做到教书育人，为人师表，尤其需要如此

这些方法同样也有实际意义。有效的说服者，不仅会关心自身的形象和信息，也关心受众会有什么反应；好的老师倾向于引导学生积极地思考问题，他们会问一些问题，或者是反问，或者是例证，还会提一些挑战性的难题，让学生去思考。所有技巧都可能提高信息的中央路径的可能性。那些不善于说服的老师，所提供的只是自己的中央加工，而不是让学生进行中央加工。有很多宣传影响的例子，都说明激起被试的思维能起到较好的说服效果。

第三节　有原则的聪明说服者

在日常生活的沟通中，我们经常会使用一些技巧来达到说服的目的。比如，如果我们需要说服别人，可能会使用说理的方式，常用的表达语句是"我希望你做这个事情"，或者"我希望你接受这个观点，因为……"，这就是试图通过数据、事实和逻辑来说服别人。有的情况下，我们采用的是以情动人的方式，比如，"我们都是朋友，我对你很好，你也应该……"，这就是以友谊来说服别人。这种技巧，我们中国人运用得尤其多。有的情况下，我们可能使用战略联盟的方式来说服别人，比如，"我们有共同的目标，因此我们必须做什么事情"。还有一种交换的方式，比如，"我做了这件事情，你就应该做另外一件事情"。有时候由于时间的关系，我们希望简单明了地让对方接受我们的观点，就可能讲"领导交代了，下面你该这样做"，或者是直截了当地说"你必须这样做"；也有的人用的是直接的压力，要求别人改变行为，或者做某件事情，或者使用直接的奖赏和交换的方式来达到说服的目的。

心理学家发现，说服实际上使用了三大原则，分别是说理、互惠和奖惩。

一、说理原则

说理通常是让别人明白"为什么"或者"是如何"，通过接受说服的信息来为自己的利益和价值服务。这种方式产生的效果比较长久，也比较直接，但比较费时。有的时候，沟通者的目标和利益不一定与受众的目标和利益相一致，因此说理就不一定能够产生正面的效果。

第一，说理能够让人受到信息的影响，它所遵循的心理学原则就是心理一致性原则。心理一致性原则是影响人的行为的一个很重要的观点，因为我们不太愿意接受我们的态度和行为与我们的目标和利益不一致的方面。说理能够产生说服的效果，是因为我们要求自己的行为、态度与自己的目标、价值观念相一致，而不太能够容忍双方之间的矛盾。因此，如果我们对某些问题有比较鲜明的态度，我们的行为相对而言就比较明确且与态度一致。

说理也依赖于问题与被试的关联程度。如果关联比较大，就容易产生说服的效果；关联比较小，产生的效果也比较小。这也是一致性原则的体现。一般来讲，依赖于中央系统所形成的说服效果，比由边缘路径产生的效果更大。

有一项以威斯康星大学的学生为对象的研究，研究者测试了大学生关于环境保护的态度和知识。几周以后，研究者对被试的如下行为进行观察：第一，看被试是否在支持环境保护的请愿书上签名；第二，观察被试参与一项新的废物利用计划时的情况。结果发现，对环保知识了解较多的学生，比那些知识较少的学生更倾向于按照与以前所表露的态度相一致的方式来行事。

第二，说理所依赖的另一个心理学原则就是自我效能感。如果我们能够以说理的方式激发人们的自我期望和自我认识，人们就有一种对自我的正面认识，就有一种完成和实现目标的积极主动性。这种自我效能感会引起人们的积极反应和行为，同时自我坚持的时间也会更长。这一理论是由斯坦福大学心理学家班杜拉

从对大学生的环保态度及其行为的测验结果来看，被试对环保问题知识的多寡，直接影响他们的被说服程度及行事方式。这说明说理遵行心理一致性原则，它依赖于问题与被试的相关联程度

（Bandura）提出来的，他发现那些低自我效能感的人，通常会有一种回避的倾向性，而且这种回避的时间越长，产生的预期效能就越低，同时自己就越不愿

班杜拉是新行为主义的主要代表人物之一，社会学习理论的创始人，认知理论之父。他认为积极正面的自我效能感能引发人们做出积极的、正面的反应和行为

意努力。高自我效能感，说明我们的一些信念、目标、看法可以影响行为，而这些行为又可能影响情境，由行为引发的情境事件又反过来影响个体的自我印象。因此，个体、行为和情境三者之间的作用就会持续不断地循环。在这一过程中，其中一个因素会受到另外两个因素的影响，反过来对另两个因素产生作用，这就是说理能够起到影响效果的原因。

第三，说理的另一个规则是承诺。承诺规则就是要求我们必须恪守自己的言行，这也是说服技巧和常用方法的心理学基础。"一诺千金"和"人如其言"都反映了我们文化中一个行为准则——遵守自己的诺言。违背诺言是一种罪恶，还会导致人们的厌恶和不信任。那些言行不一致的人或者违背诺言的人，会让人觉得难以信赖，被称为"伪君子"或"不守诚信的小人"。因此，忠实于自己在自由选择情况下的承诺，是我们从小到大就接受和遵守的一种规范。言行一致恐怕是每种文化都欣赏的社会价值。

这一关键的心理过程是初级承诺背后行为产生的效应。在前后一致的行为条件下，后期行为自然会跟随前期的行为，尤其当前期行为是公开的、自由的选择时。在说服的这个研究领域，大家所接受的一个结论是公开陈述自己对某一社会事件的观点，能够帮助个人更好地抵御那些倡导相反观点的信息。从众试验也表明了公开地

食言而肥、不守信用，违背了承诺规则

表达对某一事情的看法，对一致性有推动作用。如果被试首先陈述了他的判断，然后再听到一个与众不同的多数判断意见，当要求其重新考虑时，他很少会改变自己的判断。但是，如果他是最后一个表达自己的看法，相对而言，他更容易表现出一些从众行为。

在实践中，公开的承诺是销售商、经营者甚至我们自己惯用的、影响说服的技巧。当你向别人公开地表明某一态度时，你的行为就会受到影响，比如你公开地告诉朋友，你开始减肥了，那你在和朋友约会时，就会主动地控制自己的进食；如果你向朋友表示，每天晚上你都不看电视，那么你就可能更多地表现这种行为。例如我的儿子迈克在一年暑假前，公开地说自己不喝饮料，结果在之后的两个月里，只要是与我们在一起，他就喝凉开水，而不是可乐之类的饮料。

承诺的社会意义可以体现在如下常用技巧中。

1. 虚报低价技巧

通常是首先向某人承诺一个非常有吸引力的交易，比如销售一件商品，或者是安排一个商务活动，然后再找一个借口，将交易变得不那么有吸引力。

销售人员尤其擅用虚报低价的技巧，一旦顾客与销售人员在一个比较诱人的低价上达成协议后，销售人员可能就会说自己必须先请示一下经理，然后花费一定的时间，假装他在这样做。等他回来后，他会很抱歉地说经理不同意这个价格。为了生存，他们必须要有些赢利，然后他可能会提出一个略高的价格，那个价格可能不是那么有诱惑力，但还是可以被顾客接受。汽车经销商知道，容易受骗的顾客通常会接受一个更高的价格，原因在于如果顾客已经同意购买一辆汽车，他就是做出了一个承诺，虽然不是以最新价格同意购买，但是必须做出一个决定。反悔可能导致认知不协调，并且可能违背履行诺言这一根深蒂固的习惯，因此，顾客的变卦会让他自己感觉很糟糕。对顾客而言，难道他会因为价格上的细微差异，就放弃购买汽车？而且最初的那个价格确实有点便宜，而这一新的价格也还能接受，因此顾客就倾向于接受后一种较高价格的销售。几乎很少有顾客会意识到，销售人员从来就没有想过以第一次达成的协议价格来卖出自己的商品。

许多研究表明，虚报低价是非常有效的说服技巧。

由西奥迪尼（Cialdini）及其同事所做的一项研究发现，要使俄亥俄州立大学的学生在早上7点就开始担任心理学实验中的志愿者是一件很难的事情，除非事先让学生同意参加这项实验，但先不告诉他们具体时间，这就是虚报低价的技巧。研究者告诉学生有实验，但是不告诉他们具体的时间，诱使他们同意参加实验，然后再告诉他们实验的时间是早上7点钟。在那些被使用了虚报低价技巧的学生中，有56%的学生自愿参加心理学的实验，并且几乎都按时参加了第二天的另一项实验。但是在事先被告知了这一不可容忍的实验的开始时间时，只有31%的学生决定参加实验。换句话说，先不告诉具体时间，等对方答应了之后再告诉时间，来的人数是56%，一次性把事情和时间都告诉对方，来的人数是31%。

虚报低价效应所必需的一个条件是虚报低价技术的受众必须觉得他们自己是在自由选择的情况下达成这种协议的，协议的达成是为了履行自己的诺言。销售人员是如何使顾客产生这种意识的呢？通常的说法是，"我并不知道我为什么会说服你达成这笔交易，但是交易就是交易"。

2. 登门槛的技术

这是使用承诺原则的弱点来让人们受到影响。上门推销的销售人员，通常有一种信念："如果让我的脚踏入门内，我就能做成这笔生意。"心理学家的研究不幸证实了这些销售人员的信念，即对一个较小请求的答应，比如让销售人员进入自己家中，就能增加答应较大请求的机会，如购买一些东西等。弗里德曼（Friedman）和弗雷泽（Frazer）在斯坦福大学周围进行的实验，最早证明了登门槛技术的有效性。在这个实验中，实验者随机抽取了一些家庭作为实验组。实验人员挨家挨户地请求家庭主妇帮个小忙，为保证加州的美丽风景和促进安全驾驶这两个良好的目标签署一份请愿书。而在此时，实验者并没有与那些被随机抽取出来作为对照组的家庭接触。两个星期后，另一位实验者拜访了两组家庭，并提出了一个更大的请求，他请求每一个家庭主妇在自家房前的草坪上放置一个写有"小心驾驶"的广告牌，而且广告牌又大又丑，实验者还提出这些广告牌至少要在她们的草坪上放置两周。实验者发现，那些没有接触过实验人员的被试，相对而言，不太愿意答应这个请求；而那些先前接触过实验人员的被试，也就是答应了第一个小的请求的家庭主妇，更多地答应了之后的一个更大的请求。

在很多情况下，我们发现如果人们为承诺做了一件小的事情后，很可能在之后比较大的请求上做出积极回应。捐款也是如此，如果你让别人答应为某一慈善团体捐款，那么建议捐款的数目越小，在之后的实际捐款中他们捐的数目越大。而对于那些事先没有承诺的人，无论你建议捐多少，他们实际捐的都会比较少。

很多情况下，人们做了一件小事后，很可能会在之后较大的请求上做出积极回应

二、互惠原则

通过给别人提供某种回报而得到他们的承诺，通常是以交换的方式来影响别人的行为。这种影响技巧，人们的反感通常比较小，容易与他人沟通。但是有时候，这种行为的过分功利性会影响人们的积极性，或者由于对社会规则的一些顾虑，人们不愿进行赤裸裸的社会交换。这一技巧背后使用的就是心理学上的互惠原则。

遭人诟病的另类互惠互利原则

人类学家、道德哲学家和社会学家已经详细地阐述了互惠规则的作用。作为一种社会规则，它要求我们去帮助那些曾经帮助过我们的人，这一规则可以看作人性的普遍基础，很少有人会对此提出异议，而且我们很多人已经习以为常地使用这一规则来影响和说服别人。

心理学的研究证明了互惠原则的普遍性。

在一个实验中，心理学家要求成对的被试对图片进行知觉判断和美学判断。一种实验条件下，每对被试中的一个人（实际上其中一个是主试的实验助手）在实验间隙离开实验室，几分钟后他拿着两瓶可乐回到实验室，并将其中一瓶赠送给另一名被试（真正的被试）；另一种实验条件下，没有发生赠送可乐的事情，在图片判断完成后，主试的助手会询问真正的被试，是否能帮自己一个忙，以每张2元的价格买一张或者多张彩票。研究结果发现，那些接受可乐的被试购买彩票的数量几乎是没接受可乐被试的2倍。由此可见，得到人们的帮助就引发了一种义务感，同时产生了报答这一友好行为的动机。

具体使用互惠原则达到说服的目的有很多技巧，常用的主要有以下两种。

1. 闭门羹技巧

这种技巧是与社会规则有关系的。首先提出一个几乎一定会被拒绝的很大请求，结果对方当着你的面砰的关上门，当这个请求被拒绝后，你再提出一个小点的请求。研究人员发现，很多情况下这比直接提出较小的请求更容易取得说服的成功。很多销售人员使用这种技巧。

一些与商业有关的研究发现，如果实验者在路上拦住一些行人，希望他们答应自己的请求，完成一份有关保险公司进行的关于住房安全的调查。实验者对行人保证，这份调查只需要15分钟就能完成。对其中一些人，实验者很有礼貌地直接提出要求，希望他们能够完成这份简单的调查。因为行人很忙，而且保险的调查又很枯燥，所以，只有29%的人答应了请求。但是，如果实验者使用这种闭门羹的技巧，可以先请求这些被试完成一份需要两个小时才能完成的调查，被拒绝后，实验者询问这些人是否至少可以帮助完成这一调查中最为重要的部分，只需 15 分钟，53% 的被试会答应这一请求。

在其他条件下，研究者也发现了这种先拒绝后答应产生的效应。为什么互惠原则会以这种方式发生作用呢？一种解释是，请求者从最初的请求转向第二个更为温和的请求，被请求的对象将其看作一种让步，这一转向非常有利于第二个更为温和的请求的实现。为了报答这一让步，请求对象必须从一个毫不服从的立场变为一个更为温和的立场。与这个解释相一致的是，当一个较小的请求没有被视为真正的让步时，闭门羹效应就不会出现。例如，当我们提出一个较小的请求，之后却提出一个非常可疑的不同行为的要求时，对方可能会想"这个家伙原来一直在想着第二件事情"。

2. 折扣技巧

折扣是一种与闭门羹技巧具有某种相似性的技巧，也涉及互惠规则，但是这个技巧不需要在答应前做一个拒绝的反应。这种折扣的技巧就是试图让对方讨价还价。

有一个实验是这样进行的，研究者要求在面包店工作的学生以 75 美分的价格卖出一块蛋糕。一种方法是直接以 75 美分的价格销售；另一种策略是首先以 79 美分的价格销售蛋糕，在顾客讨价还价时，给予 95 折优惠。在直接销售条件下购买率为 40%，而在优惠销售条件下，由于使用了折扣技术，购买率上升到 73%。

在闭门羹效应和折扣效应中，互惠原则可能不是唯一起作用的因素，另外一个因素可能是知觉对比。在与第一个大的请求对比的情况下，第二个请求就会显得小一些。相对于可能需要两个小时的问卷填写，15 分钟可能只是一个小小的牺牲，这样的知觉对比可能也是对方受到说服影响的一个原因。

三、奖惩原则

在谈到说服的技巧时，我们还要谈到说服原则中的奖励和惩罚。奖惩的应用也很多。很多情况下，人们依靠的是威胁的作用或者是奖励、惩罚的作用来说服别人遵守或者满足你所提出的要求。奖惩原则的心理学基础，实际上包含两个理论：行为主义的学习理论和社会学习理论。

行为主义的学习理论，是由已故的心理学家斯金纳（Skinner）提出来的，他的理论原则实际上非常简单，主要强调行为的后果对行为的影响。在说服的情况下，说服者试图唤起对方对后果的关注，从而达到影响对方行为的结果。这种行为的后果对行为的影响主要有两种方式：一种是当行为的结果出现时，情境的刺激能起到正面强化的作用，这种正面的结果通常会提高先前行为的频率，但是当它作为负面惩罚结果的时候，它就会降低先前行为发生的概率，主要的心理学基础就是在结果、刺激和反应之间建立一定的关联，这种关联就是条件性反射；另一种是情境刺激能够通过其信号功能来对行为进行刺激，这种刺激提示我们被强化的事件何时何地会根据行为而发生，因此只要我们给出某种信号，就会得到某种结果。斯金纳是非常激进的行为主义者。他认为人所有的态度、意向、信念和情感等内部事件都可以是说服的产物，所有刺激和反应之间的联系都可以通过行为主义的学习理论得以建立。

斯金纳，美国行为主义心理学家，新行为主义的代表人物，操作性条件反射理论的奠基者。他认为人所有的态度、意向、信念和情感等内部事件，都可以是说服的产物，也就是说刺激和反应之间的联系都可以通过行为主义的学习理论得以成立

在学习理论中，有两种学习模式：第一种是工具性的学习。这种情况下，行为主体的行为改变了环境，即行为的结果对环境产生了影响。当行为的结果是令人满意的、有益的或者是令人愉快的时候，相应的行为就会不断地被重复，并最终可能成为一种习惯。当获得强化的行为比较复杂时，或者个体难以学习到这种行为的时候，这就必须依赖第二种学习模式，即塑造。塑造是一种渐进式学习程序。在这一学习程序中，最初对任何与目标行为相类似的行为都给予奖赏；然后逐步提高标准，只对与目标行为越来越相似的行为给予奖赏；最后只有在目标行为真正出现时，才予以奖赏。比如说，如果我们希望孩子能够主动地做家务，在刚开

始的时候，只要孩子表现出做家务的意向，我们就可以奖赏，最后根据做家务的效果或者频率，有选择地给予奖赏，这就是一种塑造的行为。

人们喜欢重复那些能为自己带来好处的行为，工具性学习就是这一原则应用的直接结果。当行为成为获得益处的工具时，这些益处就是一种正面的强化或影响；如果行为带来负面的结果，我们就会试图逃避这种行为，这就是惩罚带来的结果。说服有时候能够起到作用，就是因为我们使用这种强化奖励、避免惩罚的人类基本行为的倾向性来达到改变行为的结果。

社会学习理论建立在"人是社会动物"这一基本观点上。我们是社会动物，因此在某种程度上我们需要通过学习、观察或者模仿他人的行为来对自己的行为进行规范和限制。社会学习理论是由斯坦福大学的心理学家班杜拉提出来的，他发现在很多情况下，人的行为实际上是个人、环境和行为三者之间交互作用的结果。因此，只有当社会规范被内化为我们自觉的行为时，我们的行为才会有真正的变化。

使用奖惩来改变人的行为，有很多实际的例子。比如卢森研究了销售人员的强化，即奖励强化对他们的影响。研究者首先连续4周对16个销售部门的销售人员进行观察，包括销售人员的销售工作、库存工作、出勤情况和其他一些工作行为，然后研究者记录那些达到了公司所要求的标准的行为频率。4周以后，研究者提醒这些销售人员要注意公司的标准，如公司所期望的销售业绩、可允许的离岗时间等。然后在后续的4周中，在16个部门随机选取其中8个作为实验组，当实验组员工的表现达到或者超过公司的标准时，就给予系统的强化。每周一次的强化包括带薪假期或者是同等价值的现金，或者是有机会赢得一次由公司付款的双人游。而另外8个部门作为控制组，其员工的出色表现没有得到任何奖赏。第二个4周以后，研究者再次对员工达到公司标准的行为进行统计。结果发现，两个组达到预期工作行为的频率有所不同，在第一个4周中，两个组员工的表现是一样的，也就是我们通常所说的基线水准几乎是一样的。但是在第二个4周中，实现了奖赏计划的强化组的工作绩效，远远超过了控制组。这就说明，奖赏和惩罚对人的行为有很大的塑造作用，这种塑造作用会影响说服的效果。很多优秀的说服工作者，实际上是在不停地用奖罚的原则来实现影响别人的目的。

影响的其他原则还有很多，西奥迪尼（Cialdini）对这方面做过很多研究，他归纳出六种心理的原则和由此引起的心理反应。有两种原则我们已经做了很好的说明，即承诺原则和互惠原则。西奥迪尼提出的六种说服的背景和原则，分别是：①责任感背景对应互惠原则；②承诺背景对应一致性原则；③可信度背景对应权威性原则；④竞争背景对应稀有原则；⑤友谊背景对应喜爱原则；⑥社会确认背景对应多数原则。具体而言，以责任感为背景，会使互惠原则发生作用；以承诺为背景，则会激发一致性原则。但是，如果创造出沟通者可信这一背景时，权威性原则就会发生作用，因为我们更喜欢追寻一些难以获得而不是容易获得的、稀有而不是寻常的事情，所以，如果在人群中激发出竞争的背景时，那么，稀有原则就会起到作用，因为它使我们更加努力去争取获得那些难以得到的东西；在友谊的背景下，所激发的就是喜爱原则。如果是在社会确认的条件下，我们通常遵循的是多数原则，我们的认同感和自我价值感在很大程度上建立在他人对我们的评价上，我们希望他人能对我们有好感，就像我们对自己做出积极评价一样。当不知道如何做才能获得社会尊重时，我们通常看处在同一种情境下的他人是如何行动的，这就是在模仿别人和学习他人，以求得到他人的认同。在这种背景下，我们当然愿意听取多数派的意见，也就是对具有社会规范性的信息做出积极反应。

总而言之，说服的影响作用在很大程度上由发生影响的背景决定，而不同背景之下所遵从的心理学原则又不是非常一致的。在一般情况下，我们前面所谈到的说理、互惠与奖惩是最常用的三种心理学技巧，而互惠、一致和承诺，则是最常见的支配行为的心理学原则。

问　题

1. 在日常沟通、商务沟通或其他沟通场合下，你如何说服他人？
2. 用本章所学知识分析网红直播推销模式。

第十一章
发现自我——跨文化沟通前提

跨文化沟通有一个很重要的方面，就是要对自己有足够的理解。中国有句古话，"不识庐山真面目，只缘身在此山中"，反映了有时候我们的沟通不能达到预期的效果，很可能是因为我们不知道自己的优缺点，也不知道自己的知识经历和背景是否与受众的知识背景、价值观念相一致。因此，发现自己的特点，同时了解别人的特点，是一种很重要的跨文化沟通能力。能够发现自我，能够对自己有很深的了解，知道自我心理学的规则和原理的人，在跨文化沟通中会有一定的优势。

什么是自我？自我到底代表了什么样的心理学含义？自我认识有什么样的特点？它能给我们提供什么样的信息？这些都是发现自我所必须解决的问题。在这些问题中，我们必须先谈什么是自我。

自我这个概念非常简单。试想，如果别人希望知道我们是什么样的人、有什么样的特点，我们如何回答这些问题呢？在心理学中，我们把它叫作"20个问题的自我申明"，这就要求我们对"我是谁"这个问题回答 20 次，每一次都要以"我"来开头，这样我们就可以知道我们对自我的认识有什么样的特点。作为一个独特的、复杂的、多样的、主动的人，我们肯定有很多不同的方式来完成"我是什么样的人"这样的句子。把这些句子综合起来，其实就是我们对自我概念的定义。

第一节　人是怎样误解自己的

为什么自我在跨文化沟通中具有意义？为什么心理学家从一开始就对自我的问题有很大的兴趣？原因在于自我能够帮助我们了解自己的心理特性，预测自己的行为，同时解释自己的行为。对我们的感情以及未来的发展有一定的了解和控制，就是自我的心理学意义。

为什么说自我对了解自己的特性有意义呢？因为我们都知道自我是我们组织自己所处世界的一个心理基础。美国心理学家詹姆斯（James）曾经提出，自我是人的心灵宇宙的中心点，我们的很多心理活动是围绕自我展开的，因为我们对自己的认识，如身体、智力、能力、意图、目的、兴趣、意愿，都会有意或无意地影响我们对周围世界的认识、加工、控制和反应。这些自我定义的概念会影响我们如何感受和评价周围的世界以及周围世界与我们的关系。如果学术活动是我们自我概念的核心部分，我们就会认为自己是一名学者，那么我们可能就会注意到别人学术方面的能力；如果我们是运动员，也就是我们的自我概念是以运动为核心的，我们可能就会特别注意别人的形体和技巧，而且很容易回忆出与运动有关的经历，特别能够记住与自我概念相一致的有关信息。自我的认识构成了我们的自我概念，它可以帮助我们分析、了解、应对周围的世界。

心理学中有一个概念，叫作自我参照效应（Self-reference Effect），意思是当信息与我们的自我概念有关联的时候，我们会非常快速地对它进行加工，而且能记忆得很明确，保存得非常好。如果这样设问某个特定的词，比如内向是否能描述自己的特点，那么在以后的心理学测试中，这些可以用来形容自己行为的词就比较容易被记

詹姆斯，美国心理学家和哲学家，美国机能主义心理学和实用主义哲学的先驱，美国心理学会的创始人之一。他曾经提出自我是人的心灵宇宙的中心点，我们的很多心理活动围绕自我而展开

住。而不爱说话、比较安静以及与内向有关的经历可能都会在我们的头脑中有很鲜明的印象。如果我们把自己和某个故事中的人做比较，我们更容易回忆起那个人，以及与自己相关的记忆。

中国心理学家朱滢教授曾经做过一个有趣的实验，揭示了自我参照效应也许存在一些文化方面的差别。他的实验非常简单，让被试选择一些与自我、母亲或陌生人相关的词汇（比如说与鲁迅相关，相应的词汇就有勇敢、勤劳、犀利等），然后，让被试将这些词跟自我的概念挂钩，或者跟母亲的概念挂钩，或者跟陌生人的概念挂钩。在以后的测试中，要求被试判断心理学家提供的词汇中有哪些是他以前曾经学习过、接触过的，哪些是他没学习过、没接触过的。其中心理学家提供的这些词汇中，一半是他熟悉的词汇，一半是新词汇。然后，观察在什么情况下，人的记忆水平更高。结果发现，被试记忆那些与自己有关的词的水平最高；同时也发现中国被试对与母亲有关的词的记忆水平较高，而美国被试对与母亲相关的词的记忆水平略低于中国被试的水平；但是对于与陌生人相关的词汇，大家能够记住的都最少。

这个研究的意义有两点：一是证明了人们的记忆，也就是我们对周围世界的信息加工，在很大程度上与自我有关。如果这些信息与我们很密切，我们对它的反应就比较敏捷，记忆比较清楚，而且我们经常会使用这些信息为自己服务；如果这些信息与我们关系不密切，我们记得就比较差，也很少用到它。二是说明了自我概念有文化差异。在中国人的自我概念里，母亲是自我的一部分，因此与母亲有关的信息，中国人记得比美国人清楚，使用得也比较多；而在美国人的自我概念里，对母亲产生的记忆参照效应，

自我参照效应也有文化上的差异，比较回忆与母亲相关的词汇，中国被试的水平要高于美国被试的水平。提起母亲的概念，我们中国人很容易在脑海中想到慈母、无私、伟大、尊重、爱戴、和蔼可亲之类的词汇。说母爱深似海，对于中国人而言毫不夸张

实际上与一般的陌生人所能产生的记忆参照效应差别不大。这就表明，在文化上人们对于自我的认识还是有差别的。

这个研究阐明了生活中的一个基本事实——我们对自我的感觉往往处于我们周围世界的核心位置，因此我们倾向于把自己看作世界的核心，同时也会高估别人的行为与自己行为的关联度，例如，我们经常把自己看作某件事情的主要负责人，但实际上自己也许只是在这个事件中扮演了一个很小的角色。当我们评判其他人的表现和行为时，我们也经常下意识地将他们的行为与自己的行为相比较；当我们和别人聊天时，突然听到其他人提到我们的名字，我们的注意力马上就会转移到其他人的议论之中。这就是我们对于与自我有关的信息的敏感程度的真实反映。

康奈尔大学的心理学家吉洛维奇（Gilovich）和他的同事通过一系列实验证明了这种心理学的自我焦点效应（Spotlight Effect）。他们让康奈尔大学的学生穿一种特殊的上衣参加一个晚会，穿这种上衣的人猜测大概有一半的同学会注意他的上衣，而实际上注意到这种上衣的人只有23%。这种自我焦点效应，适用于我们对自己的服装、发型、焦虑情绪以及吸引力的判断。

很多现实的情况下，注意到我们的人要比我们认为的人少得多，我们可能对自己的情绪变化很敏感。因此我们可能常常认为，这些感受对别人也是显而易见的。同样，我们也会高估自己在社交场合上的失误和失态，而实际上我们感到焦虑和不安的事情，很多时候别人不会注意到，即便注意到也会很快忘掉。我们的自我意识越是强烈，就越容易相信这种透明性的错觉。

自我不仅有助于了解心理世界的特性，也能够帮助我们解释自己的行为：为什么你选择买这本书？为什么你对心理学感兴趣？为什么你要与朋友吵架？为什么你会爱上一个人？有时候我们知道原因，有时候我们不知道这是为什么。可是，当我们被问到为什么会有这样的感觉和表现时，我们会做出一些看似合理的回答，但是我们的解释可能是错误的。研究发现，人们经常错误地把下雨天或寒冷天气时的抑郁与生活的态度、价值观、人生的意义联系起来，而忘掉了这也许只是天气产生的效应。

有一项很有意义的研究工作，让那些穿过悬索桥的人，在过桥之后回忆一个异性心理学工作者的外貌。结果发现那些产生很强的生理反应的人，往往错误地把这种生理的原因归结为对方的吸引力，而忽视了过悬索桥时所产生的自然生理反应。

还有研究发现，我们有时候忽略了有很大影响的客观因素，同时又把影响很小的因素看得很重。

过悬索桥时和过桥后的心理变化

尼斯贝特和沙赫特在哥伦比亚大学的学生中做了一系列研究来证明人误解自己心理的过程。研究者给其中的一些被试每人吃了一片假药，并告诉他们一会儿可能会导致心脏的剧烈跳动、呼吸的不规律和神经性痉挛。尼斯贝特和沙赫特预计被试会将电击的反应归因于药物的作用，这样他们就会比不吃药的人更能忍受电击的影响。结果发现，吃药的被试所能忍受的电击强度是没有吃过药的被试的4倍。当告诉那些吃药的人，他们忍受了比平均值更高的电击并询问为什么能够忍受这么高的电击时，没有一位被试提到药物的可能作用。当提醒被试药物可能在起作用时，被试往往会否认药物的影响，他们通常会说，药会影响别人，但是绝不会影响自己。典型的回答就是"我甚至想都没想到那些药"。

有时候，人们还会认为他们受到某些根本没有影响力的事物的影响。尼斯贝特和威尔逊请密歇根大学的学生评价一部纪录片。当他们正在观看电影的时候，电锯声在门外响起来，大多数人相信这个噪声影响了他们的评判。实际上并没有，因为他们的评判与那些在控制条件下根本没听到噪声的人的评判基本上是一致的。

还有一些更有趣的研究结果，就是让被试在两到三个月中每天记录他们的情绪体验，同时记录影响他们情绪的客观因素，如天气、睡眠质量。在每项研究结束时，被试要判断这些因素在多大程度上影响了他们的情绪。令人吃惊的是，研究发现在被试判断因素的重要性上，与这个因素实际对情绪产生的影响之间基本上没有任何相关关系。

这些研究表明，我们使用自我概念、自我知识来分析自我，却不一定能得到准确的自我认识。

我们常常使用自我概念和认知来预测行为，但是我们在预测行为时，经常犯比较大的错误。当问到是否会因为从众压力而服从别人的时候，或者是当有很多人在场时，我们是否会帮助别人，绝大多数人会否认自己受到环境的影响。但是就像社会心理学家证明的那样，很多情况下，很多人不可避免地受到客观环境的影响。在场的人越多，帮助的人越少；同样，如果权威的压力越大，我们服从权威的可能性就越高。更有意思的是，有研究发现，让大学生预测他们在两个月内可能经历的不同事情的概率时，比如谈一次恋爱、得病，他们的自我预测与建立在一般人经历上的基本预测没有多大差别，但是很多人会认为自己的判断要比一般人准确。

人们在预测关系的发展方面时也经常犯错误。谈恋爱的人经常乐观地高估亲密关系维持的长度；情人们由于过于关注正面的经历，往往相信他们会永远相爱下去。很多研究者发现，父母和朋友在这些关系问题上掌握得比我们更准确。

在预测负面行为方面，比如痛苦和欺骗自我的预测，我们的预测通常要比父母、朋友的更准确。不管怎样，我们个人的前途很难预测，即使对自己来讲也是如此。自我能帮助我们做出预测，但这是不准确的。

我们还常常用自我概念和认知预测我们的感情，生活中的很多重大决策涉及我们对情感的预测。是否要结婚，是否要申请工作，是否要去度假，是否要离婚等所有这些都需要我们做感情的判断,因为这些事情的结果可能给我们带来快乐、幸福,也可能给我们带来厌倦、失望。

有的时候,我们可能以为自己知道生活中的一些事件,比如说考试没考好,或者是赢了一场重大比赛,对我们未来的感受会产生怎样的影响。但是最近的一些发现表明,并非如此。我们经常错误地预测在爱情关系破裂后的情绪体验,或者是得到礼物、比赛胜利、被人侮辱后的情绪感觉。

路温斯顿和夏克特提供了一个研究范例,让年轻的男性看到一些性刺激的图片后,再让他们处于一个很亲密的恋爱情境中,当他们的女朋友让他们停止性冲动行为时,他们会承认他们有可能不会停下来。但是如果他们不是首先看到这些性刺激的图片,他们经常会否认性冲动的可能性。当这些男性不处于兴奋状态的时候,他们会经常错误地预测在兴奋状态下他们的感受和行动,这也是导致意外怀孕的一个原因。同样,处于饥饿状态的购物者经常冲动性地买食物,而吃过饭的人通常不会有那么强的购买冲动。饥饿的时候,我们会错误地预测食物给予我们的满意程度;吃饱的时候,我们又错误地预测食物的美味程度。

我们往往会高估快乐心情受温暖的气候、体重的变化、电视节目、自由时间多少等因素影响的程度。即使很重大的事件,比如赢得彩票,对人的长期快乐和幸福感的影响都不如一般人所想象的那样强。一个朴素的快乐理论是,我们要什么就得到什么,我们就很快乐。这导致我们还经常错误地预测,如果我们得到一个好的结果时,我们会高兴很长时间,或者说我们同时就会感到幸福。但是一项又一项的心理学研究表明,得到我们向往的好消息所带来的愉快和幸福感受,消失得比我们想象的要快得多。

当我们真正赢得彩票大奖时,我们能高兴多久?

如果说我们错误地预测了正面事情可以延续的程度，那么，同时我们也错误地高估了负面事件的长久性。我们对负面事件的抵抗，实际上比我们想象的要更加坚强。曾经有一项研究，对象是那些被检查出有艾滋病的人，预测他们得到结果之后 5 个星期内的感受。事先预测的是，当人们听到坏消息时一定会非常悲伤；当听到好消息时，人们一定会非常高兴。然而在 5 个星期以后，心理学家发现那些得到坏消息的人，并不像想象中那样难受和悲伤；得到好消息的人，也不像想象中那样快乐和高兴。同样，当心理学家请大学教授预测他们在得到终身教职时的幸福感，很多人相信一个好的结果对未来的幸福有很大的影响。但经过实际调查研究发现，这些教授的幸福感与那些没有得到终身教职的人相比，没有太大的差别。

不妨自己做一个简单的心理学实验，就是预测一下在未来你对一些事情的可能情绪感受，在这些事情过去后，再记录自己的实际心理感受，你会发现自己过去可能远远高估了这些心理感受。

第二节　文化产生的依赖自我与独立自我

在本章的开头，我们提到了关于"我是谁"的描述。我们可以数数我们的描述中有多少是关于个人特性的，如性格、长相、志愿、兴趣；有多少描述是关于社会特性的，如国籍、出生地、家庭、人际关系以及社会认同感。我们可能很快就会意识到，对社会特性的描述要远远多于对个人特性的描述，为什么会这样呢？

心理学家发现，文化对自我的认识有很大的影响。在很大程度上，西方社会是强调个人主义的社会。在个人主义的社会中，很多自我认同是独立型的，因为青春期是个人与父母分离的时候，在成年以后，西方社会鼓励个人自力更生、自我独立。

西方文化强调个人的控制能力以及自我独立性。举一个简单的例子，西方文学在很大程度上描述的是一些个人主义，比如说强势的英雄依靠自己的努力，战胜了社会对他们的压制。西方的电影描述的是那些反抗社会压力的英雄，歌颂的是"我行我素""我是我自己"的一些生活方式。

与之相反，东方文化强调的是集体主义，这种文化对相互依赖的关系比较欣赏，因此，它更强调人如何适应社会环境，而不是强调个人的独立性。我们东方有很多谚语，强调社会关系对自我的重要性，比如"众人拾柴火焰高""一个篱笆三个桩，一个好汉三个帮""多一个朋友，多一条路"等。中国传统谚语中有强调独立自我的吗？当然也有，比如说"各人自扫门前雪，不管他人瓦上霜""事不关己，高高挂起""人不为己，天诛地灭"等。但是，你可以很快意识到，后者并不是东方的主流社会规范，往往是带贬义的谚语，描述的是不可取的、不该被欣赏的、不该被鼓励的行为特性。西方经济学强调"自私是社会进步的动力""人各司其职"；而东方社会则强调"利他""家庭"等原则，为国家做出贡献和牺牲。因此，不同的文化价值观念倾向于不同的自我概念。

简单地将文化分为个人主义和集体主义，这可能过于简化了文化之间的差异，因为在任何文化中，个人主义都会在不同的个体身上出现，或者在不同的时候出现，或者在不同的地点出现。但一个具有相互依赖自我的人，归宿感一般会比较强。具有相互依赖自我的人在与家人、同事和朋友分开后，会失去那些定义自己的社会关系，产生很多新的自我意识，包括与父母或朋友相处时的自我和工作时的自我。

在集体主义文化中，自尊及别人怎么评价自我是与自我的集体密切相关的，自我概念是可以改变的，而不是固定不变的。对那些在个人主义文化中成长的人而言，集体之外的人对自己和自己团体的评价没有个人的自尊重要。自尊更多的是个人的认识，而不是由关系来决定的。对个人认同感的威胁，相对而言会起到比对团体的威胁更直接的作用。两种不同的自我概念和自我认识，对人的行为有很大的影响。这些概念的

他怎么不自扫门前雪了？

中国文化宣扬互相依赖、互相适应的社会环境。中国谚语中那些很自我的内容，如"各人自扫门前雪""事不关己，高高挂起"等，都是非主流社会规范，并且都是被人们摒弃的行为

提出者是斯坦福大学的心理学家马库斯（Marcus）和密歇根大学的日本心理学家北山忍（Shinobu Kitayama），他们认为西方文化里的个人主义观点提倡的是独立的自我，把自己看作一个独立的、有自主性的且与他人有冲突性的实体。那么，这种实体强调的是自我的分离性。独立的自我，强调自我与社会环境的分离性，强调的是一种稳定的、单向的自我认识，强调内在的、内心的个人体会、思想和意图，强调生活的意义是追求独特性，表达自我和自我实现，所欣赏的交流、互动是直接的交流。自尊依赖于表达自我的能力，同时依赖于对自我特性的证明。

对独立自我的美国学生而言，积极的情绪体验往往是排他性的，比如说与众不同、出类拔萃时所带来的自豪感与优越感

东方文化的集体主义，提倡的是相互依赖的自我，把自己看作一个社会网络的部分，而且试图通过维持与社会网络的和谐关系来定义自我。相互依赖的自我强调的是个人与社会的联系，强调的是一种灵活性的自我认识，一种外向的、公共的自我意识。其追求的是社会认可、社会关系对他的认同，强调适应社会环境，强调为他人做贡献、为他人服务。自尊来源于维持和适应外在关系的能力，来源于控制自己以达到社会集体目标的能力。

两种不同的自我概念对跨文化沟通有直接的影响，因为不同的自我概念对人的认知能力、自我认识、喜好和选择都有直接的影响。在认知能力方面，依赖自我的人，通常在人际关系上有更多的技巧，更能理解他人的行为，更能在环境中了解自己，对外在的客观因素的影响也相对更敏感。

对于强烈依赖型自我的人来讲，自我的尊严和价值是与团体的尊严和价值密切相关的，而对于独立型自我的人来讲，自我的尊严与价值主要是个人的，与其所属的团体关系不大，过分强调与团体的联系反而会影响独立型自我的人的自尊和自我价值感。

马库斯和北山忍发现，对于依赖型自我强的日本学生而言，快乐的心情多半产生在与亲人的交往之中，那种亲密感、友好感和互相尊重的感受是日本学生积极的心情表现；而对于独立型自我强的美国学生而言，积极的情绪体验是带有排他性的，比如，与众不同的自豪感、出类拔萃的优越感、惊人的自我效能感往往是美国学生快乐心情的来源。同样，在依赖型自我强的文化中，冲突往往发生在不同的团体之间；而在独立型自我强的文化中，冲突往往是个人之间的争斗，比如说犯罪和离婚。

独立型自我和依赖型自我最大的影响是对自我评价的差异。独立型自我强的人往往容易产生虚假的独特感，倾向于低估自己的优秀特点在社会人群中的普遍性。询问独立型自我强的学生，学校里有多少学生的学习能力比自己强，结果发现，美国学生的普遍回答是只有30%的其他学生会比自己的学习能力强，而在日本学生中这个比例接近于50%。对于依赖型自我的人来讲，个人的独特性会伤害自己与他人的关系，从而影响对自己的评价。

独立型自我与依赖型自我的另一种行为差异体现在选择和决策上。

马库斯和他的学生曾经在旧金山的国际机场邀请亚洲乘客和美国乘客参与一个心理学实验。首先每个被试必须做一份心理学问卷。作为奖励，每个被试将得到一支圆珠笔。心理学家从口袋里掏出五支笔给被试，这五支笔来自同一厂家，样式一样，但是有两种颜色。从数学的排列组合来讲，随机抽出的五支笔，其颜色有两种组合，即一支笔是一种颜色，另四支是一种颜色，或者是两支笔是同一种颜色，另三支笔是另一种颜色。如果出现五支笔是同一种颜色的情况，心理学家就会重新在口袋里掏出五支笔，直到有不同的颜色为止。被试要做出的选择就是挑多数笔中的一支，还是挑少数笔中的一支。他们很惊奇地发现，亚洲被试习惯挑多数笔里的一支，而美国被试则习惯挑少数里的一支。为什么会出现这样的差异？马库斯认为，这是由美国被试强调独立型自我而亚洲被试强调依赖型自我所造成的。独立型自我强的被试，喜欢自己的选择与众不同，而依赖型自我强的被试在选择时容易考虑到其他的人和事物。依赖型自我强的人会说："如果我把少数笔挑走了，别人就没有挑选的余地了。"

这种以自我为中心和以他人为中心的行为差异，更常见的表现就是在回答问题的时候，是以自己的答案为基准来做出是与否的判断，还是以他人的问题为基准来做出是与否的判断。对于别人的问话，中国人与美国人也呈现出不同的回答方式。

中国人习惯先肯定或者否定对方所提的问题，再确定自己是用"对"或者"不对"的方式来回答；而美国人更倾向于直接依据事实结果的肯定或否定用"Yes"或者"No"来回答。当被人问起"我想你不是学生，对吗？"时，中国人的回答方式会有两种情况："是的，我不是学生了"或者"不，我已经工作了"。但是在英语中，倘若别人问"You're not a student，are you？"，回答总会是"Yes，I am"或者是"No，I am not"。

中国人的文化习惯是一切问题都以对方为中心，比较倾向于照顾对方的情绪，这与传统文化倡导的谦虚、礼让是息息相关的。《论语·学而篇》第十节中子贡曰："夫子温、良、恭、俭、让以得之。"其中"让"字有"谦让"的意思。在中国文化背景下，我们更习惯于问"你想吃点什么？""你想要看哪一场电影？"等。但是在英语文化中，人们往往偏好于从自身的角度出发，比如"Can I help you？""What can I do for you？"。

这种差异在商业广告和沟通影响上也有所体现。西方的商业广告强调个人的独特性。比如"Think Different"是乔布斯1997年7月亲自为苹果公司撰写的广告，某房产公司的广告强调"选择自己的视野"，其他很多广告更是赤裸裸地标榜"个人化""独特性""与众不同"等。马库斯和他的韩国学生对韩国的商业广告进行分析，发现很多韩国广告的卖点是强调集体主义和历史文化。比如，韩国有一个人参的广告，标榜自己是"千年一品"。而这样的广告，美国人是做不出来的，因为美国人认为一千年仍一成不变的东西肯定是有问题的、不健康的。但是，在东亚国家，估计这样的广告会很有效果，因为依赖型自我强的人，很容易为自己团体的光辉历史而感到自豪。在中国，有些广告采用古装的形象，因为我们中国人也是以我们的历史为骄傲的。在国外，以历史人物为形象的广告很少；如果有，也往往是嘲弄和搞笑的对象。研究者还发现，韩国的广告通常会有大家庭的形象，而美国的广告经常出现的是没有家庭束缚的、单身的俊男美女。这些都反映了独立型自我和依赖型自我对人类行为的影响。

问　题

1. 在使用自我概念来预测行为时，我们经常会犯哪些错误？
2. 独立型自我和依赖型自我有哪些表现？它们分别会产生什么样的行为差异？

第十二章

人是怎样误解他人的

吃吧，别客气！这是我最喜欢吃的！

在跨文化沟通中，要真正做到理解他人、尊重他人

跨文化沟通的一个很重要的技巧，就是对来自不同文化背景的人的理解。这种理解在心理学上主要是指发现双方之间的一致性，或者是发现双方之间的差异及其原因。在很大程度上，理解是人际交往的一个最基本技巧。在本国文化沟通中，理解有着很重要的地位；在跨文化沟通中，理解的重要性也是不言而喻的。很多跨文化沟通的障碍来自对他人行为、言论和感情的误解。如何提高跨文化沟通的效果，很重要的一点就是要能够理解他人。

第一节　理解社会观念的差异

社会观念是什么意思？社会心理学家马斯科维奇曾经指出，我们作为社会中的人，每一种行为都需要从社会的角度去理解。日常生活中的很多事情，本身并不一定具有特殊的意义，但是如果我们在某一种特定社会中成长，那么，我们就会逐渐地在社会交往中学习到这些事件和情形以及它们在特定文化里的特定意义。这种学习到的行为意义就是我们对社会情境和社会活动形成一种观念。因此，这种观念多是具有文化特异性的。社会观念能帮助我们理解本文化中其他成员的行为意义，同时根据这种行为意义做出我们自己的反应。同文化的人具有相对比较一致的社会观念，使得我们的社会交往相对比较容易。因此，这种社会观念就是我们人类生存、发展以及适应外界环境所需的最基本的生存工具。

什么样的概念能归属为社会观念呢？马斯科维奇特别提到四种：第一种是社会思想，即对某一种概念、事物特定的解释、分析和思考；第二种是社会形象，即某一种特定的视觉形象在社会中代表什么样的意义；第三种是知识体系，这是社会关系的一个重要成分；第四种是特定的思维方式，就是一个社会文化不仅告诉我们有什么样的客观知识，也告诉我们如何对这些知识进行提取、加工和应用。所有这些都是我们所说的社会观念的主要成分。社会观念是一种下意识，存在于我们文化的集体无意识之中。

社会观念的重要性在于能够指导我们的行为。比如，什么东西可以吃，什么东西不可以吃；什么时间能吃，什么时间不能吃。这都是由社会规范形成的社会观念，这种社会观念制约我们的行为，同时制约其他人的行为。在跨文化沟通中，一个可能的障碍就是其他人的社会观念和我们的社会观念可能有很大的差异，这种差异会造成行为上的差异，从而造成理解上的困难。跨文化沟通的一个基本技巧，就是要尽量学习、了解和理解他人的社会观念。比如，穆斯林不吃猪肉，如果我们知道他们的宗教观念，我们对他们的行为就比较容易理解，同时对我们自己的行为也会更加约束。同样，为什么韩国人觉得吃狗肉很正常，而美国人则认为吃狗肉是大逆不道呢？虽然对

英国人在二战期间经常以正"V"来表示必胜的决心，但在战后却常以反"V"来侮辱政敌。现在反"V"虽没有那么强烈的恶意，但是也代表不雅之举。许多东方人常常借鉴正"V"这个手势来表达快乐、胜利的心情。在中国，年轻人还喜欢用这个手势显示可爱、卖萌。只是要注意不要用反了，尤其是与欧洲人交往的时候

这种行为的道德判断是不一样的。韩国人认为吃狗肉是因为天气冷，需要吃狗肉来暖身；而美国人认为狗是人的最好的朋友，吃狗肉犹如吃人一般。这样的社会观念差异使得彼此的反应大不相同。如果理解他们的社会观念差异，就能够帮助我们与不同文化的人进行有效的沟通。

马斯科维奇还特别强调，社会观念与我们的价值观念和态度是不一样的。在某种程度上，有些价值观念和态度是个人的特点。因此，即使是在同一种文化中，每个人也可能会有不同的价值观念和态度，例如，有的人认为生活的意义是追求金钱，有的人认为生活的意义是与上帝接触，这是价值观念不一样的体现。又如，有人喜欢红色，有人喜欢蓝色，有人喜欢体育，有人喜欢音乐，这是态度的差异，也是个体水平上的心理差异。而社会观念必须是一种集体创造的、集体维护的并为集体服务的一套观念体系。很多社会观念的存在要早于个体的存在，在我们出生之前这些社会观念就已经存在。因此，个体水平上很难出现这些社会观念的差异，因为它已存在于我们的文化之中，我们下意识地、不自觉地接受了这些观念的影响。有人可能会问，为什么世界上会有伟人创造出一些观念，而这些观念在这些伟人之前并不存在？其实，我们应该对这一说法进行科学的分析，从心理学上讲，任何伟人的观点都有历史根源，都存在于他所生活的文化和社会之中，任何人都不会创造出一种完全脱离社会的观念来。

马斯科维奇在他早期的工作中对社会观念做了很多分析，特别解释了这种社会观念对人的行为的影响。

他做了一项研究，发现很多被试在试图理解他人的时候，是通过社会观念来加以理解的。我们有时候并不一定知道每个人会如何行动，但是从社会观念的角度出发，我们就可以判断他会如何反应和行动。举一个很简单的例子，我们不知道一个陌生人会不会裸体在校园里跑一圈，但是如果我们知道他的社会、文化背景，就可以判断出来。如果他的文化背景比较开放、自由、张扬，性观念比较自由，我们就可以判断这个人可能会做这样的事情；但是，如果我们知道他的社会观念，也就是他所在的社会持一种保守的、性禁忌的共同理念，我们基本上可以判断他应该不会那样做。这就是社会观念对于我们判断个体行为的作用。

社会观念和个体观念有以下三种区别。

第一，个体观念在某种程度上是个体特有的；顾名思义，社会观念在某种程度上是一种社会的产物。就像我们前面说到的，个体观念是后天发展出来的，而社会观念在个体出生之前就已经存在。

第二，个体观念在某种程度上是可以改变的；社会观念是由集体来维持的，改变的过程和程度比较慢，而且会很艰难。

第三，个体观念可以通过个体心理学的研究来了解，但是社会观念恐怕只能通过跨文化沟通及研究来理解、发现。这就是为什么在跨文化沟通中，对社会观念的分析和理解是我们掌握跨文化沟通技巧的基本能力。

社会观念到底有哪些特性呢？有哪些文化特有的社会观念呢？文化心理学家在过去几十年内，已经发现了很多社会观念的跨文化差异。归纳起来大概有四种，我们将在下一节进行详细分析。

第二节　理解现实和知识的文化观念差异

社会观念的首要差异是关于现实和知识的文化观念差异。几十年来，我和我的同事一直对不同文化如何认识外在世界、了解外在世界和创造知识很感兴趣。在研究中，我们发现东方人的知识和认识体系在很大程度上可以看作朴素辩证主义的认识体系，这与西方的线性认识体系是不同的。

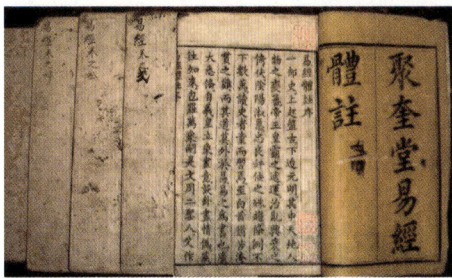

中国古代著作《易经》

第一，东方人在认识世界时，强调事情是不断变化的。中国古代著作《易经》中就谈到了变化的恒常性：现实世界不是固定不变的，而是不断地变化和改变的。这种思想与中国的道教、佛教和儒教思想都有很多的联系，从很大程度上讲，都强调现实世界的不确定性和变化性。

第二，东方人比较强调的认识世界的观念就是矛盾论。我们认为世界上的任何事情都不是绝对的，都是有矛有盾，有两极的存在。正是因为有了白天，黑夜才有意义；有了丑，美才有意义；有了长，短才有意义；有了弱，强才有意义。世界上任何事物都由这两个方面组成，这两个方面是相互依赖、缺一不可的。这样的社会观念对亚洲人的认识有很大的影响。

第三，东方人的另一个特有观念就是中庸之道。这种观念强调对任何事情的理解和掌握最好都走折中的道路，用中庸的方式加以判断。

第四，东方人强调整体观念。世界上任何事情都是相互关联、相互联系、缺一不可的。

第五，东方人强调背景的重要性。任何事情都有背景的影响，这种背景的影响对决定事物的产生、发展和表现都有积极意义。

如果将以亚洲为代表的东方人的这种认识观与西方人的认识观相比较，我们可以看出很大的文化差异。这种差异表现在以下四个方面。

第一，世界是连续的、整体的还是分隔的、具体的。西方文化在很大程度上认为世界是由一些间断的具体单元所组合起来的整体，哲学上叫作结构主义，就是相信世界是由很多具体的、实实在在的、细小的单元组合起来的一个整体世界。这些单元之间的联系由各个具体单元的本身特性决定。但是，东方文化强调自然的连续性，每一个具体的单元不可避免地与其他单元相联系，而且这种联系整合起来就是一个自然的整体。因此，东方人认为自然是一个连续的整体，而不是具体单元的组合。

第二，东方文化关注的是整体，看任何事情都必从整体来看；而西方文化一般强调的是一些具体的、单元的特性。试问，为什么一块石头从空中掉下来？亚里士多德的解释就是石头具有重量的特性，这种特性决定了它

关于木头能够在水面上漂浮的原因，不同的思维方式会带来不同的解读。西方人认为木头有漂浮的特性，所以能够浮在水面；东方人会认为木头的漂浮是因为水有浮力；现代科学认为这和木头的比重、水的比重、水的浮力都有关，并有详细的计算公式

必须往下掉。为什么木头能在水面上漂浮？西方的解释就是木头具有漂浮的特性。如果用东方的思维来解释，就倾向于认为石头的下落是因为有力的吸引，木头的漂浮是因为有水的浮力。东方人从物体、背景及其与所处环境之间的关系来理解自然，而不是关注物体本身的一些特性。从某种意义上讲，东方的哲学思想与现代量子力学有很多表面上的相似性，因此，很多人误以为东方的哲学思想是现代量子物理学的先驱。虽然这二者是不同的，但是它们确实有着对场的共同兴趣。

第三，东方认识观与西方认识观的差别，本质上在于到底应该着重事物之间的相似性还是着重事物的本性。也就是说，我们对事物进行归类的时候，是看它与另外一些事物之间表面的相似性，还是要找一些内在的、本质的一致性？我们可以通过例子比较一下东方人和西方人的归类差异。如在牛、草和鸡之间，哪些事物应该归在一类？东方人普遍将牛和草归为一类，着重的是牛和草之间的相互依赖关系；而西方人普遍将牛和鸡归为一类，原因是牛和鸡作为动物的本性决定了其类别。这种根据关系和根据本性来进行归类的思维方式，也反映在中医和西医之间的差异上。西医着重的是病原的问题，因此在解决疾病问题的时候，要找到疾病的源头，然后单独处理这些源头所带来的问题；而中医注重整体性，因此处理某一种疾病时，不是只针对这种疾病本身，而是要根据它在整个系统中的关系，通过系统地调整人的身心状态来治疗某一种具体的疾病。

第四，东方认识观与西方认识观的差异，还表现在是相信辩证的思维还是相信逻辑的思维。东方的思维特性可以用辩证法解释。北京大学哲学系张光年教授就曾经提出，东方人的思维对变异、矛盾和联系都非常关注，这就与哲学里的朴素辩证认识论有很大的相似性。在多年的研究基础上，我提出了东方人思维的辩证特性，认为东方人的思维与西方人的思维有很大的差别，这种差别主要体现在东方人的思维很接近朴素辩证的思维特性。

但是必须指出的是，东方的朴素辩证认识论和马克思主义的唯物辩证论有根本的差别。马克思主义的唯物辩证论实际上是建立在西方思维基础上的辩证认识论，相信矛盾是一种冲突，冲突应该加以解决。因此，马克思主义的唯物辩证论是一种螺旋式的发展态势，有立论，有反论，最后是解决立论和反论之间的矛盾。而东方的朴素辩证认识论，认为立论和反论是不可分割的两个方面，没有必要也不可能解决这两个方面之间的冲突，因为彼此是互相依赖而存在的，如，没有白天就没有黑夜，没有长就没有短，没有丑就没有美，这种思想与马克思主义的唯物辩证论是不一致的。

马克思主义的唯物辩证论还强调冲突是一种常态，而东方的朴素辩证认识论认为和谐是一种常态，阴和阳之间没有敌对的冲突，没有必要以阴来战胜阳，也没有必要以阳来战胜阴，因为它们是一种和谐的整体存在。而在对现实的认识上，东方的思维习惯和认识方式是要尽量寻找事物的两个方面，同时尽量寻找事物的中间妥协点。而西方的认识论强调事物的斗争状态，而且强调最后解决矛盾的方式。如何解决人的认识矛盾呢？西方的认识论倡导广泛地采用逻辑思维的方式，也就是认为如果人的思维里有矛盾，那么思维肯定有错误，逻辑就是验证思维错误的一个最基本的认识方法。

东方和西方的朴素认识论差异，已经得到了很多心理学研究的证明。密歇根大学的心理学家尼斯贝特和我在这方面做了一系列研究，发现东方和西方的很多思维特性其实与这种自然认识观是一致的。在对事物的注意分配方面，东方的注意分配是对背景的关注，而西方的注意分配是对物体本身的关注。如果让东方人和西方人看一条鱼在池塘里游泳的动作，西方人较为关注鱼本身的特性，如鱼的大小、鱼鳍分布以及鱼嘴的特点；而东方人不仅关注这些方面，也很关注鱼与池塘的关系、其他鱼的形态以及池塘的形状。

中西方的人对于同一事物有不同的看法

基于这个特点，东方人和西方人在解释事物的因果关系时，也表现出很大的文化差异。西方人的解释关注的是内因的决定作用，东方人的解释关注的是内因与外因的交互作用。如果要解释一个人为什么要做某一件事，西方人更关注个体本身的特性，如人格的特点、个人的欲望以及个人的经历；而东方人的解释不仅涉及这些内因，也涉及一些外在的原因，比如家庭背景、社会影响以及环境的特点，这就是东西方不同的认识观对东西方人心理感觉上的影响。

第三节 理解时间的文化观念差异

社会观念的第二大差异是对时间的认识。时间是我们生活的一个重要维度，我们每时每刻都与时间的变化产生密切联系。不同文化的人有着不同的时间观念，这种时间观念首先体现在两个主要的维度上，即是将时间看作一种稀有资源，还是一种无穷尽的资源。有的文化把时间看作一种无穷的资源，认为人们不需要刻意地控制和掌握时间，把自己的生活交付于命运，同时在命运中随意地生活。

第一，有的文化把时间看作一种稀有资源，而且是可以转瞬即逝的。因此在我们的生活中，应该尽量利用时间，要不然就不可能在有限的生命中做出有意义的事情。这种时间资源观念影响了不同文化的人的行为。在这个问题上，中国人和美国人有比较接近的认识，就是都把时间作为一种稀有资源来对待。但是，也有一些文化不太珍惜时间，而是更珍惜个人的生活。

第二，时间的文化观念的另一个差异就是认为时间是否是固定的，是否可以改变或延续。在很多偏远地区，人们甚至认为时间是可以伸展的，因此有的时候感觉时间过得很快，而有的时候感觉时间过得很慢。在某种程度上，爱因斯坦的相对论涉及的时间是可以变化的观念。很多工业文化，包括现代工业社会，认为时间是一种固定的单位，它是不会随着人的心态的变化而变化的，这两种观念对人的行为产生了很大的影响。美国心理学家勒温（Lewin）曾经在全世界不同国家做了很多调查研究，发现不同文化对时间的认识有很大的差别。这种认识差别与文化的经济发展水平有很大的关系。经济发展水平较高的文化，强调时间的固定意义，强调时间是一种稀有资源；而经济发展较为落后的南美洲和非洲国家，强调时间是一种无穷尽的资源，并且时间可以随着人的心理体验而伸展变化。

第三，时间的文化观念差异还体现在时间的宽度上，即这是一种长期的时间观念，还是一种短期的时间观念。霍斯帕德曾经发现，不同文化的人对时间、时间知觉的认知框架是不同的。东方的儒家文化强调长期的时间观念，强调人的生活是为了远大的目标，因此人们的工作态度和工作精神体现了坚韧不拔的原则；西方文化比较强调短期的时间观念，例如强调近期目标的实现。如果询问一位印度人和一位美国人未来的时间有多长，研究者发现，美国人把未来定义于15年之后，而印度人则把未来定义于20多年以后。这是因为他们的时间观念是不一样的，美国人是短期时间观，而印度人是长期时间观。

桑伯格于1983年做了一项调查，被试为印度、美国和奥地利的15岁少年，让他们列举将来要发生的7件事情。结果发现，与美国、奥地利的少年相比，印度少年的时间观念平均来讲要长很多。当然，也有研究者发现，让被试谈未来的故事时，具有短期观念的人更愿意谈将来的事情，而具有长期观念的人更愿意谈现在的故事。这可能是因为具有长期时间观念的人认为未来太远，结果反而不愿去想未来的事情；而具有短期时间观念的人认为未来不是特别远，反而容易去想未来的事情。因此，时间观念的长短差异，对人的行为影响比我们想象的要复杂得多。

这种未来时间观和现在时间观的差异，在很大程度上与工业革命有关系，因为工业革命强调未来的变化是可以很快实现的。因此对具有工业革命背景的文化来讲，未来不是遥不可及的事情，是可以做到的，因此改革和变化一定是积极的、正面的事情，改革和变化对未来的影响很重要。具有这种未来时间观念的人，也比较容易欣赏有生命力的事物，因为他们可能会认为少年期是短暂的，因此应该珍惜。反之，具有长期时间观念的人，可能不太欣赏剧烈的变化，可能也不特别在意年龄的差异。还有的人认为，具有短期时间观念的人，在某种程度上可能有比较强烈的延迟满足的倾向性，他们知道如果能够延迟自己的需求满足，未来的回报可能会更大。

具有长期时间观念的人更强调节省，在思考问题的时候，容易想到长远未来的作用及影响，并愿意为这样的未来做出打算，会更加强调节约。具有短期时间观念的人则相反，他们更容易接受奢华的事物，因为他们更关注现在的满足，而不是未来的影响；他们也更容易强调自我的放纵，因为他们更关注现在的生活，不愿意为长远未来的发展做出准备和积累积蓄。因此美国人出现的信用卡危机，也许就与这种短期时间观念有关联。在一定程度上，西方社会的后现代主义、对个人欲望的满足、对奢侈品的追求和对自我的放纵，可能也与这种时间观念的差异有关系。

对于人工智能的预测，东西方在总体趋势上没有太大区别。但是，西方科学家会努力预测准确的时间点，东方科学家则只是描述大致的时间区间，并且给出的时间相对遥远。谷歌首席未来学家库兹韦尔（Kurzweil）早在20世纪末就预言到2045年时地球上将没有真正意义上的生物人，到了21世纪更是给出了"2045年人类将实现永生"这类时间点非常明确且并不遥远的预测。而东方科学家通常不会做这样短期而明确的预测。

人工智能绘画机器人

第四节　理解人格的文化观念差异

社会观念的第三大差异就是对人的认识和对人格的看法。心理学家一直认为，我们每个人都是朴素的心理学家，我们对人的心理活动和性格都有一套自己的理论和看法。这些理论和看法影响着我们对别人的认识，同时也影响着我们对自己的认识。不是所有的人都知道别人是如何认为和感受的，但是我们或多或少地知道，什么样的人会做什么样的事情，也知道他们为什么会做这样的事情，这就是我们常说的朴素人格理论。

朴素人格理论是我们每个人在日常生活和社会发展中所形成的对人格的看法，这种看法比较固定而且有共性。对某一个具体人的具体看法，可能每个人都不一样，但是对什么样的人应该具有什么样的特点，这些看法是有共性的，而且具有跨文化的特征。比如说，一个善良的人，很可能也会被认为是一个大方的人，虽然没有证据证明善良的人一定大方，但是在很多文化中，人们容易相信这种人格理论的存在。还有一个不一定正确的却很普遍的认识，就是一个成功的人也是一个雄心勃勃的人，虽然没有证据证明这二者之间一定有关系，但是朴素的人格理论倾向于认为这种关系存在。

　　跨文化沟通的一个问题是，不同文化的人格理论可能是不一样的。社会心理学家哈弗曼曾经发现，中国人和美国人对一些人格特质的认识及其对行为的影响的看法是不一样的。西方社会有一些人格特性与东方社会不一样，例如，美的意思就是好。具体来说，西方人普遍认为一个长相漂亮的人一定是内心善良的人，认为这种具有杰出的外在美貌的人一定是上帝的宠儿，因此她们更可能具有一些正面的心理特质。但是如果你了解东方文化，就会知道东方人的辩证认识论可能会得出完全相反的结论。因为东方人认为，外表漂亮的人会有一定的负面作用，这种作用在于会影响周围人的生活和生命。例如，"红颜祸水""红颜薄命"，实际上就反映了中国人的辩证人格认识。还有一句中国古话，讲的是男人的三大幸运事，即"丑妻、薄田、破棉袄"，实际上也反映了这种辩证的认识。一个长相丑陋的妻子实际上是对一个男人的帮助，因为这个丑陋的妻子可能更容易具有一些正面的心理特性。当然现代心理学研究的发展，可能更容易支持西方的朴素人格理论，而不是东方的辩证人格理论。漂亮的外貌相对而言容易让人产生积极的心态，丑陋的外貌可能容易让人产生消极的心态，虽然这个结论还没有得到一致的、普遍的认同，但它似乎比较符合中国文化中的"相由心生"。不管怎么样，不同文化的朴素人格理论对人的行为有很大的影响。

　　哈弗曼还特别研究了文化特有的人格理论。比如，西方社会认为具有艺术特性的人应该具有一些独特的人格特点，比如，更加自由奔放，更加放纵，更加具有创造性，而这种人格理论不一定是东方人所能接受的。还有一些东方人特有的朴素人格理论，也可能是西方人所没有的。比如，中国人更相信官员可能具有比较强的能力，因为中国社会很早就强调选拔官员凭借的是德和才。在西方社会，官员只是一种职位，而且倾向于认为从事官方工作的人往往是才能和德识比较平庸的人。因此，对于官员的人格认识，东方和西方很容易发生冲突，导致在行为上也会有一些不同的表现。

人格观念的差异，还可能体现在对人格本性的认识上。斯坦福大学心理学家德沃克（Dweck）曾经提出两种不同的人格观念：一种是人的性格是固定不变的，另一种是人的性格是可以变化的。这两种不同的人格观念影响着我们对人类行为的理解和认识。如果我们认为人格是可以变化的，我们就愿意从环境的角度去考虑问题；如果我们相信人格是一种固定的、不变的特性，我们就会强调和接受人格对人的行为的决定性作用。那么，这种不同的人格本性理论可能在不同的文化中有不同的表现形式。有研究发现，东方人倾向于强调人的个性可以变化；西方人倾向于强调人的个性是不变的。但中国有句古话"三岁看大，七岁看老"，好像又是在说人的性格可能很难变化。总而言之，不同的人格观念深刻影响着我们对他人行为的分析、判断和理解。

社会观念对人类社会关系的认识恐怕是最为千差万别的，有很多关于人类关系的认识，在不同文化中的体现是不一样的。前面我们谈到的个人主义和集体主义，在某种程度上就是对人类关系的认识。例如，是强调个体的决定性和独特性还是强调集体的重要性和决定性，是强调个体的满足还是强调关系的和谐，是强调个体为他人做出牺牲还是强调他人为个体服务，这些都是个体主义和集体主义在关系认识上的差异。除此之外，不同文化的社会关系观念，还体现在以下两个方面。

一、平等的观念

平等是西方文化一直强调的社会观念，这种观念根深蒂固，影响西方人行为的方方面面。从某种程度上讲，东方社会是比较容易接受社会差异的，因此东方社会的平等观念不如西方社会的强。在跨文化沟通中，这种观念的差异有时体现在跨文化沟通的方式上，如果是强调平等的社会观念，那么具有这种观念的人在沟通过程中可能就会比较随意，而不是正式。因此，西方人使用名而不是姓来称呼对方，而且容易表现出随性的沟通风格；握手也不会那么正式，沟通的方式和风度可能也是比较随意的，表现出更多的友善行为，而不是尊重、敬畏的行为；在沟通的关系方面，西方人可能不太强调内外的差别，对待自己人和对待外人的行为，可能让人看不出非常明显的差异；也比较忌讳一些个人化的问题，特别是容易引起差异心理的问题，如收入、年龄、长相。这种具有平等社会观念的人在沟通过程中可能更积极地、自由地参与，可能愿意想方设法去缩小双方社会等级的差别，在某种程度上可能也更容易对权威做出挑战和批判。

具有平等社会观念的人在很多方面相信人的社会地位是可以变化的，更加欣赏那些自我奋斗成功的英雄，对异性比较尊重，能够接受双方之间的互惠，也更容易彼此开玩笑。

二、实用关系和亲情关系

实用关系和亲情关系是人际关系的另外一种社会观念。西方文化的人际关系理论实际上是建立在实用主义基础之上的，强调的是关系的功利性。因此在跨文化沟通中，我们往往发现西方人在处理问题时，非常直接、坦率，而且功利性非常强；在商务沟通中，更强调合同关系；在关系的预期方面，更强调平等和对等的交换，可能更强调社会关系的变化和提升。相对于功利的关系论，东方社会可能更强调关系的长远意义，在交流中更有礼貌；在回答问题时可能有更多的尊敬、间接、隐讳的表达方式，也会更加正式；在商务沟通中，更愿意强调关系的建立；对关系的预期，不会像西方那样对等，有时甚至也会以牺牲自己的利益来达到关系的稳定，所谓的"吃小亏，占大便宜"，就是只有东方社会才能接受的关系理论。

第五节　理解道德观念的文化差异

社会观念的第四大差异是对道德观念的认识。道德观念指的是人们判断他人行为是好是坏的内在标志。这种标志在很大程度上是在社会和文化的影响下形成的，有着比较强烈的文化特性。中国的道德观念有著名的七项，即忠、义、礼、智、信、孝、廉（耻）；西方的道德观念有著名的《摩西十诫》：①除了耶和华之外，不可再信奉别的神；②不许雕刻和崇拜任何偶像；③不许妄称耶和华的尊名；④当守安息日（星期六）为礼拜耶和华的圣日；⑤当孝敬父母；⑥不可杀人；⑦不可奸淫；⑧不可偷盗；⑨不可做伪证；⑩不可贪图他人的一切。

弗洛伊德一直认为，人类的道德观念是控制个人性冲动和攻击冲动的社会规范，它的形成主要是来自内心的恐惧和对权威的尊重。根据他的观点，没有社会道德观念，我们就会放纵自己，而不能够实现社会所赋予的责任和义务。

一、科尔伯格道德发展阶段论

对道德观念的心理学研究，主要是由科尔伯格（Kohlberg）提出来的。科尔伯格在他的道德发展心理研究中，提出了著名的三个阶段理论，他认为人类最初的道德观念建立在对惩罚的恐惧和满足自我需要的基础之上，即前习俗水平的道德观念；第二个阶段是习俗水平的道德判断，这种道德观念建立在对社会法律、规定的遵守和服从之上；第三个

科尔伯格，美国教育心理学家，儿童发展心理学家

阶段的道德发展水平是后习俗水平，也就是对人的责任、义务有了比较全面的基本认识。

科尔伯格提出的三种道德水平的差异，与人的年龄有很大关系。

第一，前习俗水平的道德观念。前习俗水平是儿童所遵守的道德观念。首先是对父母惩罚的忧虑，形成于对父母的热爱；其次是满足自己的需求和对自己利益的保护。因此，持有前习俗水平道德观念的人，判断一个行为的好坏主要是看自己会不会有麻烦。例如，为什么不能偷东西？前习俗水平的道德认识认为，如果偷东西，父母会不高兴，或者如果我干坏事，就有可能会去坐牢。

第二，习俗水平的道德判断。这通常是由青少年所表现出来的。这种水平的观念动机在于保持不受到社会的抛弃和惩罚，很多回答是以法律和规定作为标准的。拥有这种道德认识水平的人，会认为自己不偷东西是因为大家都认为偷东西不对，或者是如果自己偷了东西，那么其他人就会因此而受到伤害。拥有这种道德认识水平的人会考虑其他人的反应和需求，这比前习俗水平的道德观念要高级一些，但是它也只是停留在对社会规范的认同方面。

第三，高级水平的道德观念。这是科尔伯格所描述的后习俗水平的道德观念。这种道德观念通常是要对行动的所有可能性做出分析，然后在满足弱者的个

人需求、社会契约、良知等与遵守社会法律之间找到平衡。因此，处在这种道德水平的人，在是否偷东西这一问题上，往往会将尊重生命、保存生命的原则看得比财产保护更重要。

科尔伯格在他的研究中，特意使用了一个他称之为道德两难的困境，这个困境是牵涉各种道德观念冲突的情境，然后由被试对情境中人的行为做出道德判断。

一个有名的道德困境的例子是这样的：汉斯的太太得了癌症，需要一种很名贵的药物来治疗，但是这种药物还没有在市场上销售，只有发明这种药物的化学家才拥有，而且要花很多钱才能买到。但是汉斯没有这么多的钱，于是他请求化学家先把药物给他，自己愿意用所有的财产来买这种药物，等太太病好以后再偿还余款，但这位化学家拒绝了汉斯的要求。于是，汉斯就面临着一个道德的困境：他要不要偷药来救自己的太太，为什么？

根据科尔伯格的道德发展的三种水平，处于第一种水平的人往往会说，汉斯不应该偷药，因为他可能会被抓去坐牢；或者是他应该偷药，否则他太太就会死。处于第二种水平的人，认为汉斯应该偷药，因为他的太太需要药来救命；或者说不应该偷药，因为这违反了社会法律，会受到惩罚。处于第三种水平的人会试图对这种行为的各种可能性进行分析，然后判断是否应该偷药；一般情况下，处于后习俗水平的人普遍回答应该偷药，因为人的生命比金钱更加重要；也许有人认为不该偷药，因为如果偷药了，就可能会影响化学家去发明更多新药为社会服务的心情。不管怎样，科尔伯格的研究不是想要找到这个问题的正确答案，而是要判断人在分析这个问题时，到底使用哪种道德判断标准，这种标准与一个人的道德发展水平有很大的关系。

科尔伯格的研究引起了心理学家对道德研究的广泛兴趣，但是也引起了很多人的批评。对科尔伯格理论的主要批评是，他的道德困境主要涉及的还是人的思维，而不是人的行为。他也没有涉及其他的道德考量，关注的行为主要是与公平、公正、社会伤害等这些与法律有关的道德问题。还有一些人认为，科尔伯格的研究基本上没有涉及其他文化的道德观念，因此只能看作对西方道德观念的分析。

对科尔伯格的研究批评最早的是心理学家吉利根（Gilligan），她认为科尔伯格的研究反映的更多的是男性的道德观念。在很多情况下，男性关注的是公平的问题，而女性关注的是关怀他人的问题。因此吉利根认为，有关关系和仁爱问题的道德判断在传统的道德研究中基本上受到了忽略，因此，她试图找到一种女性所特有的道德观念。但是吉利根及其合作者到现在为止还没有提出女性特有的道德观念到底有哪些。

二、菲斯克关系道德理论

洛杉矶加州大学的心理学家菲斯克（Fiske）在这个问题上做了进一步的研究。他发现道德观念大概有四种，这四种道德观念与常见的社会关系是一致的。

第一种社会关系是资源共享关系。在这种社会关系中的人，享有共同的生活资源，面对共同的社会挑战和需求，是一种相互依赖的社会关系。比如，父母和孩子的社会关系，就是一种明显的公共享有关系。那么，资源共享关系的道德标准就应该是共享的道德标准。例如，你和我应该共同享有这种资源；如果你不遵守共享这种资源的标准，那么你就是不道德的，你就违背了这种关系所要求的行为规范。

第二种社会关系是权威等级关系。在这种社会关系中，人与人之间有等级差异，比如，老板与员工、老师和学生就是一种等级有序的社会关系，指导这种社会关系的道德标准是尊重和责任。下级应该尊重上级，上级应该对下级负有道义上的责任。违背了这种尊重和责任的道德原则，人的行为就会被认为与这种关系不相匹配。

母子关系是一种资源共享关系

师生关系是一种权威等级关系

第三种社会关系是平等关系。在很大程度上，这种社会关系就是普通人之间的社会关系，指导这种社会关系的道德标准是公平和互惠，"包含投桃报李式的互惠以及其他公平分配资源的模式，比如轮候、抽签、多予多取、等额分配、儿歌式的口头规则"（《人性中的善良天使》）。如果一个人为他人做出了服务，而没有得到相应的回报，就违背了这种社会关系的道德标准。比如，我为你洗碗，而你不为我洗衣服，那么这种行为就会被判断为不公正或不合适。当然，如果双方之间不是一种平等的关系，这种道德原则就不一定适用。

公平和互惠是平等关系的道德标准

第四种社会关系是市场估价关系。这是在商业社会普遍存在的关系，每个人的劳动和服务都是由市场的价格决定的。比如说，我工作了8个小时，就会得到8个小时的报酬。指导这种社会关系的道德原则是公正和比例，即根据贡献的大小决定报酬的多少。违背了这种道德标准，人的行为就容易被看作是不公平的、贪婪的，或者被认为是剥削。

菲斯克的发现主要是证明，除了传统法律认识做出的道德判断以外，还有根据人类相互

市场估价关系：根据贡献决定报酬

关系类型的道德判断，而且这种判断有很大的跨文化相似性。在很多文化中这四种道德判断都存在，当然不排除有些文化缺乏其中一类或者几类社会关系的情况。

即使在家庭关系中，在不同情况下，也会有这四种社会关系的表现。比如，父母与孩子可能是资源共享的关系，但是也有权威等级的关系，因为父母的权利一般是大于子女的。作为普通人，父母与孩子是一种平等的社会关系。但在个别情况下，父母也可能使用市场估价关系来对待孩子，例如父母让孩子打扫卫生，

然后付给孩子一定的报酬。

对四种关系的行为判断，可以由这四种道德判断来进行。

道德观念对人的影响到底有哪些行为差异呢？最早做出跨文化实验研究的是心理学家米勒（Miller, 1984）。米勒对印度人和美国人的道德判断做了一系列分析，发现美国人较多使用法律公平的标准来进行道德判断；而印度人倾向于使用关系义务的标准。她特别设计了另外一些道德两难的困境，在这些困境中，人的行为可以同时用法律公平的标准和关系义务的标准来进行衡量。

其中一个道德两难困境的例子是这样的：阿本在洛杉矶出差，办完事后，他必须赶到旧金山去参加好朋友的婚礼。因为他是伴郎，必须亲手把戒指交给新郎，然后由新郎交给新娘。可是不巧的是，当他赶到火车站时，他突然发现自己的钱包丢了，在钱包里有一张去旧金山的火车票。这时，只剩下最后一趟去旧金山的火车，他必须赶上这趟火车。可由于阿本是外地人，没有人愿意借钱给他。正在他百般无奈的时候，他发现座位旁边有一件衬衣，衬衣的口袋里刚好有一张去旧金山的火车票。阿本该不该偷这张票呢？

米勒认为，对这个问题的道德判断有两种。一种是坚持法律公平标准的道德判断。也就是说，阿本不应该偷火车票，因为偷东西违反了法律和社会的道德标准。在这种情况下，对朋友的承诺没有对社会的承诺重要。另外一种是建立在关系义务基础上的道德观念。这种观念认为，阿本应该偷这张票，因为如果不偷票，他就不能够履行自己对朋友的承诺。由于戒指不能交给朋友，新郎就会在没有戒指的情况下与新娘结婚，这有可能影响朋友的夫妻关系。

道德困境：阿本该不该偷这张车票？

米勒在印度和美国分别对这一问题进行研究，发现了不同的文化差异。在印度，有90%的三年级学生认为阿本应该偷票，因为他对朋友的承诺非常重要；有

80% 的七年级学生认为阿本应该偷票；甚至将近 80% 的印度成年人认为阿本应该偷票。可是，在美国，不同年龄段认为阿本应该偷票的人数比例都远低于 40%，而且年龄的增长与赞同偷票的人数成反比的关系，年龄越大的人，越认为阿本不应该偷票。这就是一个很鲜明的道德观念的文化差异的表现例子。美国人的道德观念强调法律的重要性，而印度人的道德观念建立在关系义务的基础上，传统的法律责任比没有关系义务的道德更为重要。

在某种程度上，我们中国人甚至东亚人对这些问题的回答可能更接近于印度被试的回答，因为我们都属于团体主义文化的社会，而且对人际关系的责任和重要性非常重视。中国古代就一直强调"三纲五常"，其根本含义就是强调社会关系的道德判断标准。在君臣关系上，君主的意识就是道德判断的标准；在父子关系上，父母的意志就是儿童行为的基本规范；在夫妻关系上，丈夫的意志就是妻子的义务。

既然道德观念的文化差异有这么大的区别，那我们如何进行跨文化的道德判断呢？

三、雪韦德关系道德理论

人类学家雪韦德将人类的关系道德分成三大类：第一类是自主性道德，这种道德体系关注的是个人的尊严、权利、自由和个体伤害，以及对这种伤害的惩罚，强调法律对个人的保护和公平；第二类是社区道德，这种道德体系关注的是个人与集体的关系，包括个人的责任、集体的责任、个人在社区的义务和等级；第三类是神圣性道德，主要涉及宗教判断，包括纯洁、严谨以及对信仰和精神的尊崇。

心理学家罗赞（Rozan）对这三类道德体系的具体行为标准做了许多跨文化研究，发现对这些道德体系的侵犯会引起个体不同的情绪反应。

违反第一类自主性道德体系的行为在日常生活中经常可以看见。例如，一个小孩打另一个小孩，一个男人醉醺醺地回家后殴打自己的太太，一个人偷盲人的钱包，在非吸烟区抽烟，政府官员贪污纳税人的财产。在听到或看到类似违反个人道德的事件，我们普遍的情绪反应就是愤怒。

对于贪污受贿，我们普遍的情绪反应是愤怒，因为这是对自主性道德的违反

违反第二类社区道德主要表现在破坏了与他人之间所有的社会关系的道德标准。例如，一个 8 岁小孩像对待朋友那样对待老师，一个小孩在别人开始吃饭之前就动筷子，一个员工没道理地批评自己的老板，公司总裁拒绝与自己的员工坐在一起。对违反这种社区道德的行为，我们普遍的态度就是轻蔑。

违反第三类道德体系的行为主要是对神圣教规戒律的侵犯。比如，和尚偷吃荤食，亲属之间发生乱伦，对人的尸体进行猥亵。这些都是违反宗教纯洁精神的行为，人们对这种行为普遍的情绪反应是厌恶。在一些跨文化研究中，罗赞发现在这些行为的判断上虽然有一定的文化差异，但是普遍的情绪反应有很高的跨文化一致性。在神圣的宗教场所，撒尿、呕吐、癫狂都被看作是对宗教的侮辱，普遍的反应是对这样的行为非常厌恶。尽管人们的宗教信仰不一样，但

无论是各宗教的教徒还是普通民众，都普遍认为宗教场所神圣不可侵犯，因此，任何与这些场合不相宜的行为都令人厌恶

是行为判断却惊人地一致。换句话说，依据人的心理反应建立起来的道德判断，更容易具有跨文化的一致性，尽管这种道德判断的理论原则可能不大一样。

弗吉尼亚大学的心理学家海德（Hiede），对这个问

泰国是佛教国家，进入寺庙观赏时穿衣一定要相对正式一些，女性不能穿吊带或无袖裙，裙装或裤装必须过膝

题做了更进一步的分析。他主要关注那些没有在法律上违规的人的行为。这些行为不涉及对他人的侵害，不侵犯别人的权利，也没有任何明确的宗教限制，但是我们还是容易认为这样的行为不合适，不符合道德标准。这些判断的心理基础是什么呢？

海德在南美和北美的很多国家做了一系列研究，给这些文化中的被试一些所谓的微犯规案例。比如，一个小姑娘在自己家里用国旗来清扫厕所；八九岁的男孩和女孩在树后接吻；一个人吃了自己家里的狗；一个奇怪的人在超市里亲吻冰冻的鸡、鸭，然后把它们放在自己的篮子里。被试认为这些行为不合适，是需要加以劝阻和批评的。为什么会出现这样的道德判断呢？

海德发现，人们对这些行为普遍有一种情绪上的不安全感，会从本能上觉得别扭，因此需要找到一些原因来加以制止。而这种情绪反应恐怕是道德判断的一个基本的心理基础，亦即如果我们在感情上本能地觉得某种行为不妥，那么在道德判断上，就很可能会找到一些理由作为行为不道德的原因。

这一发现可以很巧妙地解释历史上的两个道德难题所带来的困惑，一个道德难题就是著名的缆车难题（Trolley Dilemma）。

一辆缆车失去了控制，在轨道上狂奔，在轨道上绑了五个人，如果缆车不改变方向的话，这五个人就会被撞死。幸运的是，你可以控制这个轨道的扳手，将缆车引导到另一条轨道上；但不幸的是，在另一条轨道上，还有一个人绑在那里。你该不该扳动这个扳手？如果你不扳，这个缆车会杀掉五个人，但如果你扳，这个缆车就会杀掉另一个人。你会怎样选择？

长期以来，心理学家、哲学家和道德学家发现，人们普遍的反应是要扳这个扳手，因为这样能够尽量救到更多的人；为了多数人的利益，牺牲少数人是合适的；或者说，这样做可以以最小的牺牲，为多数人争取最大的回报。由此看来，大家对这一问题的判断中，使用的道德标准是尽量拯救更多的人。

缆车难题、天桥难题

但是如果把这一道德两难困境的故事稍微改一下，人们的反应就会不同，这就是另外一个有名的道德两难困境，即天桥难题（Footbridge Dilemma）。

一辆缆车失去了控制，朝着五个人撞过来。你站在天桥上，正好可以看见这个缆车和轨道，在你旁边有一个身材魁梧的人。如果你把这个人推下天桥，这个人的身体正好可以掉在轨道上，挡住缆车。而你这样做会杀了这个人，但是他的身体可以挡住缆车，从而拯救另外五个人，你推吗？

研究者发现，在这种情况下，大多数人不会选择去推这个陌生人。虽然前一类的道德分析在这一故事中应该还适用，也是牺牲一个人而去拯救五个人。但是，大部分人不会使用前一类的道德原则来合法化推人的行为。为什么会是这样？这个问题困扰了哲学家很多年。他们不明白，在前一种情况下人们可以接受杀一救五的道德分析，而在后一种情况下人们却不能够接受杀一救五的道德分析。有一种解释说，在某一种情况下，我们不愿意把人作为工具来对待；还有一种分析就是后一种情况下的个人距离近，而前一种情况下的个人距离比较遥远。具体而言，在缆车问题中，被杀的人和我们的距离比较远，有空间上的差距，这会导致我们行为的容易程度不一样。就像亲手杀人和用火箭杀人，在杀人者的心理感受上会有差别，这种心理感受上的差别来自哪里呢？心理学家发现，其实这来自人的情感反应。在缆车问题中，是一种不动感情的理性分析，而在天桥问题中，就是一种牵涉个人感情的道德难题。情绪奠定了人的道德判断的基础，什么样的情绪反应决定了什么样的道德判断。这也说明，在跨文化沟通中，相信自己的内心直觉，也许能帮助我们超越道德文化观念的差异。这种直觉虽然不能以法律、理性的原则表述出来，但是它可以让我们意识到自己与对方的行为是否有不合适的地方。"为人不做亏心事，半夜敲门心不慌。"在某种意义上，心慌的情绪反应可以作为我们审视自己行为和道德的标准。

问　题

　　1. 既然道德观念的文化差异这么大，我们如何进行跨文化的道德判断呢？
　　2. 请记录一下自己或者亲友遇到高兴事情时快乐情绪持续的时间。

和光同尘

印象派创始人莫奈，是古往今来对光影最狂热的追求者。看到花田系列的这幅画，会让我们立刻想到"和光同尘"这个成语。牛奶般的白云下，甜美的一家三口在花田中散步，爸爸妈妈打着伞，小孩子戴着帽子，长满鲜花的草地泛着色彩艳丽的光点，人与自然相融相谐，温馨而怡然，如果人们想充分理解"道法自然"的话，那么，这幅画会带你抵达与它相近的"和光同尘"的境界。

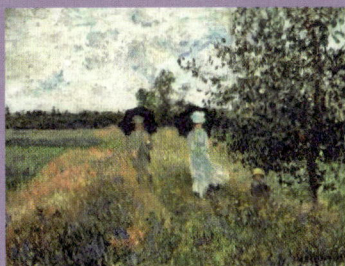

接受过中国传统文化熏陶的人，是非常向往"和光同尘"的感受的。一位退休的中学老师，计划用一个月时间去西藏自驾游，这次旅行进行到第三天的时候，他的微信朋友圈签名就变成了"和光同尘"，一路上他晒出来的照片，紧紧围绕着这个主题，让人赏心悦目。

说起表达"和光同尘"的艺术家，唐代的王维可以说是非常重要的代表人物。很多人读过并记住了王维的诗，例如，"劝君更尽一杯酒，西出阳关无故人"。他将世间最真切的人与人之间的情感，与自然中和这种情感最为贴切的感受相映照，让人在内心中刻下难以磨灭的印象。

也许很多人不知道，他还是一位著名的画家，擅长绘画山水、人物、丛竹，并将其悠然地融为一体。苏轼赞王维"诗中有画，画中有诗"。明代书画家董其昌的文人画理论中把文人画的内涵全部具体化于王维，称王维是南宗画之祖。王维在《江干雪霁图卷》中，描绘出清奇、静谧、悠远而又近于诗的意境，给观者尘与光浑然一体的感受，轻松进入超凡脱俗的想象空间中。

王维中年失意，看淡官场，和光同尘，在蓝田县辋川建造了别墅，并绘制了著名的《辋川图》，画中充溢着人与自然浑然一体的诗情画意，治愈了古往今来无数文人的抑郁症；莫奈中年后和王维一样，避开尘世，自造花园，并以自己家园的景色作画，带给后人尘与光交相辉映的艺术感受。

第 4 部分

跨文化沟通创新与实践

未经审视的人生不值得过。
　　　　——苏格拉底

吾日三省吾身。
　　　　——曾子

第十三章
对话的艺术

中国传统的价值观念提倡行胜于言。孔子在《论语·里仁》里说道："君子欲讷于言而敏于行。"因此，我们的教育更偏好于强调行动，而不是言论。我们对演讲和对话艺术的重视与培养都不够，甚至带有某种程度的轻视、蔑视乃至敌意。日常生活中，我们经常把那些会讲话的人说成"耍嘴皮子"或者是"口头革命家"，这些生活中培养的习惯都使得我们中国人不太善于滔滔不绝的演讲式说话。其实，荀子早已提出过"言行并重"的观点，他将"口能言之，身能行之"的人才称为"国宝"，"拙于言而长于行"的人才称为"国器"，"长于言而拙于行"的人才称为"国用"，"口言善身行恶"的人称为"国妖"，而国家的兴盛必须是"敬其宝，爱其器，任其用，除其妖"。由此可见，能言善辩之辈只要不是口是心非、道德败坏，一般都是可敬之人和可用之才。

跨文化沟通最根本的途径实际上就是对话，虽然很多意思可以由非言语方式来表达，但是直接的言语沟通往往是最直接有效的。对话的艺术也就是心灵沟通的艺术，是合作双赢的基础。

万事开头难，跨文化沟通最难的也许就是开口说第一句话。如何开头、如何延续、如何完成，这是每一个进行跨文化沟通的人必须思考的问题。从某种意义上讲，跨文化沟通的最初几秒钟，也许就已经决定了跨文化沟通的过程和结果。

第一节　如何开始对话

跨文化沟通的第一步实际上在你说第一句话之前就已经开始了。这一阶段，我们称之为跨文化沟通的准备阶段，最初的心理准备已经是跨文化沟通的开始。开始一段跨文化沟通的对话，包括以下三个阶段。

一、心理准备

在跨文化沟通开始前，必须做好足够的准备工作，要对沟通的目的、方式、意义有足够的了解，对对方的文化背景、文化特性和差异有充分的认知，即要对本书前三篇所涉及的问题有足够的掌握和领会。

另外，我们还要熟悉将要讨论的问题，最好列出一个问题清单，划定提问的先后顺序和问题的难易程度。

在行动上，有两件事情要做。

1. 注视对方的眼睛

西方人常讲，眼睛是心灵的窗户。大部分西方文化鼓励、提倡和欣赏眼神的接触。而东方文化，则不鼓励目不转睛地盯着对方。

因此，对于我们来讲，首先要克服的心理障碍就是要做到目不转睛地看着对方。眼神的接触代表了心灵的沟通。与对方对话的时候，一定要看着对方的眼睛，特别是在最初的自我介绍阶段。当然，我们不应该过长时间地看着对方，因为长时间的凝视可能会被误解为一种敌意。而当对方是异性时，过长时间的凝视甚至容易被误解为有性企图。所以，注视对方时，把握好时间长短是一个很重要的技巧。

2. 向对方微笑

也许控制我们自己的眼神并不像说得那么容易，但是控制我们自己的面部表情

在与人的交往过程中，你习惯用眼神交流吗？

应该不是很困难的事情。在跨文化沟通的时候，要尽量微笑。当我们是发自内心地愿意与对方进行沟通或对话时，就应该尽可能地释放自己的微笑。如果我们觉得实在很难控制面部肌肉，不妨在与对方进行对话前，想想一些令人高兴的事情。微笑来源于快乐的体验，所以让内心先快乐起来，微笑就会自然而然地显露在脸上，而对方也会自然地做出积极的回应，这就标志着一个积极沟通的开始。

二、第一句话

在与一个来自不同文化的人沟通的时候，不知道说什么是很多人会遇到的难题。初次见面时，人们通常会互致问候来促进人际关系。英语中的常用问候语是"Hi""Hello""Good morning""Good evening"等。这样的问候语在中国人之间使用较少，我们打招呼时常用的是"你吃过饭了吗？"。但是在英语中这句话所表示的就不是打招呼了，而是表示邀请对方共同进餐。中国人在见面时还有一些常用语，如"你去哪里？"或者"你是上班还是下班？"。说这些话时，我们并非真的想知道对方到底要去做什么，只是一种问候的方式，对方随便给个回答就行。但在西方，若这样去问对方，往往会让对方不高兴，因为这样的问题涉及个人隐私。再如，中国人见面，询问对方的年龄是一件很正常的事情，但是在西方，却会被认为是一件很不礼貌的事情。在西方文化中，人与人之间很注意隐私，注重个人空间，他们有"好篱笆促成好邻居"（Good fences make good neighbors）的说法。所以，在跨文化沟通中，中国人应该回避婚恋、年龄、宗教信仰、经济状况等方面的话题，这样才能使谈话顺利进行，达到成功沟通的目的。

不同文化的人，打招呼的问候语很不相同。西方人即使是与陌生人见面也会打招呼，不熟悉的人之间见面会问："今天开心吗？"中国人会觉得很奇怪，因为在中国只有特别亲密的关系才会关心对方是不是开心，而且一般都是在谈话比较深入之后才会问这样的问题。同样，我们中国人很少与陌生人主动打招呼，而"你吃饭了吗？""你到哪儿去？"等都是认识的人之间再平常不过的打招呼用语。而对于西方人来说，他们会觉得很奇怪，甚至产生不满。因为在西方国家，即使是陌生人之间面对面而过，也会点头微笑，或者说声"你好"来打个招呼。而"你吃饭了吗？""你到哪儿去？"则必须是熟人之间谈话深入之后且真的有必要这么问的时候，才会涉及的问题。这样的问题在西方社会，连小孩子都会认为是干涉个人隐私的："我吃没吃饭，我要去哪里，为什么要告诉你？"

其实帮助我们恰当地说好第一句问候语的方法有很多，但是其中的关键确实是首先要想方设法地取得对方的信任。

第一句话该说些什么呢？

第一种选择是直接称呼对方的名字和职位。如果我们知道对方的名字，最好直接称呼对方。这样做在对方看来，表明你对他很感兴趣、很重视。

著名导演大卫·弗兰科尔（David Frankel）的电影《穿普拉达的女王》（*The Devil Wears Prada*）中有这样一个情节："女王"米兰达在她举办的大型时尚宴会上迎接宾客时，每当一位客人出现时，她的两位助理都会在她耳边提醒她客人的姓名和职位，以及客人的随行人员的姓名及其与客人的关系，以便她在客人走到面前时能够准确喊出客人及其随行人员的名字，并用恰当的方式表达问候。这种打招呼的方式让每一位到来的客人都感受到被重视和被尊重。不管是真的记住了他们的名字还是经助理、工作人员提醒而获悉被接见人的名字，产生的效果都是让对方感到被重视。当然，自己真的记住对方名字的效果，不言而喻，肯定更好。直接称呼名字可以使对方感觉到自己是被重视的，这种技巧在跨文化沟通中同样适用。

第二种选择是介绍自己，告诉对方自己的名字、工作单位及相关背景。但是，千万不要用一个还未解决的问题来开始一场跨文化的对话，这样做的话，你只会令对方反感或产生敌意。

第三种选择是做出一种有意义的提示。比如，当别人问候你的时候，除了简单地回答"很好"或"谢谢你"之外，还可以加上你想让对方关注的要点，比如，"我很好，希望今天能够很好地合作"，或者"我很好，我有一个想法想跟你交流"。常用的利用第一句话作为提示的表达，是对自己身份的阐述。如当谈到自己的姓名时，可以马上点出自己在这次对话中的身份和角色，简要阐述对话的目的，告知对方自己就是其需要对话的伙伴。

第一句话说出口，也应该伴随着第一个动作。最常见的第一个动作是握手。一般来说，握手应该是有力的，最好是与对方的力度相一致。对方用劲，你也用劲；对方用力小，你也要用力小。握手的力道往往传递了我们对别人的态度。一个积极的、有力度的、正确的握手方式，传递了我们的可信度以及对别人的尊重和重视；一个无力的、漫不经心的、错误的握手方式，传递的就是不利于我们的信息以及非常糟糕的印象。同时这种印象无法用语言来弥补，因为这种不礼貌、"死鱼"式的握手方式会让别人觉得我们傲慢、冷淡、无知甚至愚昧，让别人感觉到被拒绝或被排斥，这在跨文化沟通伊始便严重地破坏了我们自己的形象。需要注意的是，异性之间握手的时候，一定不能过于用力。

了解沟通者的文化习俗，选择恰当的问候动作，这在跨文化沟通中至关重要

在有些文化中，初次见面时问候动作可能不是握手，而是亲吻、鞠躬、作揖、拥抱等。在东方文化里，鞠躬是一种很正式的问候动作，且有很多讲究。在西方文化里，拥抱和亲吻是比较常见的问候动作。如果我们不知道如何行动的话，最好先观察别人的行为。

与此同时，我们还必须了解对方的社会关系及地位，因为不同的社会关系及地位决定了问候行为该由谁启动以及以什么样的方式进行。

三、开启对话

心理学家认为，无论采用什么样的方式来开始一段对话，都要使它以正面的方式出现。最好以一些容易回答的问题来开始一场跨文化沟通。一个很好的策略是先问两三个有明确答案的问题，然后是一些比较简单的问题，再之后问一个比较开放的问题，这样能让对话的气氛更为轻松。需要注意的是，即使是开放性的问题，也应该是相对比较容易的问题。对方回答问题的时候，一定要表现出对这些问题和对方的回答感兴趣。不要太在意对方回答问题的质量，因为这只是启动沟通的一个开端。

哪些问题是"容易"的开场问题呢?
如天气,在气候多变的地方,询问天气
是最保险的开场白;又如最近的新闻,
问问对方有什么想法或感受;再如关心
一下对方的家庭情况、居住地、子女、
学习经历、节日生活等。

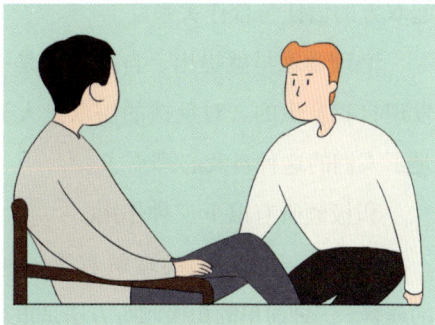

另一种沟通技巧是在对话环境中寻
找合适的话题。观察一下周围,看看有
什么样的事物、景观能够作为开场白。
如果是在户外和他人进行对话,我们可

作为一场跨文化沟通的开场白,我们往往需要
选择一些轻松、简单或者开放的问题,而绝不
能选取那些晦涩、复杂或者涉及隐私的话题

以谈论天气、温度、建筑、植物、云彩、星空等;如果是在一个社交场所,我们
可以讨论音乐、着装、饮料、点心等;我们也可以将与对方相关的话题作为开场白,
比如赞扬对方的发型、衣着、装饰,或者是聊聊心理体会。

总之,开场白要注意的几个问题:首先,用容易的问题作为沟通的开头,难
的问题留在后面;其次,让对方多谈谈自己,使他们感受到被关注;最后,最好
有一系列问题,并且对这些问题的答案或多或少有所预期。如果用幽默的方式开
始对话,效果或许会更好。

当所有这些难关越过以后,就进入跨文化沟通的实质阶段,并把我们的所有
跨文化沟通知识、技巧全面地展示出来。

第二节　如何倾听对话

跨文化沟通不能只顾着自己说话,还要真诚地倾听对方的表述。倾听有两种
方式:一种是被动倾听,另一种是积极倾听。被动倾听是单纯地听对方表述,不
表达自己的观点;积极倾听是在倾听过程中适时表达自己的想法,与对方进行沟
通和交流。真正意义上的跨文化沟通应该是后者。积极倾听的时候,不仅要告诉
对方我们理解对方所说的内容,还要表现出我们对这些话题很感兴趣,从而建立

起双方的信任与合作关系。

心理学家早就提出，自我意识是一种镜像的意识，我们是通过别人的反馈来发现自我意识的。对反馈的需求是人类与生俱来的本能反应。积极的倾听正好满足了人们的这种自我心理需求。

积极倾听有以下三种作用。

第一，反映我们的理解程度。通过积极的倾听，对方能够知道我们对他言论的理解。一种简单的积极倾听方法是重复对方的话，以表示我们理解了对方的发言。

第二，共建话题。将对方的话用自己的语言表达出来，这样告诉对方我们不仅理解了发言，也很积极地参与这种跨文化沟通。有时候，我们的积极倾听，可能比对方最初的发言更有创造力，或者说更准确，这样就更能激起双方沟通的兴趣。这种方式能使双方对沟通结果产生共同的拥有感，更能增强双方分享这些成果的积极性，营造出双赢的局面。

第三，建立关系。将对方的发言反馈回去，与对方进行有来有往的对话和沟通，在双方之间建立一种紧密的联系。只有发言的一方感觉对方参与到这种沟通的时候，双方之间才能够建立起真正的关系。没有任何反馈的、单方面的发言，不能称为有效的沟通。沟通的话题中若缺少双方思想意义的交换，或者发言的一方没有感觉到话题意义的交流与变换，那么也就不会意识到跨文化沟通的存在。从某种意义上讲，跨文化沟通只有在积极倾听的条件下才存在。

心理学家罗杰斯（Rogers）提出了积极倾听的五个策略。

积极倾听的第一个策略是评价。给对方的发言做出一个判断，并将这个判断告诉对方。值得注意的是，我们要评价的是对方的发言，而不是发言者本身，所以要避免对方将对行动的评价理解为对他们个人的评价。对个人的评价，是间接地表明对方有一些不可改变的、天生的个人特性；对行动的评价，则是指向可以改变的、暂时的、具体的特点。比如，"你的这个观点有偏差"，就是一种对他人行动的评价，但如果是"你怎么能想到这么差的观点"，就包含着一些负面的个人评价的成分。负面的个人评价，容易引起对方的反感和敌意；对行动的负面评价，对方则相对容易接受。所以可以说"你刚才说的话不够地道"，而不应该说"你怎么是这样不地道的人"。一个可行的方式就是在进行积极倾听的反馈时，尽量给对方正面的积极评价，因为通常人们都喜欢听恭维话。

我们可以对他人的行动做出负面评价，但是最好不要对个人做出负面的评价，同时，适当、适时地恭维别人是一个放之四海而皆准的技巧。

积极倾听的第二个策略是解释。用自己的话来解释对方的发言，简单的做法是通过询问对方一个问题来给对方一个正面的反馈。比如，"看来你很喜欢我们学校，对吗？"。这个简单的反馈告诉对方两条信息：第一，你在尽量理解对方发言的中心意思；第二，你对对方的发言非常感兴趣。一般来说，人们都乐于收到这样的反馈。

积极倾听的第三个策略是支持。你不仅要给对方做出评价性的反应，还要做出支持性的反应，即告诉对方在某一个方面你们有共同的看法、体会和经历。比如，"你说得太对了，我也这么想"。这种反馈所产生的心理效果，比前面两种反馈策略在关系的建立上更为有效。

积极倾听的第四个策略是探索。表达你对更多信息的关注，这会给对方积极的反馈。"你能具体告诉我这件事情是怎么发生的吗？""后来怎么样了？"这些积极的反馈让对方更愿意与我们进行跨文化的沟通和交流。一个很常用的反馈问题是问别人"为什么"，比如"你认为这件事情为什么会发生呢？"，这样很容易让对方就刚才讨论的问题进一步阐述观点和看法。

积极倾听的第五个策略是理解。这是要告诉对方，我们不只是理解了对方的发言，而且对对方的经历和为人等方面也有很多感悟。这种反馈策略所产生的作用，是其他反馈策略难以比拟的。你可以告诉对方："看起来你在这个问题上有非常独特的经历和体会，你能不能谈谈为什么会这样认为呢？"还有一种理解的反馈，是表达对对方的同情和关心，比如，"你说得很有道理，但可能会有一些麻烦，有什么我能帮你的地方吗？"，这样的理解和支持往往会给对方强有力的心理激励，更容易达到沟通的目的和效果。

问 题

1. 日常生活中，你常用哪一句话开始与对方沟通？

2. 一位优秀的倾听者有哪些特质？

第十四章
非言语沟通

跨文化沟通的手段不仅包括语言，还有多种非言语的沟通方式。事实上，言语的沟通在跨文化沟通中所占的信息交换量低于非言语的沟通。我们的面部表情、手势、身体姿势等都向周围的人传递了某种信息。微笑和伸出手都表示欢迎，眉头一皱表示不满，点头表示同意，挥手表示再见，听报告时打哈欠表示厌烦和不感兴趣。这些动作都是沟通的方式，它同语言一样，是跨文化沟通中重要的部分。

我们知道，在跨文化沟通中，不同的非言语动作在不同文化里具有不同的意义。例如，两个同性青年勾肩搭背或者手牵手地一起走，在中国文化中，可能代表友谊；而在欧美文化中，则代表他们可能有同性恋倾向。

因此，在跨文化沟通中，我们一定要了解不同文化条件下人们非言语沟通的方式及意义。

第一节　非言语沟通的类别

非言语沟通有五种类别，这是加州大学心理学家艾克曼（Ekman）通过对多种文化的非言语行为进行分析后归纳总结出来的。

第一种是演示。这类非言语行为主要是演示说话过程中所要强调的一些词汇、概念和事物。例如，当一个人说"我钓了一条很大的鱼"，他就有可能用手势来比画鱼的大小，这个比画动作就是典型的演示；边说"我的孩子长这么高了"边比画，也是一种演示的表现。美国人经常用演示来表示自己的身体状态，比如在肚子上画一个圈表示"我很胖"，用手画一个"沙漏"表示女性身材苗条。我们中国人也常用一些演示手势来强调词汇的意义，比如拍着肚子说"我饱了"，或者是拍着脑袋说"我怎么这么笨"，或者是打一个响指来表示灵感的闪现。所有这些非言语动作都是伴随言语的表达而进行的，具有演示和强调的作用。

第二种是适应性动作。它反映的是我们身体的内部需求，是人类身体对内外环境的一种反应，通常受生理和心理状态的影响。人在疲倦的时候打哈欠，想睡觉的时候揉眼睛，吃饱的时候摸肚子，着急的时候抓耳挠腮，难受的时候皱眉头等，都是适应性的非言语动作。中国历史上的"西子捧心"讲的就是适应性非言语动作。非言语动作也被称为操纵性动作，通常是指两性在交往时所产生的下意识的行为反应。在异性面前的面红耳赤、局促不安、手足无措，或者男性夸张的雄赳赳、气昂昂姿态，或者女性的婀娜多姿、一步三摇等，都包含了操纵对方反应的成分。

第三种是姿势和手势。肢体动作在不同的文

李姗殷绘《西子捧心》

化中有不同的含义。一般来说，点头表示同意，摇头表示不同意；但对于尼泊尔人、斯里兰卡人、印第安人和因纽特人来说，意思却刚好相反，点头表示不同意，摇头表示同意。

告诉别人自己吃饱了，中国人是用手轻拍自己的肚子（右），美国人则是将手放在喉头，手心向下，并用语言表达"都到这儿了"（左）

比较中国人与美国人的姿势和手势，我们会发现两者有很多相似的地方，也有很多不同的地方。这两种文化中的男人在相逢时，都以握手而不是拥抱的方式来问候对方。皱眉表示不高兴，噘嘴表示不满意，咬牙表示愤怒，拍肩膀表示赞扬、鼓励等。但有时候，两者的姿势和手势一样，意义却不尽相同，比如跺脚，在中国文化中通常代表气愤、后悔，而在美国文化中则代表不耐烦。还有意义相同，但是姿势和手势却不同的情况。比如，告诉别人自己吃饱了，中国人往往是用一只手或两只手轻拍自己的肚子；而美国人则是将一只手放在自己的喉头，手心向下，同时说"都到这儿了"。美国人招呼人过来的方式是把手伸向对方，手心向上，用食指前后摆动；而中国人在招呼人时，习惯手心向下，手指同时摆动。还有一些姿势和手势的意义只在一种文化中存在，比如，中国人用食指指着自己的鼻子，表示"是我"或者"是我干的"，美国人就会觉得这个手势非常好笑，不明其意。此外，一些姿势和手势经其他文化中的人了解后而被应用，如握紧拳头并向下摆动拇指在美国表示反对某人或者某种方案，中国人起初不明白，明白后开始运用。

第四种是面部表情。这是最有效的交流方式。达尔文发现，人类的一些基本的面部表情，其意义不仅在人类中是明确的，甚至在动物中也非常明显。如咧开嘴大笑表示高兴和欢迎，眉头紧皱表示不满和忧虑。心理学家艾克曼特意对面部表情的意义做了一些跨文化的研究，发现有 7 种面部表情是不同文化的人普遍

不同的面部表情

都能意识到的。他把这 7 种面部表情定义为基本的情绪，包括愤怒、快乐、恐惧、惊讶、厌恶、悲伤和轻蔑。在一项研究中，艾克曼对 20 种不同的西方文化和 11 种偏僻的非洲文化进行比较，结果发现对快乐、惊讶、愤怒、悲伤等面部表情的一致性判断达到 80% 以上。也就是说，不同文化中的人，对另外一种文化的面部表情的理解基本一致。

第五种是控制性动作。控制性动作通常指我们在进行对话和演讲时，所使用的调节和控制发言的行为动作。倾听对方发言的时候，我们会用点头来表示对其发言感兴趣，鼓励对方继续讲下去；我们用眼神的接触来表示沟通继续进行，当我们离开对方的眼神时，就表示我们要关注其他事情，从而给对方一个信号，也许是改变话题的时候了；我们以身体姿势的变换来控制沟通的过程，当我们转身朝向他人的时候，往往意味着该是对方发言的时候了。

需要指出的是，虽然可以从理论上将跨文化的非言语行为归纳为以上 5 种，但在实际应用中，我们通常会同时使用多种非言语动作来传递信息和交换意义。比如，我们在欢迎别人的时候，不仅有手势，还有表情，同时我们也可能使用控制性动作。

第二节　接触文化和非接触文化

2008 年北京奥运会共举行了 302 次颁奖仪式。每次颁奖仪式上我们可以观察到不同文化的人对于肢体接触反应的差异：有些文化的运动员和官员可以很轻松地握手、拥抱、亲吻，而有些运动员很显然对肢体的接触感到不安和犹豫。我们不止一次地注意到中国的运动员对来自异性的亲吻表现出明显的退缩和回避，但是也有很多有跨文化沟通基础的运动员大方、坦诚地接受这种礼节。这些差别反映的是一个很重要的跨文化差异，即对身体接触的态度和行为反应差异。对肢体接触的不同反应不仅反映了人与人之间关系的复杂性，也为跨文化沟通增添了一些复杂的因素。

著名的社会学家霍尔根据不同文化在是否鼓励身体接触方面的差异，划分出接触文化和不接触文化两个类别。接触文化通常鼓励身体的接触，允许对话双方之间身体的接近甚至触摸、亲吻；而非接触文化通常不鼓励身体的接触，对话双方之间隔得较远。霍尔发现，接触文化通常包括阿拉伯地区的伊拉克、科威特、叙利亚、阿拉伯联合酋长国，南美的玻利维亚、厄瓜多尔、乌拉圭、秘鲁、委内瑞拉，欧洲的法国、意大利；非接触文化通常包括东亚的中国、日本、韩国，东南亚的泰国、菲律宾、印度尼西亚，南亚的印度和巴基斯坦，北美的美国和加拿大，欧洲的奥地利、英国、德国、荷兰和挪威。

有这样一项实验，在数个国家随机选取两个人，观察他们单独说话时的情境，记录一小时内两个人触摸对方的次数。结果发现，在英国伦敦，两个人相互之间没有触摸；在美国佛罗里达州盖恩斯维尔市，双方平均接触两次；在法国巴黎，双方平均接触 10 次；而在波多黎各首府圣胡安市，双方平均接触次数多达 18 次。

在英国和美国，一般朋友、熟人之间交谈时，双方都会尽量避免身体的任何部位与对方接触，如果无意触碰了对方，他们通常会马上说"对不起"。中国的父母喜欢摸、拍、亲、逗自己的孩子，甚至也会这样对待别人的孩子。在中国社会，这只是表示亲近和爱护；但对西方人而言，这些动作往往被认为是无礼之举，甚至引起对方的强烈反感。但是，在成年人之间的身体接触方面，东方和西方正好相反，西方国家接受和鼓励见面时拥抱。在有些国家，比如说俄罗斯、法国以及东欧和地中海沿岸的国家，两个男人之间可以亲吻双颊以示欢迎；而这在一些国家中，是不可想象的事情。

为什么这些国家和文化的人会接受和鼓励肢体的接触呢？从心理学的角度来讲，身体的接触其实具有进化的意义，即一定的象征性意义。这些意义主要表现在以下五个方面。

1. 问候和告别

很多文化中的人，会以身体的接触来问候对方，它的主要意义是在双方之间建立一种心理上的联系。在人类漫长的进化中，辨别敌友是一种非常重要的生存需要。通过与对方的肢体接触，表明双方是手拉手、心连心的盟友，这样可以增进彼此之间的信任，以共同对抗敌人。

心理学家曾经用一个有趣的实验验证了互相接触对人的心理的影响。他们请心理系学生与街上随机碰到的陌生人进行一段短暂的对话，有一半的陌生人在对话中与学生有握手等身体接触，另外一半的陌生人与学生没有任何身体接触。他们发现，当学生"意外地"将手中的计算机磁盘掉到地上的时候，

在伦敦街头，两个英国人单独谈话一小时，几乎不会触碰到对方

在法国巴黎，我们随机观察到人们谈话一小时，平均会有 10 次身体接触

90% 的被握过手的陌生人会弯下腰来帮学生捡起散落在地上的磁盘；而在那些没有与学生发生任何身体接触的陌生人中，只有 63% 的人会弯下腰来帮学生捡磁盘。

2. 地位

在某种意义上，接触也是权力和地位的象征。正如社会心理学家布朗（Brown）所指出的那样，身体的接触通常是由地位较高、权力较大的一方引发的。长辈、老板可以拍年轻人、下属的肩膀、头部，但是，如果下属、晚辈拍老板、长辈的

肩膀、头部，就会被认为是大逆不道，有反叛和不敬的嫌疑。

3. 同情

触摸、抚摸或者拥抱，通常是同情的表现，多用于表达对对方的同情和支持。

4. 亲密性

肢体接触的多少往往反映了双方之间关系的亲密程度。关系越亲密，双方之间的肢体接触越多。这种亲密性也受文化的影响。在美国，同性之间在公开场合不应该有手拉手、

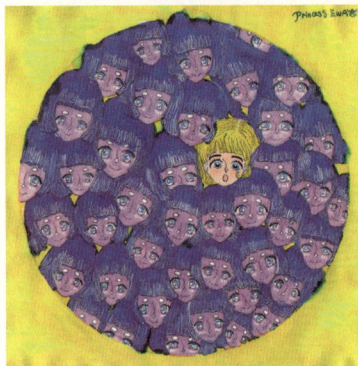

李姗殷的绘画展现了不同肤色的人可以亲密接触

肩并肩的举动，因为这些举动是同性恋的象征；而在中国，同性好朋友之间，尤其是女性朋友之间，手拉手、肩并肩是双方深厚友谊的象征。

5. 目光的接触

这一方面在不同文化之间有很大的文化差异。例如，看不看对方，什么时候可以看，什么时候不可以看，看多长时间，什么人可以看，什么人不可以看，都受到文化的制约和影响。在英美等国家，谈话人的习惯是注视对方。如果不注视对方，会被认为是害怕对方、轻视对方、漠不关心或感到内疚等。在进行演讲的时候，演讲人要时时关注听众，尽量多与听众进行目光接触，如果只是埋头看稿、照本宣科，则会被认为是不尊重听众。然而，由于文化差异，这样的现象如果出现在中国，会被大家认为是正常的。

第三节　个人空间的文化差异

文化在个人空间及其意义的定义上，也有很多具体的差异。个人空间是我们维持与他人之间距离的一种无形的范围和安全区域。情境变化时，这种个人的范围和安全区域就会有所变化。当与陌生人相处的时候，我们需要维持比较大的个人空间；当与好朋友相处的时候，我们需要维持的个人空间就较小。当然，在这个问题上，个体与个体之间也有较大的差异：有些人喜欢比较大的个人空间，

有些人喜欢比较小的个人空间；通常成人的个人空间要大于儿童的；男性之间的个人空间比女性之间的个人空间要大很多；非洲文化的个人空间较小，而英美文化的个人空间较大。

霍尔对个人空间大小的差异及其意义做了一系列研究，发现沟通双方距离的大小是由双方的关系决定的。他发现沟通的个人空间距离有四种，分别对应的是四种不同的人际关系。

第一种是亲密距离。沟通双方以零距离或不超过 0.45 米的距离接触。成年人通常不太愿意以这种距离与别人进行对话和沟通，只有在迫不得已的情况下，比如说拥挤的电梯里或者公交车上，人们才能接受这种近距离的接触。因此，当有人提到"零距离接触"时，我们一定要谨慎辨别其要表达的真实含义。从心理学的角度来讲，零距离接触代表双方之间的关系已经到了密不可分的程度，这与新闻媒体中经常提到的"零距离接触"是很不一样的。

第二种是朋友间距离。沟通双方相距 0.45 米到 1.2 米。以这种距离进行沟通的双方，交流的一般是非常个人化的问题。

第三种是社交距离。沟通双方相距 1.2 米到 4 米。这种距离通常适合公共场合的活动，交流者之间是普通的工作关系。

第四种是公共距离。沟通双方相距 4 米以上。这种距离适合律师、教师、政客、牧师等在工作中使用，人际沟通中通常不会保持这么远的距离。在公共场合，沟通双方的距离相对较远，这种距离是人们比较容易接受的公共距离。在沟通过程中，离得太近会让人觉得很不舒服，离得太远又会让人觉得非常别扭或难以沟通。

问　题

1. 非言语沟通有哪些类别？你最常用的非言语沟通方式是什么？
2. 沟通时，个人空间距离有哪几种？分别对应什么样的人际关系？

第十五章

跨文化冲突的心理原因、解决途径及谈判之道

人类社会是一个充满矛盾和冲突的社会，不同个人、不同团体、不同社会阶层都有不同的利益，在各自追求自己的利益时，彼此之间就会产生矛盾。这些矛盾在本质上都有相同的心理学要素，而解决这些矛盾需要的就是沟通和合作。我们不止一次看到或者听到人们在追求自己利益最大化的时候，损害了他人的利益，间接地损害了彼此的共同利益。大到国家之间的冲突，比如领土争端、军备竞赛、贸易纠纷，小到个人之间的冲突，比如薪酬高低、升学与否、学校优劣或职位高低，都反映了在人类的现实生活中冲突是不可避免的。现实生活中，跨文化沟通往往是被迫进行的，当跨文化冲突出现时，我们才被迫进行跨文化沟通以解决冲突。

第一节　跨文化冲突的社会心理及原因

为了解决跨文化冲突以及进行有效的跨文化沟通，我们首先要了解冲突产生的社会心理及原因。除了文化价值观念、道德标准、团体认同等因素所造成的争议和不和之外，还有很多社会心理的因素会导致冲突的产生。

一、社会两难困境

跨文化冲突产生的一个主要原因是，在很大程度上，不同团体的人都在追求自我利益的最大化。但这种追求的结果经常会造成团体内每个个体利益的损害。这就产生了一个两难的问题：如何使人们在追逐个人利益最大化的同时，得到对双方都有利的结果。

经济学家、哲学家、心理学家和社会学家都对社会两难问题感兴趣，并进行了大量有意义的工作，这些工作对于我们解决跨文化沟通中的冲突有启迪作用。这里，我们主要考虑两个最有名的社会两难困境问题：囚徒困境和公共地悲剧。

第一个著名的社会两难困境是囚徒困境。囚徒困境的问题来自一个有名的案例。

两个犯罪嫌疑人合伙犯罪，但检察官掌握的证据只能判他们很轻的罪。检察官为了使嫌疑犯承认自己的罪行就设计了一个单独审讯的策略。他分别告诉这两个嫌疑犯，如果一个人认罪，另外一个人不认罪，认罪的嫌疑犯将获得赦免，而他的证词可以使另一个嫌疑犯得到最严厉的判决；

囚徒困境的两个情境

如果两个嫌疑犯都认罪，他们都会得到中等程度的判决；如果两个人都不认罪，他们都会得到较轻的判决。

心理学家对类似的问题做了近2000个实验，实验的情境不仅包括罪犯的判决，还包括金钱的分配、学习成绩的获得、奖品的分配。实验结果是，很多人会选择背叛另外一方，以求自己得到较好的结果。而实际上，如果双方相互合作，结果会比互相背叛更好。

为什么在知道有不同结果的情况下，嫌疑犯不选择合作的方式呢？通常的思路是：如果对方也认罪，那么自己会得到中等惩罚；如果对方不认罪，自己就可以彻底获得自由；如果自己不认罪，自己就有可能得到最严厉的惩罚，因为不知道对方会不会认罪。从嫌疑犯自身的角度看，不管对方如何选择，自己认罪都是比较有利的策略，这就是社会两难困境的症结所在。于是，在缺乏沟通和信任的情况下，我们只能够采取不合作的态度，以保护自身的利益。

跨文化冲突也具有囚徒困境的元素。两种文化的团体和个人由于文化的障碍，在缺乏与对方真诚沟通的情况下，通常会采取对抗和不合作的态度。可见，通过沟通来建立信任是解决任何囚徒困境必不可少的途径。

第二个著名的社会两难困境是公共地悲剧。社会学家哈丁（Hardin）最先描述了公共地悲剧现象的存在，他的灵感来源于旧时新英格兰地区市中心的公共草地。这块草地是大家共有的。如果每个人只是部分地利用草地，对这个公共资源的利用就是最优的分配；但是如果每个人为了自己的利益

公共地悲剧描述的就是理性追求最大化利益的个体行为导致公共利益受损的恶果

而过分利用草地的话，所带来的后果就是公共资源的消失。举例来讲，一百个牧民共同享有一个能养一百头牛的牧场，当每个牧民只养一头牛时，对这个公共牧场的利用是最优分配。然而，有的牧民会这样想，如果多养一头牛，收入会翻番，而成本则只增长 1%，这样他就会有养第二头牛的强烈愿望。如果所有人都这样想并这样去做，就不可避免地会导致公共地悲剧———一块公共地的消失。

社会中有很多现实的问题与这个案例类似。小排量汽车所排放的尾气，摊到

每个人的每部车上都是微不足道的。但有的人会为了自己的利益购买大排量汽车，心想：多出几辆大排量汽车，对于总的汽车尾气排量来说微不足道。但如果大家都这样想，就不可避免地会导致严重的城市污染和交通堵塞。

囚徒困境和公共地悲剧有一个共同的特点：处在这种情境中的人，都有对于对方的不信任和担忧。公共地悲剧中，我们担心别人会利用公共地资源，导致自己的利益在这种竞争中受到伤害。这就要求我们一定要对对方的文化、心理和动机有足够的了解，从而避免社会困境的产生。

当面对面进行沟通和接触的时候，人们更倾向于承诺与对方进行合作。因为倘若不进行沟通，那些不相信别人的人很容易成为不合作的人，因为谁都不愿意吃亏和被人利用。不合作的态度又强化了对他人的不信任，因为人们很可能找到各种理由去合法化自己的不合作行为。心理学实验室里，处在社会两难困境中的人在沟通中会有过激的情绪反应和争吵，但当沟通双方对所面临的共同困境有足够的讨论之后，他们会去关注共同的利益，形成超越团体的更广泛的认同感。有时候，困境中的沟通还会促生一种共同的规范，使得每个人都感受到规范的压力，从而倾向于与对方合作。

二、团体之间的竞争

由于人类所拥有的资源是有限的，不同团体在资源的占有和享用上就会出现竞争，有竞争就可能产生冲突。社会心理学家谢尔夫（Shelov）通过一系列心理学研究发现，如果把随机抽选的小孩分成具有资源竞争关系的不同小组，竞争很容易让双方发生冲突，并产生对对方的负面印象与否定和对己方的认同与认可。谢尔夫的研究深刻阐释了这样一个道理：即便是那些善良温和的人，在资源缺失的情况下，也会变得对他

僧多粥少时竞争还能避免吗？

人充满敌意和仇视。

跨文化冲突很多时候也是由于资源竞争产生的。解决这些冲突，需要双方之间的良性互动，特别是要意识到双方的共同利益。在有共同的外来威胁的情况下，这种具有竞争关系的人，可能会暂时放弃双方之间的纠纷，齐心协力面对共同的敌人。另外一种解决竞争双方冲突的方法是让双方产生一个更高尚的行为目标。当两个互相敌视的团体可以组合成一个具有更高目标的团队的时候，原来的竞争关系就可以转化为合作关系或者朋友关系。谢尔夫的实验就成功地让那些原本具有竞争关系的小孩去共同面对一些需要解决的问题，于是在很短的时间内，那些先前互相仇视的小孩就变成了朋友。

三、不公平的意识

冲突产生的第三个心理原因是我们知觉到的不公平。人际关系中，我们认为回报应该是与贡献相等同的。一旦人们觉得自己的贡献多而回报少，就会认为自己在这一社会关系中被利用或被剥削，从而感到不愉快。谁能精确测定双方的贡献大小？实际上，这种公平的原则很难确定，尤其贡献大小是一个非常主观和片面的概念。通常，那些具有较大社会权力的团体会有权决定游戏的规则。跨文化冲突很多时候是由于不平等的文化地位造成了一方或双方对于自己贡献的评判差异。

心理学家发现，那些越是认为自己能力强、自尊心强的人，越容易强调自己的贡献；越觉得自己得到了不公平的待遇，就越想去报复社会关系中的另一方。冲突的发起往往来自那些自认为自己的贡献大于回报的人。解决这一不对称认识的唯一方式是通过与对方的比较来认识到对方与自己的相似性。

咱们来一场篮球比赛吧！

不公平意味着权益的缺损与丧失，因此知觉到不公平是跨文化沟通过程中的一大障碍

四、知觉错误

冲突产生的第四个心理原因是我们的知

觉错误。知觉错误产生的原因有很多种：其中一种是自我服务的偏差，例如我们更愿意美化自己和自己团体的行为，我们甚至会对客观的现实信息进行过滤和改造，以满足这种自我服务的需求；另一种知觉错误产生的原因是团体思维的特性，即总认为自己的团体是讲道德的、强大的，而对方的团体是邪恶的、软弱的。不同的认同感会导致完全不同的知觉倾向性。错误的知觉造成双方冲突的预期，敌意的预期再促生敌意的行为。最终，这种知觉的敌意被对方感知，敌意预期就变成了敌意的现实。比如，你听到一个谣言，说你的一个好朋友讲了你的坏话，你渐渐表现出对这个朋友的不满。结果他开始反骂你，这样就证实了你的期望。本来是一个不存在的谣言，最后反而变成了一个不幸的现实。

第二节　跨文化冲突的解决途径

我们已经知道冲突是怎样由社会两难困境、团体之间的竞争、不公平的意识以及知觉错误而引起的，那么如何解决冲突呢？其解决途径就在于沟通。

一、解决跨文化冲突需要接触

冲突双方近距离的接触，往往能够增进彼此之间的熟悉、喜爱、理解、欣赏和信任。在过去 50 年中，美国的种族矛盾发生了很大的改变，从当初的相互敌视到黑人总统入主白宫，一个关键的原因就是 20 世纪 60 年代美国最高法院强制取消了美国社会的各种歧视黑人的种族隔离政策，促使美国白人与黑人开始互相接触和共同生活。

接触是建立友谊的关键。与个体建立友谊可以改善我们对这一个体所处团体的印象。如果我们认识一个土耳其人并和他建立了友谊，我们就容易对土耳其这个国家产生较好的印象。同样，与中国人接触较多的美国人，对中国的印象比那些没有与中国人接触的美国人要好得多。在美国多年的经历告诉我，凡是有中国朋友的美国人，对中国的了解和认可要远远大于那些没有任何中国朋友的美国人。

二、解决跨文化冲突需要合作

接触有利于改善双方的态度，但有时候，这对解决有冲突关系的团体之间的矛盾还是不够，强烈的敌意不会因为简单的接触而消失。这时，最好的策略就是让双方变得互相依赖，为一个共同的目标一起奋斗，也就是合作。比如，因为彼此相互依赖，有较多商业合作关系的国家之间发生战争的可能性就比较小。

三、解决跨文化冲突需要建设性沟通

通常情况下，冲突的双方都会有一种竞争的输赢感，往往将自己的成功定义为对方的失败，而将自己的失败定义为对方的成功。这种非赢即输的倾向性，只会让双方变得更加敌对，甚至为了摧毁对方而把自己的利益置于次要地位。

建设性沟通，要求冲突双方在对对方立场和利益有更多了解的情况下，讨论和分析冲突产生的原因及其解决方案。冲突双方要把自己的诉求放在一边，去倾听对方的需求、兴趣、目标和要求。心理学研究发现，那些愿意为对方着想的人往往更容易在冲突解决的过程中实现双赢。

中国历史上有很多合作双赢的传奇故事，孙刘联盟就是一个很好的例子。东汉末年，孙权、刘备各踞一方，都有称霸天下的雄心壮志，彼此之间也有很多利益冲突，但在大敌压境之际，双方能够放弃争执，互相合作，精诚团结，取得了赤壁之战的胜利，奠定了三国鼎立的历史格局。但是，两国之后由于荆州之争，互开战火，导致刘备兵败夷陵，白帝城托孤，使得两国的合作分崩离析，从而让司马家族乘虚而入，形成了三国归晋的历史格局。这展现了合作双赢、敌对双输的战略规律。

携手合作，精诚团结，孙刘联盟取得了赤壁之战的胜利。之后却互开战火，合作分崩离析，最终被司马家族乘虚而入，导致三国归晋的历史格局

成语中也有很多揭示"合作则共赢"这一智慧的典故，比如，"兄弟阋于墙，外御其侮"，表明亲兄弟之间即使有再多的分歧与纠纷，但是在外敌来临之际，也应摒弃前嫌，共同抵制外敌。孔子所说的"君子和而不同"也是这个道理，我们没有必要完全一样，但是这种不一致也可以成为我们合作的基础。春秋时期越人和吴人虽然经常发生冲突，但是在大风大浪面前，也能"同舟共济"。古人尚且如此，我们今人更应能够从理性的角度追求合作双赢的局面。

春秋时吴越战火纷飞，两国人民也不和。一次，两国人同坐一艘船渡河，在船行驶到河中央的时候突遇大风雨。为保全性命，他们顾不得彼此的仇恨，纷纷互相救助并合力稳定船身，最终得以逃过天灾，安全到达河对岸。这就是成语"同舟共济"的典故，古人尚且如此，今人更应该理性追求合作双赢局面

为什么建设性沟通能够解决冲突呢？一个关键的因素就是信任。如果我们相信对方是好意的，我们就更愿意向对方表露自己的需要和兴趣；如果缺乏信任，我们就会担心过分坦诚会暴露给对方太多的信息，而这些信息可能会被对方利用甚至是用来攻击我们。

第三节　跨文化谈判的四大差异

解决跨文化冲突的一个具体实践就是跨文化谈判。当两个有利益冲突的不同文化团体在一起寻求解决冲突的方案时，跨文化谈判就产生了。成功的跨文化谈判，要求问题解决后不仅不会对双方的关系产生负面效果，而且部分或全部解决了双方原有的冲突。然而，不同的文化在如何进行谈判方面有很大的差异，这种差异往往会影响跨文化谈判的过程和结果。通过对跨文化心理学几十年的研究发现，跨文化谈判的差异主要体现在以下四个方面。

一、谈判目标的差异

在谈判目标的认识上，不同文化的谈判者倾向于设定不同的谈判目标。强调个人主义文化的谈判者，谈判目标通常非常具体明确，以解决问题为主；而集体主义文化的谈判者，谈判目标往往更多地考虑人际关系层面。

密歇根大学心理学家伯克尔（Burks）曾经观察了美国人和墨西哥人对于谈判目标的认识差异。他发现：个人主义强的美国人在谈判目标上，往往局限在对所要解决的问题的关注上，因此，与对方的关系不会影响他们的谈判；集体主义精神强的墨西哥人，他们谈判的目标就或多或少地有维持关系的成分，因此，墨西哥人的谈判目标受与对方关系的亲疏程度的影响。墨西哥人与和自己关系较近的人谈判时，目标之一就是避免现有的关系受到伤害，而与和自己关系较远的人谈判时，谈判的目的才会放眼于解决问题。

集体主义精神强的中国人讲究"内外有别"，因此谈判目标的设定受双方之间关系亲疏程度的影响，原因是维持关系也很重要

我们推测，中国人在谈判目标的设定上，可能与墨西哥人相似。中国人常说"内外有别"，这意味着我们与对方关系的亲疏程度会影响谈判目标的设定。

二、谈判风格的差异

不同文化的谈判者在与对方进行交流和对话的方式上存在明显的差别。研究者发现，在国际事务谈判上，西方的谈判者通常是以解决问题为导向的，使用的是冷静的、非个人化的、具体的、直截了当的谈判方式；而东方的谈判者，通常采用的是循序渐进的、广泛的、以关系为基础的谈判方式。

哈佛大学社会学家格林（Green）特别研究了美国和阿拉伯国家之间的国际谈判，发现美国人的外交谈判通常是具体的、实在的，甚至是非常去个人化的谈判风格；而阿拉伯国家的谈判者倾向于采用个人化的、感情化的，甚至是情绪化的谈判风格。

从下面的例子中，我们可以看出美国的谈判者和阿拉伯国家的谈判者在谈判表达方式上的差异。

1976年，以色列的轰炸机对驻扎在叙利亚境内的巴勒斯坦游击队进行轰炸，由此引发了美国驻联合国大使和叙利亚驻联合国大使之间的论战。

美国大使说："叙利亚大使对我的发言提出了一个错误的抗议。我愿意给大家指出这个发言的具体情形，这个发言主要涉及叙利亚大使的一个错误的、恶毒的攻击。他说以色列的飞机是从美国的航空母舰上起飞的，我必须指出，做出这种指责的人，必须为这一指责提出具体的证据。到目前为止，我们还没看到任何证据，我们也不会看到这一证据，因为这一指责是毫无道理的，这一指责是荒谬的、恶毒的，而且是臭名昭著的。这就是我所做的声明。我要做这个声明，是因为凡是认为美国参与这一行动的指责都是非常危险的，因为在这一具体的行动中，美国没有参与。"

如果仔细地阅读美国大使的这一声明，我们可以看出他反复使用了"这一""因为"等词语，反映出他的沟通风格强调具体性、逻辑性和去个人化的思辨特色。

我们再来看看叙利亚大使是如何反驳的。

叙利亚大使说："我不会对美国大使的发言做出回应，如果他认为我以前的发言是错误的、荒谬的，我可以全面地肯定美国帮助了以色列侵略约旦，因此美国必须对约旦所遭受的任何伤害负责任，美国也应该对他们在我们国家所造成的伤害负责任。如果有任何事情是臭名昭著的话，那就是美国的政策，因为在过去20年内，它对阿拉伯世界和阿拉伯国家的政策都是可耻的。"

这段发言中使用了"全面""任何""美国的政策"和"过去20年"等广义的、广泛的词语来表达自己的立场，这与美国大使的谈判风格形成了鲜明的对比。

我们再看看下一段论战。

美国大使说："叙利亚大使的个人声明显然与国际公认的外交准则大相径庭，我不会对这样的言论做具体答复，我只想声明对方所说的关于攻击的飞机是从美国第六舰队的航空母舰起飞的指责是完全错误的、恶毒的，我希望任何人包括叙利亚大使，就这个具体的事件给安理会提供证据。"

叙利亚大使说："我将不予理睬美国大使对我所做的恶毒的人身攻击，我只想说这是与美国的大国身份不相配的。美国可以用炸弹摧毁叙利亚，但是一个伟大的文化和文明是更有力量、更为强大的，我为我们的文化和文明骄傲。"

再次比较双方之间的交流内容，可以更进一步看出美国的谈判风格是去个人化的、不带情绪的，而且尽量强调具体细节；而叙利亚大使的谈判风格是个人化、情绪化和宏观视角的。

心理学研究发现，在商务谈判中强调个人主义文化的谈判风格更多地关注个人利益（有时这也给谈判者带来最大的利益），而强调集体主义文化的谈判风格更关注于问题的解决。个人主义往往是以自我为中心的，习惯从自己的角度看待周围的世界和事物，以个人的内心体验来判断事物的结果，因此，对利益的追求往往以自我的价值观念为依据。集体主义往往以相互之间的关系为基础，习惯从关系的亲疏程度来判断事物的结果，因此，往往更多关注他人的看法及体会。这样的话，对影响双方之间关系的问题，相对而言比较敏感，从而有较强的心理意愿去解决这些问题。不妨自己做一个心理学实验，想一想我们所认识的最自私的人，他们是制造问题多，还是解决问题多？我想答案是非常明显的，过分地追求自我利益，就必然产生很多冲突，造成很多矛盾，而这些冲突与矛盾对事情的解决无济于事。

三、沟通风格的差异

跨文化沟通，强调的是高情境的沟通风格，还是低情境的沟通风格？哈佛大学经济学家格利汉（Graham）对美国和日本的商务谈判录像进行了系统的分析，发现日本谈判者用的是高情境的沟通方式，而美国谈判者用的是低情境的沟通方式。美国的谈判者直截了当地提出谈判要求，关注谈判目标的达成；而日本的谈判者使用了更多的非言语方式。由于沟通方式不一样，谈判中就产生了很多误解和矛盾。日本谈判者最不满意的是，美国谈判者经常打断他们的发言，经常直截了当地拒绝他们的提议。在推销产品的时候，美国推销商往往不等日本买主做出任何反应就提出新的方案和想法。而美国谈判者最不满意的是，他们不知道日本人的点头是同意还是不同意，因为他们发现日本人即使在不同意美方报价的时候，也不断地点头。其实，日本人的点头只是一种礼貌性的反应，并不表明他们同意这一报价，他们是用点头来鼓励美国谈判者报出新的价格。美国谈判者也很不满意日本谈判者的沉默，不知道日本谈判者的沉默到底代表什么意思，是不同意，还是在思考，还是希望美国人继续提出新的方案。

研究者发现，在日美贸易谈判中，由于文化的差异，美国谈判者买日本商品比卖美国商品更容易占到一些便宜。为什么会出现这种情况？除了买主通常比卖主有更多的决定权以外，还有一个不为人知的文化差异在起作用。日本文化强调卖主要为买主服务，因为买卖的成功是由买主来决定的，因此讨得买主的喜欢是卖主的责任；而这在美国文化中是不存在的，因为美国人认为买卖双方在交换过程中应该平等，这种平等的交换关系来自产品和服务的质量与价格的匹配，而不应该是由双方的个人关系来决定的。因此，了解谈判双方的文化差异，会对跨文化沟通谈判产生具体的经济效应。

四、冲突解决策略的差异

心理学家发现冲突解决有五种基本的策略。

第一，强制策略。强制策略是当冲突发生时，让一方接受另一方的立场、观点。具体表现在强势的一方固执地为自己的观点和立场辩护，不断地批评和挑战对方的观点甚至人品，却从不承认自己的错误，只想在冲突中战胜对方。这种采用强制手段迫使对方俯首称臣的策略所造成的结果就是自己的胜利以及对方的失败。这种策略会带来短期的直接效应，但会导致关系的彻底破坏。

第二，迎合策略。迎合策略是主动地接受对方的立场。具体表现就是优先考虑对方的需要，不想引起任何纠纷和麻烦，总是无原则地赞同对方的建议，总是维护对方的面子和利益。为了对方的利益，自己做出牺牲，这种策略保证了对方的胜利，却容易给自己带来伤害，尤其是那种无原则的迎合。

第三，回避策略。回避策略是双方都不涉及冲突的问题，假装冲突从来没有产生，久而久之导致的就是双输的局面，因为导致冲突产生的问题并没有得到解决。具体表现为想方设法地逃避面对面的沟通和交流，不愿意对任何有争议的问题进行讨论和分析，不对外表露自己真实的情感，往往寄希望于对方能够体会到自己的牺牲。避免与对方发生直接的沟通和交流，也不去解决冲突的问题，这种策略会使双方都受到伤害。

第四，妥协策略。妥协策略是保证双方能够以同等的方式来交换各自的利益。具体的做法就是尽量找到双方都能接受的方案，愿意使用沟通的方式来使自己的利益得到部分实现，强调平等交换的原则。双方在某一个中间点达成妥协，双方都有得有失。用妥协策略解决冲突往往采用的是互让和互敬的方式，也就是双方各自从自己的立场做出让步。妥协策略很容易让双方将注意点集中在自己的损失上，也就是让了多少步，而不是在自己的收益上，即对方让了多少步。即使冲突双方做出了同等的让步，我们在心理上往往会感受到自己的让步多于对方的让步。得与失的心理价值从来都不对称，丢了50元钱对我们心理的影响，要远远大于捡了50元钱。

第五，合作策略。合作可以带来共赢。合作策略就是保证双方能够共同寻找解决问题的途径，保证双方共享信息和资源。具体表现就是比较开放地讨论自己的忧虑和问题，承认自己的看法有片面性，同意对方的合理性。我们前面所谈到的建设性沟通，就是一个很好的解决冲突的策略。合作的关键是双方

另类的"合作双赢"

要找到共同目标，将注意力集中于他们的共同点，而不是在分歧上，尤其是要将人和问题分开。冲突双方会进行沟通，往往是因为有一些迫切需要解决的问题。此时，一定要将注意力集中在解决问题上。只有当冲突双方抑制住个人的负面情绪，才能够将对方看作利益的攸关者，而不是对手。

综上所述，我们可以总结出跨文化谈判应该坚持的基本原则——坚定、公平和友好。坚定意味着坚持自己的立场，抵制各种威胁和诱惑，不能无原则地牺牲自己的利益；公平强调坚守一个人的道德原则，不要因为对方的不道德行为而使自己变得不道德；友好则是指在跨文化谈判中主动地启动和回报对方的善意，以积极的心态赢得对方的信任和合作。

问　题

1. 在跨文化沟通中，如果对方表现出强烈的不合作和对抗态度，你将怎样应对？
2. 跨文化沟通中冲突的解决策略有哪些？适用条件分别是什么？

第十六章

如何推广中国文化：从软实力到暖实力

西方民众对中国文化的印象到底是什么样的？我们为什么总是觉得西方人对中国的历史和现实缺乏足够的了解？为什么异国文化的负面报道总是会很有市场？我们很容易将这些现象归结于意识形态的不同，当我们义愤填膺地批评西方国家对中国的误解和妖魔化时，这样的舆论斗争可能会让我们觉得很痛快，也许还能赢得网民的欢呼。但是，我们要清醒地意识到，仅仅赢得国内的群情激昂并不能让对方接受并且理解我们。如何有效地对外宣传中国的文化，才是每一个负责任的中国人在跨文化沟通时应该考虑的问题。

美国哈佛大学约瑟夫·奈（Joseph Nye）教授曾经提出，相对于一个国家的军事力量和经济实力等硬实力，还有一种"通过吸引和说服让别国服从你的目标，从而得到自己想要的东西"的软实力。约瑟夫·奈教授认为一个国家的软实力主要存在于三种资源中：文化、价值观和道德感召。其实，这种所谓的软实力归根到底还是跨文化沟通能力。影响力从来就不是由一方的力量积累所成就的，而是在彼此的互动中产生的。影响是一个过程，而不是固定不变的。一个国家、一个地区，甚至一个人，最重要而且最稳定的影响力是感化、感动、感召别人的能力，而绝不是威慑、吓唬、强迫别人的实力。孔子在《论语》中说："远人不服，则修文德以来之。"说的就是这样的一种文化感召力，我将其称为暖实力。这是一种让人感动、感染、感到召唤的升华力和暖心的能力。

第一节　概览跨文化交流事件和问题

一、近年来几件有国际影响的大事

近年来，中国越来越重视推广中国文化，几件大事件的发生在某种程度上改变了世界对中国的印象，也改变了中国人对外宣传的方式和产生的影响。

（1）2008年，四川（汶川）大地震时中国媒体的透明报道，让世界和中国人民在生死存亡、救灾救难的问题上达成了人性的共鸣和一致的态度。这说明在对外沟通中，利用心理学中人性、人情、人心的知识，可以有效地进行跨文化沟通。

（2）中国成功地借助于奥运会宣传了中国人热情好客、宽容无私和积极向上的精神风貌，这是一次成功的中国文化的普及宣传。不过，也有一些做法让我们觉得缺乏创新仍然禁锢着我们的对外宣传工作。

（3）2010年在上海举办的世界博览会，让世界对中国的城市发展有了深刻的认识。

（4）2015年中国药学家屠呦呦获得了诺贝尔生理学或医学奖，她是中国第一个诺贝尔奖女性得主。这次诺奖的推荐和之后的宣传，使得国际社会对中国的医学，尤其是中医，有了全新的认知。

（5）2016年杭州G20峰会为世界经济增长开辟了新愿景。紧接着，作为下任金砖国家主席国，2017年，在福建厦门举办的金砖国家领导人第九次会晤，打造了一个良好的、具有持续国际影响力的平台。

（6）2017年，第一届"一带一路"国际协作顶峰论坛在北京召开，充分展示了中国的影响力，提升了中国的国际地位，展示了中国越来越强的文化自信，以及国际经贸中的协作能力。此次峰会吸引了全世界的关注。外国元首、政府首脑及联合国秘书长、红十字国际委员会主席等29位重要国际组织负责人出席了顶峰论坛，来自130多个国家和地区的约1500名各界贵宾作为正式代表列席了论坛，来自全球的4000余名记者注册报道了此次论坛。

（7）2019年4月29日至10月7日，北京举办了为期162天的世界园艺博览会。世园会会聚了100多个国家和地区以及国际组织的参展者，吸引了来自世界各地的上千万参观者。这次博览会可以说是世界各国、各地区园艺文化展示和交流的盛宴，来自世界各地的园艺作品展示了不同国家和地区各具特色的园艺风格，而主办方也向世界展示了中国风格和北京品牌。世园会的主题"绿色生活，美丽家园"以及目标"世界园艺新境界，生态文明新典范"，表达了对以共创美好地球家园为目标的人类新文明时代的无限期待。

近年来，一系列国际会议的成功举办以及跨国协作的开展所产生的后效，让我们有理由相信我们有能力探索和发展出一套具有中国特色的、建立在科学基础之上的并有积极效果的跨文化沟通和推广模式。

二、从欧美视角解析我们的国际化宣传片

在视频营销时代，使用视频来宣传国家文化变得越来越重要。但这样的宣传片要遵从心理学的原则，利用共情性和同理心原则。如果能从对方的角度来宣传我们的观点，效果会更好。下面我们通过一些形象宣传片或广告片来举例说明。

我们曾经有一个国际形象宣传片，介绍了很多非常成功的中国知名人士，其中有不少极受媒体推崇的商界精英。但是，美国民众并不像我们这样推崇商人。我们的民众精英意识很强，喜欢把成功的商人作为榜样，但是欧美民众更喜欢把体育明星、娱乐明星、学者作为榜样人物。所以，一部充满了商界精英的文化宣传片是很难在欧美民众中引起共鸣的，而且我们的宣传片还存在人物太多、彼此之间区别不大、每个人的特点并不突出等问题。

另外，我们中国人喜欢通过与其他人的比较来突显优越感，看同样的事情谁做得比别人好。比如高考，谁考得好，谁得分高，谁就备受尊重。但是，美国人通常是在比较看谁做的事情与众不同，尤其是那些别人没有做的事情，因为他们觉得那是一种创造的魅力，是做出了独特的贡献的人，这也就是为什么他们特别欣赏中国工匠与工艺的原因；而对很多中国人而言，工匠则可能会被看成平凡的普通人。

另外，我们比较喜欢在广告片中设计受伤后仍然坚持工作这类情节来表达经历了艰难困苦才获得了不错的业绩。这样的宣传在中国会给人可靠、含金量

高的感觉。"梅花香自苦
寒来"是我们中国人认同
和推崇的理念；外国人看
了却觉得很痛苦，对于这
类理念，他们并不认同，
他们认为为了一个不错的
业绩而要承受那么大的痛
苦完全是没有必要的。这
种宣传在西方会让很多人
避之唯恐不及。曾经有一

扫地僧

个走向国际化的企业广告，使用了类似于"扫地僧"的创意，有意挑选特别土、
脏、丑但其实深藏不露，特别有钱、有才、有地位的人来歌颂他们低调却高
尚的道德。在我们有些同胞看来这很有文化底蕴，可是西方人不懂"扫地僧"
的典故，认为这样的人不够自尊，也不文雅。如果用于宣传高科技，很有可
能会适得其反。结果，一些在中国备受民众认可和赞誉的广告片，在对外宣
传上起到的效果却完全是南辕北辙。这导致一些企业在国内做得很好，但是
在国外却不被看好。

汉代史学家司马迁曾言："天下熙熙，皆为利来；天下攘攘，皆为利往。"
我们处在金融制胜的时代，主要的获利往往是通过商业活动来实现的。但是在
这里要特别提醒，国际交往的正确顺序应该是先进行充分的跨文化沟通，然后
再进行跨国商业沟通。如果这个顺序颠倒的话，那么，就要尽快纠正，否则付
出的时间成本和物质成本可能会很高，并且最终还得重新回到文化沟通上来。

因此，在走出国门之前，最好先掌握跨文化沟通的知识，不然，在全球化时代，
国际认知盲和文盲一样难以适应时代的发展。

第二节　超越文化传播的误区

在宣传中国文化时，要避免一些心理误区和认知误区。由于各种原因，这些

被我们普遍接受和认可的心理误区和认知误区其实并不一定正确。

一、跨文化传播的几大误区

误区一，越强调独特性，就越容易获得国际声誉。多年来，国内的文化界和思想界在强调中国文化的特殊性方面没有很好地把握"度"。二者坚持认为越是强调和宣传中国文化的与众不同，就越能够在世界上取得正面的影响，甚至我们的国家电视台也将中国称为"一个神秘的国度"。

这种错误观念形成的原因是忽视了人的文化心理反应。心理科学实验表明，从人性的角度来讲，越是陌生的、有差异的东西越容易引起焦虑、反感和厌恶。刚出生的婴儿对于不熟悉的食物，自然地表露出厌恶的神情；两岁大的孩子对于不同肤色的人，会表现出恐惧；人们容易喜欢上熟悉的东西，而对陌生的东西则比较排斥。过分地强调和夸大中国文化的神秘和独特，只会引起别国普通大众的焦虑和反感。同样，那些和中国文化没有任何交集的西方独特文化，中国人也会排斥和反感。少数的西方艺术家对独特的中国文化情有独钟，中国艺术家也对西方的一些特殊的文化艺术着迷，但这不代表普通东西方民众的自然心理反应。

我们自己也有类似的心理体验。那些与中国文化有很大差异的外来文化，基本不会被我们喜爱和接受；而那些与中国文化有着天然相似性的外来文化，则容易被我们接纳。

在天主教传入中国后，其中的一些思想和理念很快就被中国民众接受，而另外一些观点，由于与中国传统观念不一致，很难被民众接受；中国的天主教徒在接受天堂和地狱的概念上没有任何困难，这是因为其与中国文化中早已存在的天庭和阴曹地府相似。但是，天主教的"三位一体"的思想观念，却较难被中国的教徒理解，因为他们不容易找到与之相匹配的中国文化概念。

马克思主义的哲学理论，被中国人理解最好和最深刻的是矛盾论和实践论，而这两种思想正好与中国传统文化中的阴阳概念和儒家的实践精神相一致。事实上，单纯强调越是民族性就越是世界性的宣传，常常是过度强调了中国文化的独特性，而忽略了中国文化的一个重要精髓——大道相通。中国文化中，最富有智慧的那部分其实和西方文化中最富有智慧的那部分，也就是所谓的"道"这个层面的智慧，是一致的、相通的。

误区二，很多中国人认为中国古代哲学思想是我们独有的，而其他国家的人缺少甚至是没有这方面的文化精神。比如，以人为本的思想，我们可能以为这只是中国人所推崇的，不知道这种思想和观念在西方早就存在，且被不断地实践；"己所不欲，勿施于人"的思想也很容易在西方找到类似的说法；和谐、忠诚、平衡、与时俱进甚至孝道，在其他文化中也同样存在。因此，我们不是提倡民族虚无主义，而是由于缺乏对其他社会文化的了解，错误地将中国文化中并不一定具有独特代表性的"民族文化"当作独一无二的文化精神推出，这难免会引发不满和质疑。

如果我们希望别人喜欢中国元素，那么，一定要努力做好跨文化沟通工作

误区三，适合中国人的就一定适合外国人。这种观念认为对外传播和对内宣传在本质上是一样的，可以以同样的方式影响世界，忽略了文化心理的差异，低估了社会观念、价值观念、团体认同感等心理上的差异。前几章我们谈到各种跨文化沟通障碍，说明在跨文化沟通中一些由人的正常心理反应所造成的障碍，会给跨文化的宣传与合作带来困难。

在中国文化的对外传播中，我们经常错误地假定别人会和我们一样喜欢中国元素中的独特成分。例如，我们爱看京剧，别人就一定会欣赏京剧；我们喜欢太极拳，那么，别人也一定会喜欢太极拳。

我们指出这种差异的存在，并不是要说别人一定会讨厌和反感我们所喜欢的东西，只是说别人不一定会喜欢我们喜欢的东西，因为这是两个概念。同样，我们可以想想西方文化对我们的影响到底有多大，我们可能会喜欢西式快餐、好莱坞电影、迪士尼卡通，但是没有任何证据显示中国人愿意全盘接受西方文化。两种文化之间的心理差异，使得我们对外来文化有天然的警觉感和排斥倾向。因此，简单地使用国内常用的宣传方式和观念进行跨文化的宣传，很可能会出现事与愿违的情况。

我们可能会喜欢西式快餐、好莱坞大片、迪士尼卡通等，但是没有任何证据显示中国人愿意全盘接受西方文化

误区四，越是传统的就越是美妙的。从个体的心理发展上，人确实有比较强烈的怀旧意识。我们容易回忆起快乐的童年，而在真正的童年时期，我们却很少意识到那些事情是快乐的。其实，是记忆的改造让我们觉得"过去的时间"是多么美好。同样，我们总认为传统文化是美妙的、博大精深的，而现在的文化是受外来文化侵蚀的，根基薄弱，七零八碎。这种误区产生的关键是不知道文化从来就是心理的产物，它是为满足现代人的心理需求而创造出来的。而且，这种作为满足需求的事物，往往比一般的事物更加美好。

二、科学地进行跨文化宣传和交流

事实上，现代中国人对传统文化的了解是相当有限的，现代社会也不全是在实践传统的思想文化。文化是一个不断适应人们需求的人造环境，它可以用不同的方式来诠释和表达，它是一个不断演化、不断创造和完善的过程。在某种程度上，跨文化沟通就是要创造性地使用现代传播科学的技巧和方法来表达文化的意义，学习跨文化沟通心理学就是要学会利用心理学的知识和方法来理解文化的心理学

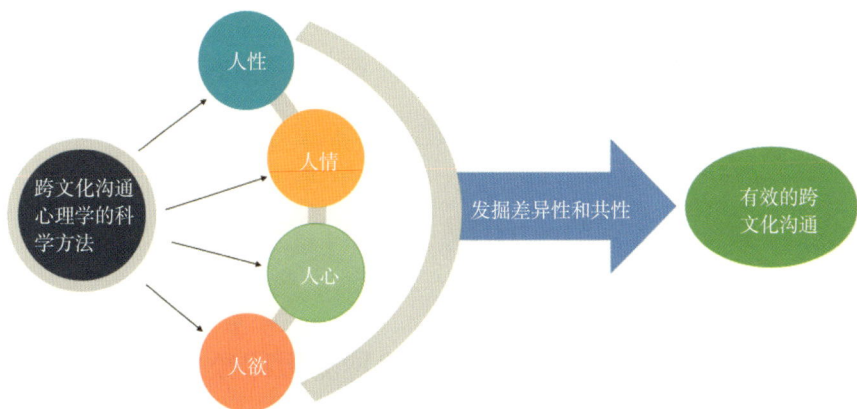

科学地进行跨文化宣传和交流

意义以及利用心理学进行沟通的技巧。跨文化沟通心理学作为一种科学的方法，能帮助我们建立起对人性、人情、人心、人欲的普遍认识，发掘不同文化人群之间心理和沟通的共同性及差异性。由此在科学基础上，有针对性地、创造性地宣传和交流文化，这样的跨文化沟通才能反映不同文化的人的心理需求，也才是较为有效的。

　　不妨看看几个成功的跨文化沟通例子。第一个是电影《功夫熊猫》，虽然功夫是我们的，熊猫也是我们的，但《功夫熊猫》是一部美国电影。它其实是基于美国人喜欢的、通过自我奋斗取得成功的核心价值观，结合了大量的中国文化元素，加上现代动画技术制作而成的，但是，它却能让我们中国人都觉得可爱。可见，跨文化使用的技巧可以超越本文化的价值观念和审美习惯，达到潜移默化的文化沟通效果。第二个例子是奥运会开幕式上的中国文化展示，其技巧完全是跨文化的高科技表达方式和超越文化障碍的整体和谐之美，让西方观众在美中受到心灵震撼，从而受到一场中国文化的熏陶。第三个例子是美国迪士尼的一部动画电影《寻梦环游记》。它讲述了一个关于梦想和爱的故事，故事的背景是墨西哥的传统鬼节，描述的是最普通的鞋匠家庭的故事。相信全世界的观众都能理解和喜爱这个故事的人物和情节，并从中得到爱的启示。因此，我们特别强调，传统文化本身并不一定非得真实、完美，但是，通过现代科技的表现手段和诠释，它可以变得魅力无穷。跨文化沟通的重点就是要找到那些令文化增辉的现代表达方式。

第三节　中国文化的宣传之道

一、分析西方社会对中国文化的四种刻板印象

　　要想有效地宣传中国文化，就要先了解在西方的普通民众心目中，中国文化本身是一个什么样的形象。我在加州大学讲授文化心理学时，就曾经在学生中做了一个中国文化的自由联想实验，就是让学生们快速说出在听到"中国文化"这个概念时，出现在他们头脑中的联想是什么。我发现，四个负面的印象经常与中国文化联系在一起，即"玄之又玄""不科学""反民主""不适用"。这就告诉我们，在宣传中国文化的时候，我们必须克服这四种顽固的刻板印象。

　　克服这些刻板印象，我觉得最好的方法是反其道而行之。

　　第一，要以具体的、明确的方式来阐述中国文化的精髓，要用西方人所能够理解的白话文来表达中国文化。在对内宣传中，大量使用古诗文、古句、成语等，可能会使文章优美、漂亮。但是在对外宣传中，我们需要用具体的而不是概括的方式，也就是用西方人常用的概念来诠释中国文化的精髓。

　　第二，要用实证的方法来证明中国文化的实用性。要有逻辑地赞美和批判中国传统文化的利弊，而不是以抽象的、概括的或笼统的方式来表述中国传统文化。

　　第三，要阐明中国文化的民主性，表达中国文化的大众精神和普遍实用性。我们要说明大部分中国文化的传播和影响是由大多数人的选择所形成和继承的。它不是由权力人物或者文化精英的喜好来决定的。因此，它是一个民主的产物，而不是反民主的产物。

　　第四，要明确精准地阐述中国文化的适用性以及它对现实生活的帮助和指导意义。

儒、释、道文化深深地影响着中国人，我们有朴素辩证的思想特性与认知风格。因此，我们有"祸兮，福之所倚；福兮，祸之所伏""塞翁失马，焉知非福"的哲思

二、以中国文化的认知原则来突破西方的刻板印象

我想以多年来我所宣传的中国人的朴素辩证思想为例来阐述这几种宣传之道的作用。

十几年来，我一直认为中国人的认知风格受到中国人的朴素辩证思想的影响，这种朴素认识论反映了中国人的思维特点，也与佛教、道教和儒学的影响相一致。很多哲学家和历史学家早就谈过中国人的朴素辩证思维，诸如在古代书籍中有如下概述："祸兮，福之所倚；福兮，祸之所伏。""塞翁失马，焉知非福。"但是这种思想是西方文化所不知道、不宣传、不提倡的。所以，如何宣传中国人的朴素辩证思想呢？

我做了如下一些工作。

第一，以西方人熟悉的语言来阐述辩证思维的定义。在《美国心理学家》杂志上，我曾经连续发表了两篇文章，专门阐述了中国人的朴素辩证思想。它所代表的不容易为西方人所接受的第一条行为原则是变化原则。中国人普遍认为世界上的事物不是一成不变的，而是随时随地处在变化之中。这种原则是与西方人所熟悉的本质原则相矛盾的，西方人一直认为世界上的任何事物都有它内在的本性，这种本性是不变的，尽管其外在表现形态会发生变化，就像水一样，它的分子结构是不变的，但是它的表现形态可以是水蒸气、水和冰等。

中国人普遍认识论的第二条行为原则就是矛盾原则。世界上的任何事物都有对立的两个方面，但这两个方面是互相依赖、共同存在的，例如没有阴就没有阳。在中国人的心目中，邪与正甚至都是互相依赖的，而不是绝对的，甚至认为没有绝对邪恶和绝对神圣的事物，这是西方朴素认识论所没有的。第三条行为原则是整体原则，认为世界的万物都是互相关联的，"牵一发而动全身"，而且对事物的背景和整体的认识是我们认识事物本身最基本的前提，这样的阐述相对而言就比简单地谈论阴和阳更加容易被西方民众接受。

第二，证明中国人的朴素辩证思想的科学性。其实这种思想也不是没有实证。汉代时，中国科学家就曾经试图发现"天意"是什么，也就是想通过研究天体（包括太阳、月亮、星星的运动）来了解上天的旨意，这其实与西方的心理动力理论是一致的。西方科学家也曾试图通过研究自然现象的规律来推断上帝的旨意。中国汉代科学家做的研究就是太阳从夏至到冬至的运动轨迹在地球上形成阴影，这个阴影就是一个标准的阴阳太极图。有趣的是，阴阳和辩证的科学证据没有被中国的学者提到过。直到 20 世纪 60 年代，英国科学家李约瑟才首次报道了中国汉代科学家的这一研究发现。这个例子说明了以下两个问题：

（1）中国的学者在分析、学习和宣传中国文化的时候，满足于经文的注释和解读，欣赏思辨式的表达方式，而对实证科学的材料不感兴趣。

（2）西方的学者更强调实证，更欣赏科学的方法对人类思想发展的贡献。当我给美国的学生演示中国科学家所发现的阴阳太极图之后，我的学生们异口同声地说，再也不能讲中国的阴阳没有科学根据了。

第三，证明中国的辩证思想是一个被大众所接受的、由中国人所传承的思维观念。我对中国人普遍使用的谚语和解释问题的习惯做了分析，发现在中国常用的谚语中，具有朴素辩证思想的谚语非常多。比如说，"否极泰来""乐极生悲""祸福相倚"。中国人常用的谚语中，朴素辩证思维的谚语比例大于美国常用谚语中富有辩证思维谚语的比例。我们发现中国大学生比美国大学生更喜欢蕴含丰富辩证思维、思想的谚语。

另外一种证明某个观念是否被普遍接受的方法是调查普通民众对辩证观

念的喜爱程度。我们把从英文谚语、汉语谚语和希伯来文谚语中挑选出来的辩证谚语和非辩证谚语同时呈现给中国读者。结果发现，中国人普遍欣赏、熟悉、喜爱辩证谚语，不管是汉语的、英文的还是希伯来文的。

第四，证明朴素辩证论影响了中国人的思维方式。我们做了一个简单的心理学实验，让被试者阅读一些看似矛盾的科学发现，进而观察对这些矛盾信息的判断是否会受到朴素辩证论的影响。自然科学中除了工科以外，充满了很多矛盾的解释和理论。作为信息的消费者，我们经常接受一些矛盾信息，并需要对其进行判断。我们的研究发现，在将一些科学结论相矛盾的研究分别呈现给中国学生和美国学生时，双方在判断上有很多差异，这些差异反映了一种特殊的判断误差。举例来说，有一种数学模型能够证明，北京的蝴蝶扇一扇翅膀，就能够影响世界其他地方的气候变化。但是，如果真的认为能够利用北京的蝴蝶去影响世界的气候则是错误的，蝴蝶扇动翅膀实际上与世界气候的变化并没有关系，这是一对矛盾的信息，好比爱因斯坦的相对论认为从理论上能够回到过去，但实际上认为真的能够回到过去是错误的。我们在进行分析和决策时，经常需要对这些矛盾信息进行判断。

我们的实验是这样进行的，将实验分为两个条件：一种条件是被试只接受一方面的信息，即 A 或者 B，没有矛盾；另一种条件是同时接受矛盾的信息，A 和 B 同时出现，在有矛盾的情况下分别判断信息的真实性。在没有矛盾的条件下，美国人的判断有一种自然偏好，比如相信全球气候变暖，抽烟有害健康。但如果把两个信息同时呈现，美国人的判断呈现出一种极化现象，即看到对立面证据时，他们更

美国麻省理工学院气象学家洛伦兹（Lorenz）发现了"对初始值的极端不稳定性"，即"混沌"，又称"蝴蝶效应"。北京的蝴蝶拍拍翅膀，就有可能使美洲几个月后出现比狂风还厉害的龙卷风

加相信以前相信的东西或者更加不相信以前不相信的东西。

这种现象首先由斯坦福大学教授卢斯（Ross）发现。他给反对死刑的人看支持死刑的证据，发现这些人更加反对死刑；给支持死刑的人看反对死刑的证据，发现这些人更加支持死刑。美国人的矛盾判断呈现一种极化现象。而在对中国人（在北大）的实验中发现，当只呈现一方面的信息时，中国人与美国人的判断没有什么区别，都有一种自然的偏好。但将两种对立的信息同时呈现时，中国人的判断明显受到朴素辩证唯物主义论的影响，即将事物一分为二，觉得一件事物可能不是想象中那么好，也可能不是想象中那么坏，中间取向可能是最好的判断（中国人受中庸思想的影响）。

这两种判断倾向，谁对谁错？我们发现，美国人的判断实际上是不理性的。有一个事物可能是真的，仅仅因为发现了一些对立面的证据，就更相信这个事物的真实性，这是不理性的。比如，谈恋爱时，女方觉得男方是优秀的，认识到了男方的真实价值；当女方看见男方的室友非常糟糕时，她可能会觉得男方更优秀，而且对男方真实价值的判断比实际价值还要高。仅仅因为发现了一个坏样例的存在，就更加相信已有的信念，这是不理性的，因为这提高了排除真实信息的概率。

我们中国人在判断中也容易犯错误，特别是对不太好的信息的判断。我们本来有一个不太好的信息，而发现一个好的信息后，受到朴素辩证论的影响，就容易容忍原来不好的信息，因此提高了接受错误信息的概率。例如，谈恋爱时，女方本来认为男方不怎么好，但发现他的兄弟还不错时，会觉得男方的兄弟这么好，他本人可能也不是那么坏。我们的错误就在于把不好的东西人为地变得可以接受，容忍了太多不好的或者不真实的东西。

我们的研究还发现，朴素辩证认识论的高低使得中国人和美国人有不同的反应特点。在中国人中，辩证认识高的人和辩证认识低的人在判断矛盾信息的真实性上会表现出不同的偏差。辩证思维低的中国被试与美国被试的基本倾向是一致的，都反映出极化的倾向性，比如在没有呈现矛盾信息之前，他们对两个信息的真实性的判断差别很小；但当他们发现这两个信息的矛盾之后，他们就会夸大这两个信息之间的差异，转而认为原来比较相信的更为可信，原来不太相信的信息变得更不可信。具有朴素辩证认识论的人，对矛盾信息的反应正好相反，他们采用的是一种居中妥协的方式，即在矛盾信息出现之前，他们对两个信息真实性的判断差异不是太大，但是当他们发现矛盾信息之后，他们都会趋于中间点，形成一种中庸之道的判断方式。这就说明中国的阴阳道教思想在实际工作中会影响中国被试对看似矛盾的信息的理解，从而调和两个信息之间的差别。但是我们很惊奇地发现辩证认识高的美国被试，在矛盾信息判断上的反应与辩证认识低的美国被试没有差别表现。这说明西方人的辩证认识论和东方人的辩证认识论是有根本差别的。

这种信息判断的意义主要体现在对矛盾信息的判断上。对于朴素辩证思维强的人来说，矛盾是必然的，而不是偶然的，任何事物都有矛盾的两方面，最终解决矛盾的方法是寻找矛盾两方面的中间点和妥协点。通过对这个实验的分析，我们可以看出美国人的判断方式，也就是对矛盾信息的两极化的判断方式，使得他们人为地提高了排除真实信息的概率；而中国人矛盾的、中庸的判断方式，使得他们提高了接受错误信息的概率。举一个很简单的例子，比如，你坚持认为吸烟对你的身体不会有伤害，但是在看了吸烟可以导致肺癌的证据之后，你反而更相信你原来的立场，也就是说吸烟不会让你得肺癌，这显然是一种非理性的思维方式，这就是美国人的非辩证的思维错误，因为它提高了排除真实信息的可能性。而中国人的辩证思维中的非理性成分主要体现在对错误信息的过分容忍上，比如，你一直就知道吸烟导致肺癌，你也不相信吸烟无害论，但是当别人把这两个矛盾信息放在一起的时候，你采取中庸之道的妥协方法，你就人为地夸大了你原来不相信的信息的真实性，从而提高了接受错误信息的概率。

总结起来，对朴素辩证认识论这个概念的分析和宣传，可以用实证和科学的方法来阐述中国传统文化的普遍性、功用性和理论性。这也就是为什么我的这个研究多年高居西方学者引用之首。

第四节　如何进行有效果的跨文化沟通

由于中国和世界上的有些国家在政治体制、意识形态、国家利益和文化传统上有很大的不同，因此不可避免地，中国人和外国人在有些问题上存在信息、知识、态度、感情和行动方面的差异。这些差异造成中西各方在某些问题上的冲突。

随着中国国力的不断增强，中国国家利益逐渐全球化，越来越多的西方文化、商业人士被中国文化和市场吸引，甚至着迷和喜爱，但也有可能会在西方引起更多的误解、猜疑、嫉妒和敌意，这就需要我们的媒体、官员甚至普通民众具有对外沟通和宣传的能力，知道如何讨论、沟通和宣传对自己祖国有益的立场、观点和信息。

改革开放四十多年来，随着中国社会的发展，中国的对外宣传工作取得了很大的成就，特别是最近十几年来中国民众越来越多地参与、讨论并宣传中国文化、中国社会和中国在对外关系方面的立场，影响越来越大。中国的报纸、杂志和网络在对外宣传方面树立了越来越明显的理性、开放、宽容和和谐的形象和声誉，这为进一步提高我们对外沟通的水平和效果提供了现实条件。

随着中国的崛起，外国民众对中国的好奇和接触越来越多，这就使得如何让外国民众更好地了解中国，理解中国的立场和观点，成为中国大国崛起过程中一个不容忽视的问题。如何帮助西方的普通民众了解中国在一些敏感问题上的立场呢？我们认为，这是一个复杂的、全面的工作。作为普通的心理学工作者，我们仅仅想从心理学的角度提出一些加强我们对外交流的方式、方法以及意见和建议。在前面的章节中谈到了沟通的几个基本要素，我们认为这些要素对跨文化沟通涉及的敏感问题也有一定的指导作用。因此，要取得沟通的成功，我们首先要提高自身的可信度，要注意选择沟通的信息和内容，更要设计和改善沟通的方式。

一、提高我们的信誉

在对外沟通中，我们首先要建立我们自身作为沟通者和信息发布者应该具备的可信度，起码我们要能够得到对方的承认、尊重和信任。如果我们不能够让对方倾听我们的看法和意见，那么，跨文化沟通就无从谈起。从心理学的角度来讲，建立信誉在如下四个方面要尤为注意。

1. 尊重对手

这是提高信誉最基本的要求，我们要假定对方是一个理性的、文明的、讲道理的人，由于各种原因，他们在这些敏感问题上的看法不正确，或者是有敌意。这就需要我们对他们进行说服和宣传，但一定不要怒气冲冲地谩骂或者恐吓对方。鲁迅先生早就说过，辱骂和恐吓绝不是战斗。我们要坚决反对那些盗用爱国主义的旗帜，做出不文明、不理性甚至是犯罪行为的人，他们的行为不仅不能够达到跨文化沟通的目的，反而容易产生负面的效果，造成对国家形象的伤害。

2. 讲道理

提倡以逻辑分析的方式来进行跨文化沟通。前面我们已经谈到，中国人的思维方式偏重于辩证思维，而西方人的思维方式则偏重于逻辑思维。那么，在对外宣传时，我们可以使用西方人所熟悉的逻辑推理来指出他们观点和立场的混乱和错误。

3. 个人化

中西方文化的一个重大差别，就是对政府的信任程度是很不一样的。东方社会的集体主义，使得我们相信政府作为集体的代表，超脱了个人和小团体的一己私利，是真正为人民服务的；但西方社会立国的根本原则就是怀疑政府，担心政府成为控制人民行为的实体。美国人至今仍然相信普通民众拥有枪支的权利是防备政府独裁的最好方式之一。这反映了西方普通民众对政府普遍都抱有怀疑的倾向，也就是说，西方人的眼中，政府的信息不如个人的信息可靠。

而我们东方人则会认为，个人的意见无论如何是不会比政府的意见更为权威和可靠的。因此，中国人在对外沟通中，特别是与普通人的直接沟通中，强调身份的个人性，取得的效果应该比政府的宣传更加有效。在奥运火炬接力期间，中国普通网民个人制作的视频在西方产生的影响往往大于外交部新闻发布会的影响。在个人化的方式上，我们要尽量避免以代表全国人民的口吻来表达自己的意见。动辄以代表全国人民的口吻来发表自己的意见，反而容易让外国人怀疑言论的可信度。一个普通民众怎么能代表其他中国人呢？仅代表个人的意见，也许更容易让别人相信。

4. 聚焦阿喀琉斯之踵——道德软肋

在跨文化沟通中，不要简单地与对方逐条逐句地辩论，也不要针对每个事实都进行辩论，而是应该让对方不得不承认自己观点的错误和不足。很多西方民众对中国的认识带有很强的民族优越感，认为自己是在人权、民主和公平的原则上批评中国政府和中国人民的。但是，他们的实际行动其实经常违反了他们所欣赏的道德原则。指出他们信仰的道德和具体行为的不一致性，就可以让我们的宣传和沟通有一个较高的道德基准。比如，很多西方人在中国西藏或新疆问题上的错误看法，是由于对中国的历史、文化和现实发展缺乏了解，这是他们的道德软肋。在这个问题上最好的对策，是询问他们到过中国西藏或新疆没有，他们了解多少中国西藏或新疆的历史和现实。

另外一个西方批评者的软肋是缺乏对文化多元性的尊重，很多关心中国人和中国事务的西方批评者，通常还可能是那些相信文化多元性的自由派人士。可是他们的所作所为完全违背了他们所坚持的自由主义精神和多元文化的原则，因为中国人民在自己的发展道路上寻求不同于西方的发展模式，这与多元发展的理念是一致的。

总而言之，提高我们的信誉，就会使我们成为公平、公正、发展和宽容等原则的代言人，而这也是达到说服对方和宣传我们价值观念这一目的的根本所在。

二、选择合适的信息

跨文化沟通也要注意我们给对方什么样的内容，传递什么样的信息。信息的选择其实也有一些技术上的考量。

1. 传递的信息必须是具体的

中国人的思维讲究意会，有节有度，因为我们是高情境的文化，所以习惯于不把话讲透，而是希望对方能够领悟。但是，欧美文化是低情境的文化，他们不习惯我们这种含蓄委婉的表达方式。因此，在对外宣传时，我们的信息选择就应该比平时更加具体细致。

2. 尽量选择中立的第三方信息，特别是在敏感问题上，中立的信息来源更容易起到说服对方的作用

尽量避免使用一些过分政治化的语气。即使对方的看法有很大的偏见，我们最好针对对方的具体观点做出批驳和辩论，而不要过分地揪住对方的目的、动机和背景。虽然这些方面，可能是对方产生偏见的根本原因，但是在具体的辩论过

程中，纠缠这些既不能很明确地说清自己的观点，又会引起激烈且不可调和的矛盾问题，对双方的沟通不一定有帮助。

3. 信息的选择要强调广泛性和民主性

我们不要没完没了地引用国家级报刊或者其他主流媒体的观点和看法，这些是每个人可以查到的公开信息，不新鲜，应多反映普通老百姓的观点和看法，多采用民意调查的结果，这样往往能起到决定性的作用。西方国家的媒体歪曲我们立场的一个借口就是中国老百姓不能自由地表达自己的意见。如果我们能够将普通老百姓的意见直接地交流出来，就会使对方的言论不攻自破，不能自圆。

4. 信息的选择要注意实用性

我们应该多引用一些与对方利益相关的分析和信息，从根本利益上来讲，维持与中国的友好关系，不仅符合中国和其他国家的利益，也符合世界人民的利益。如果能够适当地体现互惠双赢的精神，就会起到说服别人的效果。一些西方的政客和媒体将本国的经济衰退和失业归结于中国作为世界工厂所带来的冲击，夸大了中国的贸易顺差对其经济的影响。其实，中国经济的发展，为世界经济提供了庞大的市场、资金和福利，中国的产品为世界繁荣和经济稳定做出了不可磨灭的贡献。这种互惠双赢的结果可以作为我们对外宣传的重点。

5. 信息的选择要有自我攸关性

心理学家早就发现，人类的心理活动有着明显的自我参照效应。自己做过的事情往往记得更深刻，自己拥有的物品往往觉得更有价值，自己的成就往往更有意义，等等。我们可以利用人性的这一特点，阐述中国的发展和进步对对方的积极意义。

三、设计合适的沟通方式

沟通方式的设计也要顾及对方的文化心理特点，有三个方面是需要我们注意的。

1. 要避免预警的影响

如果提前警告听众他们将听到的信息会与他们以前持有的信息相冲突和矛盾，那么听众很容易产生一种戒备和防御心理，而这种心理可能会抵消你的任何说服信息的影响。预警会使听众在心理上准备足够的信息和资料来反驳你的看法。因此，最好的沟通方式就是在心平气和的条件下，对对方的态度进行间接的影响，这种影响可以是从一个很小的不同看法开始，逐渐进入关键性的问题。此外，干扰也是一种有效的解除预警的方式，电视广告之所以能够起到影响听众的作用，就是因为视觉形象能干扰人们对具体信息的分析和反驳，在这种情况下，宣传的效果会更好。

2. 能够让宣传取得效果的方式，就是让听众有好的心情

这不是说我们要特意地取悦外国的听众，而是应该选择在他们心情愉快的时候进行宣传。人们在不高兴的情况下，愿意思考很多问题。在困难的时候，人们容易形成对自己观念的顽固坚守。我们古人讲，"悲愤出诗人"，或者"伟大的哲学家，出生在痛苦的环境里"，其实说的就是人们心情不好的时候对问题的思考更深刻一些，更不容易被改变。听众有好的心情，会更愿意倾听你的声音，最起码可以在你的宣传和好的心情之间建立正面的联系，从而下意识地使得跨文化沟通变得相对容易。

3. 最终回到影响力的路径

最后，我们还是得回到影响力的路径上来。在对外宣传过程中，理性和理智的分析，是打开对方思维之门的关键。很多美国人对中国的问题其实是漠不关心的，而真正关心中国问题的人往往是受过教育的且自诩为"具有独立思想"的美国精英。对于这样的人士，我们一定得让他们自己分析自己观点的错误，去接受我们观点的正确性。如果我们决定要改变这些喜欢证据、爱思考、爱争辩的美国精英阶层的态度和看法，可以选择逐条地去分析他们所持偏见的理由、证据和后果。我们相信，在分析完所有要素之后，他们就会不得不接受这一现实，也就是，他们对中国的一些看法可能是错误的和片面的。就像我的

帕斯卡，是法国著名的数学家、物理学家、哲学家和散文家。他撰写了哲学名著《思想录》并建立了"直觉主义"原则，这对后来一些哲学家，如卢梭和伯格森，都有影响

美国研究生们一样，自己发现的错误往往最容易让他们改变思维，而别人指出来的错误，往往会被他们反驳和强化。

法国著名科学家和哲学家帕斯卡（Pascal）在其《思想录》中曾经写道："人们更容易相信他们自己发现的理由，而不是别人告诉他们的理由。"这也正好是跨文化沟通心理学的一个基本原则。

第五节 跨文化沟通的成功故事

世界上最早的跨文化交流始于中国明代郑和下西洋，这是在欧洲大航海时代之前，人类最大规模的跨文化文明交流活动。

近现代以来，富有开拓精神的中国学者远渡海外，取得了一些影响世界的跨文化交流成果。我们在这里只举几个例子，希望对大家有所启示。

一、跨文化艺术沟通成功案例

美好的音乐和歌曲是跨文化交流中人们喜闻乐见的异域文化载体之一，因此，音乐领域的跨文化沟通案例很多。

辛丰年在他的文章《耐人寻味的中国味》中讲，如果不是倾听西方音乐，接触了不同风格的异域音调，自己可能就不会对音乐的"中国味"发生兴趣，也不会有意识地"寻味"。听了古琴曲，读了赵元任的《新诗歌集》，才懂得还有"中国味"这个话题。

语言奇才赵元任在熟识世界各地方言的基础上，将语言音乐化，提炼出精准的"中国味"，让自认为是西方古典音乐导游人的辛丰年有意识地去寻"中国味"。两位大学者的绝妙文化体验，可以说是在深度的跨文化交流之后，从音乐的角度觉醒和升华自身原生态文化的典范。

近年来，西方元首访华，常常会带来他们的乐团和亲友用英文翻唱的中文歌曲。例如，一位欧洲歌手用英文翻唱《茉莉花》的音频和视频开始走红时，不少人以为这是在西方英文翻唱的最著名的中文歌曲。实际上，在欧美，最著名的中文歌曲是《玫瑰，玫瑰，我爱你》，这也是第一首在西方流行的中文歌曲的英文翻唱。早在 20 世纪 40 年代，这首中文歌曲的英文翻唱就曾经荣登过欧美歌曲排行榜第一，并风靡全球。

20 世纪 30 年代至 40 年代，赵元任在进行了大量方言和民间音乐田野采调工作之后，尝试在美国大学开设"中国音乐"课程。而同期，为金嗓子周璇的电影《天涯歌女》谱曲的"歌仙"陈歌辛，谱写了被银嗓子姚莉唱红的《玫瑰，玫瑰，我爱你》。这首歌在很短的时间里从国内流行到了国际。二战结束后，美国歌星莱恩（Laine）将其翻唱并进行爵士化演绎，译成英文 Rose, Rose, I Love You，在美国迅速走红，一度高居排行榜第三名，并出版了唱片及乐队曲谱，在世界各地广为流传，是 21 世纪 10 年代之前唯一一首由中国人创作的美国流行音乐排行榜（Billbroad）榜首歌曲，也是一直以来全球最著名的中文原唱歌曲。这首歌曲能有如此辉煌的成绩，和陈歌辛之前的中国流行音乐之父黎锦晖打下的良好基础是分不开的。

黎锦晖是民国时期黎氏八骏中的老二，他的兄长是著名的语言学家黎锦熙。黎锦熙是汉语语言规范化的先驱，也是毛泽东的老师兼好友。20 世纪初，西风东渐，西方现代艺术以及现代音乐掀起了一番热潮。大量西洋音乐和东洋音乐涌入国内，以至于在一些崇洋媚外的场合，以唱外国乐曲为荣，而唱中国歌曲则会被笑话。很多学校甚至把《孔子歌》配上日本国歌的曲调，让学生演唱。看到这种情况，受邀协助兄长推广国语的黎锦晖，受蔡元培"以美育代宗教"的影响，并在蔡元培的鼓励下，思考如何借助音乐来推广国语，从此，一发不可收拾。当时乐坛占据主流的是"西化"和"保守"这两类音乐。黎锦晖和比他小一岁的赵元任分别在上海和波士顿探索了一条介于"西化"和"保守"之间的兼收并蓄的融合路线。赵元任为刘半农创作的海外学子思乡诗歌《教我如何不想他》谱曲，在借鉴西洋音乐的基础上，呈现了浓厚的中国味，这首歌至今仍然被专业音乐学府声乐教材选用。黎锦晖以"美"和"爱"为主题创作了一系列儿童歌曲，受到学校内外的广泛欢迎。有了儿童歌曲的良好基础，不久之后，黎锦晖又开创了平民流行音乐的潮流。黎锦晖的流行音乐综合吸收了西方流行音乐、百老汇音乐的同时，还汲取了民间音乐的精华。黎锦晖的流行音乐和歌曲新颖独特，不仅在国内极受欢迎，被广为传唱，还在东南亚地区产生了广泛的影响力，被誉为中国流行音乐的祖师。在黎锦晖的影响下，涌现出了一批流行音乐家，其中"歌仙"陈歌辛谱曲的《玫瑰，玫瑰，我爱你》更是跨越亚洲，走向欧美，成为最早影响西方乐坛的英文翻唱中文歌曲，同时期的赵元任也在美国夏威夷大学开设中国音乐课程。

黎锦晖和赵元任分别在东西方交相辉映，学术课程和舞台演唱相辅相成。中国音乐的跨文化交流与推广，在即将产生第二轮辐射并扩大影响的时候，却因为连年的战争而没有得到很好的延续，令人惋惜。

1972 年，尼克松首次访华，美国五大交响乐团之一的费城交响乐团开启了中美音乐交流的"破冰之旅"。

之后，伴随着英语学习的热潮，很多中国人会唱《哆来咪》《友谊地久天长》《祝你生日快乐》等英文歌曲的中文翻唱。近年来，因翻唱而流行的英文歌曲越来越多，连幼儿园的小朋友也经常用中文翻唱英文歌曲，或者中英文混合演唱。而学唱英文歌曲几乎是每一个英文学习者的必修课。

张学友 1993 年发行的《吻别》一度被误以为是翻唱的欧美歌曲。而实际上，张学友才是这首歌的原唱，欧美乐队迈克学摇滚（Michael Learns To Rock）的歌曲 Take Me to Your Heart 才是英文翻唱。这首歌曲的英文翻唱不仅在欧美广为流行，在很多中国年轻人中也备受欢迎，许多人回忆上学时，老师曾经教大家唱过 Take Me to Your Heart。可惜的是，很少有老师能告诉学生这首歌的原版语言其实是中文。

如今，中文歌曲被英文翻唱的已经有上百首，更有法语、意大利语、日语、韩语等多种语言翻唱。除了被歌星、乐队翻唱之外，世界各地的中文爱好者们纷纷翻唱自己喜欢的中文歌曲，并在视频网站上发布，引来无数粉丝倾听、点赞、学习。这样的业余翻唱歌手分布在世界各地并且越来越多，例如，新西兰的罗艺恒（Laurence Larson），已经是中文歌曲英文翻唱领域的著名网红。陈奕迅演唱的歌曲《好久不见》，被他翻唱后获得了广泛的好评。

不只是音乐领域，我们中国人在建筑领域的跨文化发展更是值得称颂。卢浮宫是西方文明的重要标志性建筑。而现代建筑大师贝聿铭先生是负责 20 世纪 80 年代开始的法国"大文化都市计划"中"大卢浮宫"的建筑师。这项计划的负责人埃米尔·比亚西尼（Emile Biasini）当时在选择建筑师时，询问了欧美

15 座大型博物馆的馆长，其中 14 位认为贝聿铭应为首选，而在此之前密特朗（Mitterrand）总统也早已属意于他。贝聿铭曾收藏留法华裔画家赵无极的画作，因此，比亚西尼通过赵无极联系到了贝聿铭。西方的艺术史学家在撰写《现代艺术史》时，都会在书中介绍赵无极的抽象画，因为这样可以说明西方的抽象画对东方的影响。而赵无极是少有的能在抽象画中融合中法两国文化精髓的东方画家。

尽管赵无极在法国的艺术生涯发展顺利，贝聿铭也在受邀改造卢浮宫之前一年获得了建筑界的诺贝尔奖——美国普利兹克建筑奖。但是，贝聿铭的方案刚一提出来，就遭受了 90% 的法国民众反对，法国历史古迹最高委员会认为贝聿铭在破坏法国文化和埃及文化，并给予了严厉的指责，卢浮宫时任馆长甚至直接以辞职抗议贝聿铭的改造计划。

密特朗力排众议，坚持选择贝聿铭。但是，深受儒家中庸思想影响的贝聿铭采用了当时巴黎市长希拉克（Chirac）的折中策略——把 1∶1 实体金字塔模型放置在卢浮宫，用实际显现的效果来接受公众的最终评判。这场轰动法国的文化辩论潮中，6 万人参观了实体模型，并投票支持这个计划，贝聿铭终于成功迈出了继美国之后走向欧洲的第一步。其中一个原因得益于波洛克引发的全球艺术中心从欧洲转移到美国的潮流。贝聿铭之前在美国的成功为他进军欧洲打下了非常好的跨文化品牌的基础，而这对于引荐他来巴黎的赵无极却不一定有利，如果不是艺术中心从巴黎转到纽约，赵无极极有可能会在西方现代艺术史上留下更为浓墨重彩的一笔。贝聿铭相信自己设计的方案体现了既现代又尊重文化遗产的巴黎城市建设精神，而更重要的是，他的跨文化沟通能力使得巴黎各界也相信这一点。

事实证明，一个文化范式一旦形成，就会延续很长一段时间。贝聿铭深入了解了法国历史和法国人的文化范式，尤其是埃菲尔铁塔跌宕起伏的建造过程给了他很大的启示。他发现，对于爱好文化的法国人来说，激烈的文化辩论虽然令人痛苦，但是，一旦用心良苦的建筑被建起来后，人们终究还是会接受它的。一个虚幻的想象则会让非议永无休止。于是，贝聿铭用一个足尺寸的实体避开了自己不懂法文的语言劣势，也让巴黎各界彻底抛开原来的论辩观点，在一个全新的焦点上重新评估他的计划。面对一个看得见的金字塔模型，重点不再是华裔建筑师是否适合改造法国建筑这样的议题，而代之以眼前的金字塔是否适合卢浮宫。原来的"金字塔适合死人"的观点，与埃及金字塔完全不同的"透明

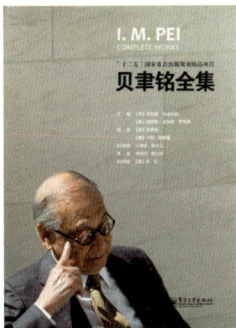

《贝聿铭全集》汇编了贝聿铭先生的所有建筑作品，能让我们切实感受到建筑艺术之美

贝聿铭设计的卢浮宫玻璃金字塔

金字塔适合活人"的观点无法产生逻辑上的对立和冲突。擅长逻辑辩证的西方人的思维体系很难在没有明确对立关系的两个观点中进行选择和坚持。作为一名专业水平高超的建筑师，贝聿铭打扮得很像犹太银行家，这在当时经济蓬勃发展的时期，是一种在西方社会不容忽视的形象。他不是用西方人陌生的中国文化元素，而是用西方人熟悉的埃及古文化元素，取得了当时西方文化阶层更为重视的大众支持率。贝聿铭将中国文化中最高效的解决方式与西方文化中最受推崇的合作方式完美结合。他不仅拥有出类拔萃的跨文化沟通能力，以及卓越的经营才能——擅长维护客户关系的能力，更难得的是，他还能正确地避开政治风险，因此，有些西方人暗中称他为"中国梅特涅（拿破仑时代的奥地利外交大臣）"。这从一个层面反映了西方社会对贝聿铭在处理各种复杂的跨文化关系中所表现出来的非凡沟通能力大为赞赏。

在绘画领域，近现代西方人对东方绘画的认知在相当长的时期内停留在对中国明清以前的古画以及对日本浮士绘的欣赏。20世纪80年代，在法国妻子的协助下，赵无极那富有想象力的水墨风格抽象画已经开始闻名欧洲画坛。同时期的美国画坛普遍认为中国现代画家画的现代中国画和古代中国画区别不大，而画现代中国画的各个画家之间的画作也区别不大。这时候，一位犹太画商惊喜地发现，丁绍光的云南画派画作很有特点，似乎从他的画中可以隐约看到毕加索、夏加尔

的痕迹，但是，却有着鲜明的中国特色，更准确地说，是美国人从未见过的"云南风情"特色。当时已经在中国大学从事多年艺术教学的丁绍光也十分渴望把自己多年苦心磨炼的、集古今中外大融合的"大美术"展示给美国的艺术爱好者。犹太画商谙熟当时竞争激烈的美国社会焦虑的中产阶层渴求浪漫、和平的心理，很快让丁绍光成为蜚声美国画坛的中国艺术家。一开始只有2000美元存款的犹太画商的业绩也进入美国画商排行前三名。1990年，丁绍光先生第一次在法国巴黎展出了他的作品，不到半小时，就被抢购一空。第二天，法国媒体纷纷报道这一"来自东方的奇迹"。而在此前一年，1989年3月，密特朗总统为刚刚落成的大卢浮宫玻璃金字塔剪彩，全世界的媒体纷纷赞誉贝聿铭，曾经的非议和羞辱荡然无存。丁绍光在巴黎一举成名，除了得益于贝聿铭的大卢浮宫的影响，更重要的是，他之前已经在全球艺术核心地带——美国画坛取得了不凡的影响力。一旦获得美国画坛的赞誉，就很容易在欧洲画坛被推崇了。

二、跨文化人文影响成功案例

中华文明是五千年来几乎唯一没有断层的文明。除了艺术和专业领域之外，人文领域的中华文化的跨文化传播和交流也大有前景。中华文化具有令世界艳羡的两大古老的文化基因：天人合一与道法自然。美国人类学者必须去非洲原始部落才能采集到濒危语言记录，我们的学者在云贵川地区就可以发掘到活化石般的古老濒危文字。

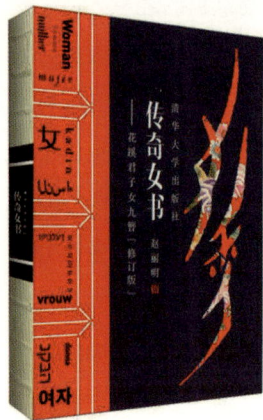

清华美院陈楠设计的《传奇女书》封面

女书是目前联合国承认的唯一一种女性性别文字。清华大学西南濒危文化研究中心主任赵丽明研究了30多年这种濒危文字——女书，赵丽明还因此撰写了《传奇女书》一书。赵丽明是挽救女书的重要专家；而女书，可以说是挽救美国费城交响乐团的重要因素之一。费城交响乐团有100多年的历史，是世界顶级乐团，也是美国五大交响乐团之一。2011年，乐团因为运营困难曾申请破产保护，但很快就偿还了债务，获得重生。而它的重生，与中国市场，尤其是谭盾的《女书交响乐》

不无关系。谭盾与费城交响乐团合作的《女书交响乐》在全球巡演成功,可以说是跨文化艺术的沟通、创作、交流,在相当程度上,它挽救了古老,拯救了现代,开创了未来。

进入现代商业社会后,很多优秀的传统艺术被商业打败,费城交响乐团也不例外,但它借助跨文化艺术创新后适应了现代商业社会。

如果费城交响乐团没有 1973 年中美艺术跨文化交流的破冰之旅,那它后来借助中国《传奇女书》的再次崛起是难以想象的。跨文化艺术交流让参与其中的每个国家、艺术团体以及个人都获得了长期的、可持续的良好发展。

赵丽明、谭盾与同学交流女书,图片选自清华新闻网

谭盾说:"其实我是一个很有使命感的人,希望自己能像贝拉·巴托克(Bela Bartok)弘扬匈牙利民族音乐一样,把中国的传统音乐带到全世界。"他希望自己的每一次创作,都能有机会和一个行将消亡的传统文化形式捆绑在一起。为了避免出现学术错误,谭盾特别邀请赵丽明为《女书交响乐》进行学术把关。而赵丽明在发掘女书后不久,就开始着手为未来女书走向世界做准备。她主持中国女书研究专业委员会向国际标准化组织提交了《关于将女书编入国际通用字符集的提案》。在 2014 年 5 月第 63 次会议上,因日本代表投了反对票而未获通过。2015 年再次提交,终获通过。这是女书走向世界的决定性步骤。有了这个标准,世界各地的任何人都可以无障碍阅读,互译女书,开发女书的电脑和手机输入系统及软件。

经常在世界各地考察文化的学者会发现这样一种现象:多元文化融合度高的国

家和地区，当地的文化中都有一种注重情绪愉悦的文化因子，当地人虽然受教育程度不高，但很有教养。很少有人做破坏性或伤害性的事情，大家更加喜欢做保护性或建设性的工作，有些古老的多元文化地区甚至数百年保持犯罪率接近于零，同时，当地古老文化的传承也非常持久。这些天然的、长期存在的跨文化沟通地区的文明生活景象，都值得我们在跨文化学习中借鉴。

三、跨文化合作成功因素分析

精通对方语言并非第一要素。贝聿铭不熟悉法文，丁绍光不熟悉英文，谭盾几乎完全使用音乐语言，赵丽明教授不擅长英文，但这都并没有影响他们与法国人、美国人以及英国人的合作。特别是因为贝聿铭不熟悉法文，反而减少了合作中最严重的阻力。第一次委员会的那些极具杀伤力的批评，贝聿铭后来知道后，认为如果自己当时能听懂，一定会选择离开。这样也许就会永远失去合作机会。

最重要的是能成就文化影响力。卢浮宫的玻璃金字塔，让越来越多的西方人希望了解中国的建筑文化；一些西方博物馆里珍藏了现代华裔画家丁绍光绘制的壁画，西方社会中许多家庭收藏丁绍光具有典型中国风格的画作，由此，一些纽约的普通白人知道现代中国画坛有云南画派，他们在西方画坛曾经创造了奇迹；华裔音乐家谭盾创作的《女书交响乐》由美国著名交响乐团演奏，让西方了解了中国神奇的文字——女书；中国的文字研究学者赵丽明教授将《传奇女书》引入国际"Unicode"标准，使得"女书"可以实现跨语言、跨平台文本转换与处理，吸引了来自世界各地的文化爱好者探访女书。

站在全球视角研究各国文化，创建可以积极解释的直观文化实体。贝聿铭设计卢浮宫时，第一阶段遭到了激烈的反对，虽然投票结果和密特朗总统的支持让他勉强得到了机会。但是，在他设计了一个实体金字塔之后，反对声才真正开始减少。贝聿铭之所以在当时紧张僵持的气氛中想出如此富有智慧的策略，源于他对法国人喜爱文化和建筑的心理分析。法国人具有浪漫激进的文化基因，他们是西方资产阶级革命的先行者。当一个新建筑在中国建立时，可能需要数百年的时间被认可，在美国可能需要数十年，而在法国只需要几个月。埃菲尔铁塔就是一个例子，它当时遭到了包括莫泊桑在内的法国文化界的联名抗议，但是，从铁塔初具雏形开始，反对声就越来越少；随着时间的推移，对它的推崇越来越高；几十年之后，已经达到受人敬仰的境地。要知道，埃菲尔铁塔从开始设想时，就有随时被拆掉的计划。由于认真分析了法国人的文化基因，贝聿铭提出先把一个同比例的模型放在那里，让大家围观，随着观看人数的增加，反对声反而越来越少。从此，这座建筑开始顺利施工。一个对当地文化敬畏和重视的外国人，很有可能比本地人更能顺利地完成工作。在一个富有浪漫、进取情怀的文化里，你必须给他们一个真实的实体，让他们能够在观察的时候，抒发自己的浪漫情怀。

"很中国"还是"很西洋"并不重要，重要的是可持续存在。如果后人在谈历史的时候无法忽视这些跨文化交流故事，那么，这样的跨文化创新就是成功的。20世纪70年代，贝聿铭设计香山饭店时，曾有人因为他的设计"很中国"而不满意，那些人想看到当时改革开放初期的中国很少见的现代西方风格建筑，那样会显得很洋气。多年之后，我们看到满眼都是无差别的当代西式建筑。当我们深切感受到文化在真实地远离我们时，才明白贝聿铭先生当年设计香山饭店的苦心。而现在我们对于任何作品说它"很中国"时，一定表达的是非同一般的褒扬。贝聿铭的封笔之作——苏州博物馆，成功地表达了他对祖籍苏州的水乡文化以及中国文化最深切的感悟，让"上有天堂，下有苏杭"的传说更为久远。

更应该注重文化成功，而不是商业成功。我们正处于一个金融制胜的时代，几乎所有事情，我们都会忍不住从经济的角度去衡量，这是无可厚非的。但是，如果能在商业合作之前，做好跨文化沟通，打好文化基础，那么，商业上的合作肯定会更为顺利一些。就算商机千载难逢，就算快鱼吃慢鱼的思维让我们迫不及待，可是如果我们能兼顾文化上的沟通，那么，商机持久把握的胜算也会大大提高。

集合人类曾经的历史、创新，关注人类共同的未来，尽可能让每一个人受益。贝聿铭回顾一生时总结，他最感兴趣的项目是公共项目。他认为最好的公共项目就是博物馆，因为它是一切事物的总结。博物馆不断地提醒着他"艺术、历史和建筑确实是合为一体、密不可分的"。丁绍光被法国艺术评论家巴利诺称为"20世纪的乔托""未来27文明公民的典型代表"，丁绍光的作品展示了人类美好的未来，富有和平、幸福的概念，因此丁绍光六次被选为联合国代表画家。谭盾说自己最关心的是那些遗落民间的古典文化，他希望把它们用世界各地人民都能接受的方式保留下来。跨文化沟通中的成功者，无一例外都具备着全球化的人文素养。

坚实的跨文化影响力一定要有系列的、不间断的内援和外延以及规模效应，重构认知和共识。除了众所周知的欧美文化在全球具有很大影响力之外，日本的浮世绘文化及后来的妖怪文化，都是非常好的全球化推广的案例。其成功原因除了大家都知道的常识之外，还与他们在国内对于自身受到海外关注的文化重构认知有关。其具体做法是对内宣传，建立内援，并培养后备人才；连续外延，直到在全球建立相关共识。这些传播需要注意的几点是：建立内援，重构认知后的文化自信和可延续性，以润物细无声的方式形成全球性共识，而不是硬性的灌输。富兰克林有句名言"Tell me and I forget，teach me and I remember，involve me and I learn"，意为：你告诉我，我会忘记；你教给我，我会记住；你融入我，我会向你学习。他从另一个角度诠释了这些跨文化沟通的成功经验和心理学知识的借鉴意义。

跨文化合作成功的最大误区就是，很多人认为在任何地方要想取得很大的成功，只要有出众的才能就可以了。然而，事实并非如此，仅仅靠一个人就可以做成的事情，可能不太需要跨文化沟通能力。但是，如果需要来自多元文化的团队合作才能完成的、令人瞩目的成就，一定是靠高水平的专业能力与高水平的跨文化沟通能力的共同作用。

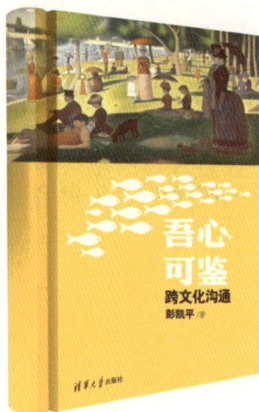

在这本书即将结束的时候，我想讲一下它的封面诞生过程中的跨文化沟通故事。如果你留意封面中关于设计的介绍，就会了解，这本书选用了修拉的《大碗岛的星期日下午》作为封面图案。为了更好地展示跨文化沟通内涵，我们考虑加上中国元素，起初，想采用中国茶文化，但是，想到日本茶道对全球的影响力，我们决定改用中国的龙文化或者龙舟，寓意乘舟

沿用《吾心可鉴：澎湃的福流》设计思路的第一稿封面

周游世界，展开文化沟通。可是资料显示，虽然韩国申报"端午祭"的文本中第一句话写道："端午节原本是中国的节日，传到韩国已经有 1500 多年了。"但是，关于端午节，现在有中韩两国不同的非遗项目跻身于世界"非物质文化遗产名录"……于是，只好再辟新径。一次偶然的机会，我们看到清华美院张孝友教授画的敦煌壁画系列，既保留了敦煌仙女原有的透明和仙韵，又富含现代创新精神，尤其是画中仙女的神态和表情，编辑和美编极其喜爱，她们觉得比蒙娜丽莎的微笑更为唯美神秘，似乎在冥想，又像在注视……十分符合我们这本书要表达的跨文化沟通的心理状态。为了避免两幅画生硬地叠加在一起，她们花了几个月时间，

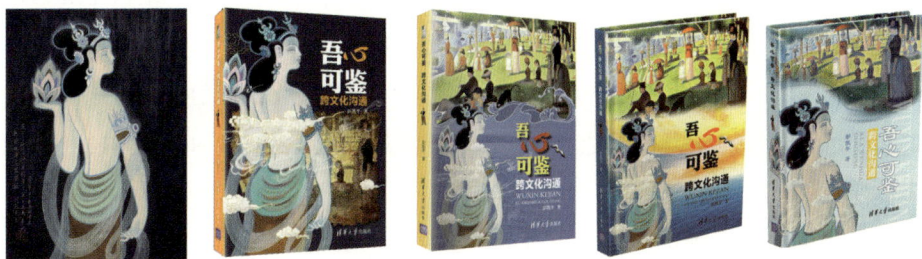

司花天女
张孝友 绘

调查发现，很多人不能理解敦煌仙女摹研画的透明和仙韵，又因为有些人不理解修拉的名画中贵妇人的服装，设计师不断尝试了不同色彩和构图的设计方案

做了 30 多次各种色彩和构图的尝试。

最后，编辑和美编经过磨合，初步确定了定稿封面。大家认为这封面看上去很像一群很有底蕴的人在一座古老的欧洲文化广场上静立……整个画面完美地表达了跨文化沟通中的理性与感性。而以柠檬黄为底色，温暖而清新，寓意这是一部科学展示暖实力的著作。

初步定稿之后，我的编辑们认为，我们不是在为自己出书，是在为读者出书，因此要在出书之前尽可能地搜集批评意见。于是，我们开始调查读者对这个封面的接受程度。让编辑和美编感到难过的

虽然唯美，但接受难度较大的封面

是，虽然来自图书馆的老师、一些有影响力的艺术家，以及一些书迷非常喜欢这个封面，但是在一些专业人士的调查中，我们得到了越来越多的反对意见，随着持反对意见的人数的增加，最终决定放弃这个她们费尽心力设计的封面。虽然在封面选择中，她们更有决策权，但是，编辑认为，读者的喜爱更为重要，反馈封面意见的每个人都处于不同的文化领域，调查封面意见也属于跨文化交流，而在决策时更为尊重对方的意见，这不是示弱，是暖实力；也不是妥协，是融入；更不是被打击，而是有文化、有实力地与他人进行建设性沟通，并能为更多人满意和共赢而进行决策。

虽然在调查中第一稿的封面设计获得了相当多的赞赏，但是，编辑还是觉得不尽人意。最后，天道酬勤，编辑找到了清华唯美版《山海经》中被读者广泛赞誉的凤凰图案，这样就实现了加上中国元素来体现跨文化沟通的初心。这个美妙的组合可以激发想象力和感受力，令人对跨越文化、跨越时空的艰难沟通产生无限美好的想象……

就像西格尔在他的演讲中提到的，即使是最好的教育专家，也无法保证他在实施教育的时候，每次都能做对。我们也一样，虽然我提出了暖实力，我的编辑们也已经开始践行暖实力，但是，这本书的封面故事告诉我们，这是一个艰难的历程。

未来每个国家和地区都会呈现多元文化，发展到极致的情况下，每个人都会成为一个文化孤岛，这不是一个事实，而是一个趋势。因此，当我们与他人交流的时候，最温和的方式是基于文化的交流，这需要我们每个人都有文化资本，当我们的文化资本足够丰厚时，我们会更加在意我们对他人的文化影响力，以及我们自己的跨文化沟通能力，而不是其他方面的所谓实力碾压。

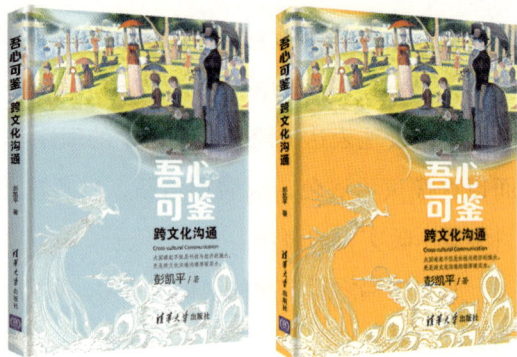

大多数人在这两款封面中选择了蓝色底色的封面

跨文化沟通也需要科学心理学的指导。我们古代有鬼谷子的基于阴谋的攻心术，有王阳明心学，至今仍然影响深远。西方心理学起源于弗洛伊德、荣格的思想。现代科学心理学由德国心理学家奠基并在美国得到了蓬勃的发展。我们中国的心理科学从 20 世纪 70 年代开始发展起来。我在美国密歇根大学和加州大学伯克利分校学习和工作期间和我的几位同事及学生发表了跨文化心理学的系列文章和实验成果，从而开启了心理学的一门分支学科——文化心理学，我有幸成为这门学科的奠基人之一。这本书里，我已经将我们所做的大部分工作进行了介绍。近年来，我与同行专家一起，在积极心理学领域和文化心理学领域不断研究，希望为世界心理学界作出属于我们中国人的贡献，也希望为提升我们中国人的跨文化影响力尽到我们心理学工作者的责任。

立德立言，无问西东。

大同爱跻，祖国以光。

问　题

1. 请用现实生活中的实例分析跨文化传播的误区。
2. 如何理解蝴蝶效应？
3. 提高信誉的方式有哪些？
4. 你还知道哪些跨文化沟通的成功案例？可与周围朋友一起探讨，并记录和分析。

智者乐水，仁者乐山

塞尚奠基和开拓了绘画的新境界，而毕加索、马蒂斯等站在这位巨人的肩上，从表现形式和表达寓意上，彻底与传统决裂，成就了非凡的现代艺术创新蓝图。因此，毕加索称塞尚是"所有现代艺术家的父亲"。

塞尚晚年，在充分创新之后，回归古典并与之融合，他的《圣维克多山》，用只有他能体会到的超乎常人的感受力，通过色块、几何图案来表现山水的形、色、浓淡，将古典与现代、山水与人性融为一体，引导世的创新者充分感受现代和古典的决裂与连接，让印象派引发的现代创新成为可持续发展并具有蓬勃生命力的艺术。

"智者乐水，仁者乐山"源于《论语·雍也》。受孔子影响，后世的君子崇尚以山水比德，而东晋左思以"非必丝与竹，山水有清音"的著名诗句，更是将"山水"与艺术紧密相连。由此，智、仁与水、山的艺术融合成为中国画重要的美学思想。（可参阅朱立元主编的《美学大辞典》修订本，上海辞书出版社，2014年）

不过，到了清代，中国画摹古之风盛行，只见其形，不见其神。石涛则与众不同，特立独行地进行了探索和革新。他的《山水清音图》及《苦瓜和尚画语录·资任章》，诗画灵动自由，主观与客观浑然一体，对人的灵魂修养与山水自然的灵性进行了穿越时空的相互比拟，将孔子"智者乐水，仁者乐山"的思想进行了升华。除此之外，石涛还开创性地将"画中见我"的执古驭今之道，凝练成了中国画的艺术理论。

天人合一、道法自然，是中华文化的两大核心思想，对古往今来的中国艺术家的人生观、审美观产生了重要影响；西方现代艺术家在近现代科学及哲学思想的影响下，也非常注重从人性感受的视角表现自然，从而产生动人心魄的共鸣感。